**Políticas públicas
na educação física**

O selo DIALÓGICA da Editora InterSaberes faz referência às publicações que privilegiam uma linguagem na qual o autor dialoga com o leitor por meio de recursos textuais e visuais, o que torna o conteúdo muito mais dinâmico. São livros que criam um ambiente de interação com o leitor – seu universo cultural, social e de elaboração de conhecimentos –, possibilitando um real processo de interlocução para que a comunicação se efetive.

Políticas públicas na educação física

Fernando Augusto Starepravo
Vânia de Fátima Matias de Souza
Fernanda Gimenez Milani

EDITORA intersaberes

Rua Clara Vendramin, 58 • Mossunguê • CEP 81200-170 • Curitiba • PR • Brasil
Fone: (41) 2106-4170 • www.intersaberes.com • editora@editoraintersaberes.com.br

Conselho editorial
Dr. Ivo José Both (presidente)
Drª Elena Godoy
Dr. Neri dos Santos
Dr. Ulf Gregor Baranow

Editora-chefe
Lindsay Azambuja

Supervisora editorial
Ariadne Nunes Wenger

Analista editorial
Ariel Martins

Preparação de originais
Viviane Fernanda Voltolini

Edição de texto
Arte e Texto Edição e Revisão de Textos
Viviane Fernanda Voltolini

Capa
Laís Galvão (*design*)
wavebreakmedia/Shutterstock (imagem)

Projeto gráfico
Luana Machado Amaro

Diagramação
Maiane Gabriele de Araujo

Equipe de *design*
Luana Machado Amaro
Laís Galvão

Iconografia
Célia Regina Tartalia e Silva
Regina Claudia Cruz Prestes

Dados Internacionais de Catalogação na Publicação (CIP)
(Câmara Brasileira do Livro, SP, Brasil)

Starepravo, Fernando Augusto
  Políticas públicas na educação física/Fernando Augusto Starepravo, Vânia de Fátima Matias de Souza, Fernanda Gimenez Milani. Curitiba: InterSaberes, 2019. (Série Corpo em Movimento)

  Bibliografia.
  ISBN 978-85-5972-836-1

  1. Educação física – Brasil 2. Educação física – Formação profissional 3. Esportes – Brasil 4. Esportes escolares 5. Lazer – Brasil 6. Política social 7. Políticas públicas I. Souza, Vânia de Fátima Matias de. II. Milani, Fernanda Gimenez. III. Título. IV. Série.

18-19841 CDD-613.7

Índices para catálogo sistemático:
1. Políticas públicas na educação física 613.7

Cibele Maria Dias – Bibliotecária – CRB-8/9427

1ª edição, 2019.

Foi feito o depósito legal.

Informamos que é de inteira responsabilidade dos autores a emissão de conceitos.

Nenhuma parte desta publicação poderá ser reproduzida por qualquer meio ou forma sem a prévia autorização da Editora InterSaberes.

A violação dos direitos autorais é crime estabelecido na Lei n. 9.610/1998 e punido pelo art. 184 do Código Penal.

Sumário

Apresentação • 9

Organização didático-pedagógica • 11

Capítulo 1

Para compreender a política • 15

1.1 Política e o cotidiano • 18
1.2 Conceito de políticas públicas • 23
1.3 Conceito de Estado • 29
1.4 Conceito de governo • 33
1.5 Política e educação física • 36

Capítulo 2

Esporte e políticas públicas no Brasil • 47

2.1 A gênese do esporte no Brasil – autonomia em relação ao Estado • 51
2.2 O Estado centralizador das políticas esportivas • 54
2.3 A volta da autonomia ao campo esportivo • 62
2.4 Políticas públicas de esporte no Brasil do século XXI • 73
2.5 Esporte, política e profissão • 81

Capítulo 3
Lazer e políticas públicas no Brasil • 91
3.1 Lazer e políticas públicas • 94
3.2 Políticas públicas de lazer para o trabalhador • 99
3.3 Lazer como direito de todos • 105
3.4 O (não) lugar do lazer nas políticas públicas • 109
3.5 Lazer, política e atuação profissional • 117

Capítulo 4
Educação física e política • 127
4.1 Política e a área de educação física • 130
4.2 Políticas de inserção da educação física na escola • 137
4.3 Políticas de desmembramento da profissão: o surgimento do bacharel em Educação Física • 146
4.4 Regulamentação da profissão • 151
4.5 Política e educação física na atualidade • 158

Capítulo 5
Educação física, política e atuação profissional • 171
5.1 Políticas públicas e atuação profissional em educação física • 174
5.2 Políticas públicas, educação física e a escola • 181
5.3 Política, saúde pública e educação física • 186
5.4 Política, educação física e prestação de serviço em academias • 195
5.5 Política, educação física e vulnerabilidade social • 201

Capítulo 6
Temas emergentes nas políticas de esporte, lazer e educação física • 211

6.1 Participação política • 216
6.2 Financiamento das políticas de esporte no Brasil • 224
6.3 As relações entre Estado e sociedade civil nas políticas públicas • 235
6.4 Políticas de esporte e os megaeventos esportivos no Brasil • 241
6.5 Política pública e os programas esportivo-sociais • 247

Considerações finais • 259

Referências • 261

Bibliografia comentada • 289

Respostas • 293

Sobre os autores • 297

Apresentação

Dentre as inúmeras interfaces possíveis da área de educação física, apresentaremos neste livro a discussão sobre políticas públicas. Apesar de não parecer tão óbvia, a relação entre educação física e política é bastante forte e relevante.

Abrimos nossa abordagem evidenciando a importância de se conhecer a política e de com ela se envolver. Afinal, a política abrange várias áreas da vida social e afeta a todos. Ainda no Capítulo 1, apresentamos alguns conceitos fundamentais, como Estado, governo e políticas públicas, que são a base para entendermos a complexa relação da qual tratamos aqui.

No Capítulo 2, explicamos como a política contribuiu para o esporte no Brasil, que começou a ser praticado no país como uma atividade autônoma da sociedade, mas logo despertou o interesse do Estado. Desde então, o poder estatal passou a controlar bastante o esporte, utilizando-o para atingir alguns objetivos que iam muito além da prática esportiva. Hoje, o controle estatal não é tão grande assim, mas o esporte ainda depende das políticas públicas para existir e se desenvolver.

Ao tratar do lazer, no Capítulo 3, destacamos que esse direito foi reconhecido pelo Estado brasileiro primeiramente aos trabalhadores e somente mais tarde à população em geral. O lazer não é uma área com a qual o Estado se preocupa muito ultimamente, mas existem ações e regulamentações que expressam a responsabilidade estatal em desenvolver essa área. Muito temos que avançar a esse respeito, e isso passa pela formação e pela atuação de profissionais que entendam, discutam e demandem o lazer ao Estado.

Na sequência, voltamos nossa atenção às especificidades do contexto escolar. No Capítulo 4, então, descrevemos os embates nos campos da formação, da intervenção e da atuação do professor, evidenciando que este tem se constituído em um cenário de constantes reflexões. Educação e política caminham lado a lado, e a contínua discussão sobre a educação dentro e fora da escola levou à fragmentação da área em duas especialidades e à regulamentação da profissão.

Dando sequência a nossa abordagem, no Capítulo 5, apresentamos as normas e as lógicas que têm fundamentado a atuação profissional na escola, no atendimento às crianças em situação de vulnerabilidade e na aplicação da educação física à saúde, entre outros.

Finalmente, no Capítulo 6, discorremos sobre temas como a sociedade civil, o financiamento público ao esporte, os megaeventos esportivos, bem como a participação e o envolvimento da sociedade civil na política.

Aconselhamos: fique atento! O conhecimento contido nas páginas que seguem busca ajudar na formação profissional de profissionais ou professores de Educação Física informados, críticos e comprometidos com a sociedade em que vivemos e atuamos. Boa leitura!

Organização didático-pedagógica

Esta seção tem a finalidade de apresentar os recursos de aprendizagem utilizados no decorrer da obra, de modo a evidenciar os aspectos didático-pedagógicos que nortearam o planejamento do material e como o aluno/leitor pode tirar o melhor proveito dos conteúdos para seu aprendizado.

Introdução do capítulo

Logo na abertura do capítulo, você é informado a respeito dos conteúdos que nele serão abordados, bem como dos objetivos que o autor pretende alcançar.

Síntese

Neste capítulo, explicitamos a importância de se conhecer a política e com ela se envolver. A política, muito além daquela partidária, envolve várias áreas da vida social e afeta, direta ou indiretamente, a todos. Cientes de sua presença e poder na vida de todos, assinalamos a necessidade de nos instrumentalizarmos com alguns conceitos, como Estado, governo e políticas públicas.

Estado, de modo geral, pode ser entendido como o conjunto formado por território, governo e povo. Um exemplo é o Estado brasileiro. O governo, por sua vez, é transitório e constituído por um grupo de pessoas designadas a administrar o Estado. Comentamos também a constituição dos três poderes no Brasil (Executivo, Legislativo, Judiciário), especificando o papel de cada um deles no desenvolvimento das políticas públicas.

O conceito de políticas públicas está relacionado ao Estado em ação, promovendo programas, projetos e eventos que visam gerar impacto em uma ou mais áreas da sociedade. As políticas públicas normalmente são pensadas e implementadas pelos governos, que, em parcerias com agentes privados e do terceiro setor, concretizam as ações.

Mas toda essa discussão ganha maior concretude quando buscamos aproximar a atuação do Estado com nossa área de estudo e intervenção, a Educação Física. Vimos que o Estado brasileiro foi, e continua sendo, fundamental aos rumos de nossa área, seja no esporte, no lazer, na atividade física, na saúde e na Educação Física escolar. Compreender a política nos leva, portanto, no limite, a nos formarmos melhores cidadãos e melhores profissionais da área da Educação Física, mais cientes de nosso papel social e das interfaces mediadas pelo Estado.

Síntese

Você conta, nesta seção, com um recurso que o instigará a fazer uma reflexão sobre os conteúdos estudados, de modo a contribuir para que as conclusões a que você chegou sejam reafirmadas ou redefinidas.

Indicações culturais

Livro

CORTELLA, M. S.; RIBEIRO, R. J. **Política:** para não ser idiota. Campinas: Papirus, 2010. v. 1.

Nesse livro de Cortella e Ribeiro, ao acompanhar um diálogo descontraído e com exemplos da vida cotidiana, podemos entender um pouco mais sobre política e cotidiano.

Vídeo

CAFÉ FILOSÓFICO CPFL. **Ética e democracia no Brasil:** Cortella, Pondé e Karnal. Disponível em: <https://www.youtube.com/watch?v=sQ7LxZNdBfY>. Acesso em: 6 ago. 2018.

Nesse vídeo do canal Café Filosófico CPFL no Youtube, uma extensão do programa transmitido pela TV Cultura, Mário Sérgio Cortella, Leandro Karnal e Luiz Felipe Pondé falam de política. Discussões (e vídeos) como essa são ótimas oportunidades para refletir sobre os temas de que tratamos no capítulo de forma aprofundada.

Atividades de autoavaliação

1. Assinale a alternativa **incorreta** no que se refere ao entendimento de política:

   a) Aquele que se interessa por política ou nela se envolve pode ser considerado uma pessoa idiota, no sentido de alguém de pouca inteligência.

   b) Quando nos reunirmos apenas com quem é parecido conosco, não desenvolvemos as potencialidades da democracia, do aprendizado e do convívio com quem é ou pensa diferente, o que empobrece o os laços sociais.

Indicações culturais

Nesta seção, os autores oferecem algumas indicações de livros, filmes ou *sites* que podem ajudá-lo a refletir sobre os conteúdos estudados e permitem o aprofundamento em seu processo de aprendizagem.

Atividades de autoavaliação

Com estas questões objetivas, você tem a oportunidade de verificar o grau de assimilação dos conceitos examinados, motivando-se a progredir em seus estudos e a se preparar para outras atividades avaliativas.

Atividades de aprendizagem

Aqui você dispõe de questões cujo objetivo é levá-lo a analisar criticamente determinado assunto e a aproximar conhecimentos teóricos e práticos.

Bibliografia comentada

Nesta seção, você encontra comentários acerca de algumas obras de referência para o estudo dos temas examinados.

Capítulo 1

Para compreender a política

Fernando Augusto Starepravo

Um tema superatual e relevante é a política. Mesmo que não percebamos ou não gostemos, a política faz parte de nosso dia a dia. A vida em sociedade basicamente se estrutura sobre relações políticas; então, não temos como escapar dela.

Buscaremos, ao longo deste livro, demonstrar a importância de você estudar e entender a política e as políticas públicas, que, como explicitaremos, são realidades diferentes. Na primeira seção deste capítulo, comentaremos exatamente como a política faz parte de nosso cotidiano. Logo na sequência, exploraremos, em três diferentes seções, conceitos fundamentais ao estudo das políticas públicas, quais sejam: política pública; Estado; e governo. Esses conceitos são indissociáveis, ou seja, para falar de um, precisamos do outro e vice-versa. Ao abordarmos esses elementos, esperamos minimamente instrumentalizá-lo, leitor, para a melhor compreensão do fenômeno.

Finalizando o capítulo, apresentaremos algumas aproximações entre política e educação física. Como essa é uma área essencialmente prática, talvez haja alguma dificuldade inicial em compreender como a política faz parte ou influencia a atuação profissional nesse campo.

1.1 Política e o cotidiano

Certamente, política é um dos últimos temas que o estudante de Educação Física imagina tratar em seu processo de formação. Afinal, os alunos em geral buscam o curso por gostarem de esporte, das academias, de dar aula nas escolas, mas raramente por desejarem pensar em política. Por que estudá-la? Por que compreendê-la, então? Na verdade, a política está muito mais presente em nossas vidas do que imaginamos. Ela influencia desde o salário que recebemos até nossa harmoniosa convivência com a vizinhança.

Uma primeira questão que podemos abordar diz respeito ao desinteresse das pessoas pela política. Provavelmente isso se deva ao fato de, cotidianamente, os meios de comunicação noticiarem escândalos envolvendo políticos, como desvios de dinheiro público, servidores fantasmas, corrupção em todos os níveis, uso do cargo público em benefício próprio. A lista é enorme, e os exemplos, conhecidos pela maioria. Esse bombardeio de notícias ruins sobre os políticos profissionais pode gerar um afastamento da política, especialmente naquelas pessoas de bem, cujo pensamento comum é: "Se política é algo ruim, corrupta, suja, eu, que sou uma boa pessoa, não devo me aproximar dela, sob pena de me tornar uma pessoa ruim também". Assim, há uma inversão do conceito de homem político de Aristóteles, pois passa a ser considerado homem de bem aquele que é despolitizado.

Essa situação foi muito bem tratada por Cortella e Ribeiro (2010, p. 7), quando os autores resgataram a ideia de que, no Brasil, "política é coisa de idiota". Segundo essa visão, aquele que se interessa por política ou com ela se envolve seria uma pessoa idiota, no sentido de alguém tolo, de pouca inteligência. Todavia, os autores retomam o conceito original da palavra *idiota*, derivada do termo grego *idiótes*, que significa "aquele que só vive a vida privada, que diz não à política". Logo, em verdade, *idiota* seria o indivíduo que não se interessa pela política. Os autores mencionam, então, um esgotamento em relação à política, no sentido de cansaço especialmente perante a grande política – aquela dos partidos e do governo – e sua ligação com a corrupção. Trata-se de um desencanto, de uma perda de esperança.

A corrupção, um dos principais problemas em pauta atualmente, põe em xeque a coisa pública e o bem comum. Isso, segundo Cortella e Ribeiro (2010), é paradoxal, porque, em um regime democrático como o nosso – em que, em tese, o poder é do povo –, muitos cidadãos se sentem impotentes diante da corrupção. Em síntese, o cenário é marcado pela crescente percepção da corrupção, pela consequente aversão à política e, ao mesmo tempo, por uma sensação de impotência perante quadro tão alarmante.

É claro que, no Brasil, especialmente desde o início da década de 2010, têm ocorrido várias manifestações públicas para reivindicar mudanças na política do país e o combate à corrupção. No entanto, os manifestantes formam apenas um grupo, uma parcela da sociedade. Das assembleias e passeatas, em geral, participam pessoas que estão de acordo; os que discordam não comparecem. Existe um laço social, portanto, entre iguais ou semelhantes, mas não um grande pacto social que envolva diferentes membros dos grupos ou da sociedade. O problema é que, como bem assinalam Cortella e Ribeiro (2010), quando nos reunirmos apenas com quem é parecido conosco, não desenvolvemos as potencialidades da democracia, do aprendizado e do convívio com quem é diferente ou pensa de forma distinta – isso é que empobrece os laços sociais. Os protestos que levaram as pessoas às ruas no Brasil demonstram a tendência de fazer da política um evento, e não um ato cotidiano, permanente.

A percepção da corrupção no Brasil também tem a ver com a forma como o brasileiro se relaciona com o Estado. Há um pensamento corrente no país de que o Estado é um problema, e as pessoas e o mercado, as soluções. Tratamos o Estado como algo externo a nós. Analisaremos isso com mais profundidade adiante, mas desde já deve estar claro que um dos principais problemas é entender o *Estado* como algo à parte das pessoas, como sinônimo apenas de *governo*. A verdade é que o Estado somos nós. Nós não só elegemos o Estado, como também somos responsáveis por ele e dele fazemos parte; em acréscimo, por vezes, escolhemos gente corrupta para administrá-lo.

> A verdade é que o Estado somos nós. Nós não só elegemos o Estado, como também somos responsáveis por ele e dele fazemos parte.

À parte dessa discussão, Cortella e Ribeiro (2010) chamam atenção para a amplitude do uso do termo *política*. Aquela partidária, do governo, é apenas uma fração da política, que, de modo mais amplo, pode ser entendida como vivência com o coletivo. O ser humano é um animal social, que vive em contato permanente com outras pessoas, e política diz respeito às formas de convívio social. Viver é conviver, seja no prédio, seja na cidade, no país ou no planeta.

Esse entendimento extrapola substancialmente aquela visão limitada de política como algo restrito aos partidos políticos e aos governos. A política se revela até mesmo nas relações pessoais mais íntimas. Pense em um casal de namorados, por exemplo: entre eles se estabelece uma relação política. Isso mesmo! Essa relação é uma relação política. Antes de decidirem namorar, cada uma das pessoas vive uma vida "relativamente autônoma". Cada um dos parceiros, antes de assumir um compromisso, tem certa liberdade para escolher como se divertir, onde almoçar ou o que fazer nos finais de semana. Quando inicia o relacionamento, as preferências individuais começam a conflitar e o sucesso do namoro depende de uma série de acordos. Se um gosta de esporte, e o outro, de novela, provavelmente será preciso revezar entre esses dois tipos de entretenimento para que ambos se sintam felizes na relação. Acordos como esse são exemplos de resoluções políticas para as diferenças entre pessoas que pretendem conviver.

O exemplo dos namorados revela duas verdades. A primeira é que, como a política está relacionada ao convívio entre pessoas, não há como deixá-la de lado – afinal, a política é parte constitutiva de nossas vidas, porque nos relacionamos constantemente com outras pessoas. A segunda é que toda relação é política, desde a mais simples, entre duas pessoas, até as mais complexas e diversificadas, entre os milhões de habitantes de um país. Em síntese, a política pode ser limitada a um número pequeno de pessoas e situações ou ser extremamente grande e complicada, quando envolve inúmeros sujeitos, interesses e objetos em disputa.

> A política em nosso país, com todos os problemas que apresenta, é consequência de nossos atos, conscientes ou não.

Podemos ainda estender essa reflexão. A política em nosso país, com todos os problemas que apresenta, é consequência de nossos atos, conscientes ou não. Segundo Cortella e Ribeiro (2010), visto que se faz política mesmo quando não se sabe que está fazendo, numa sociedade de diferenças e disputas, a neutralidade é ficar do lado do vencedor. Nesse sentido, buscar distanciar-se da política é dar aval a tudo que está acontecendo. Se não participamos da reunião do condomínio, se não nos importamos com as eleições municipais, se não nos envolvemos com as instâncias de representação estudantil, estamos dando a prerrogativa para que outras pessoas decidam por nós sobre algo que nos afetará, tenhamos ou não consciência disso. "Os ausentes nunca têm razão" (Cortella; Ribeiro, 2010, p. 16); pois, embora tivessem alguma razão ou ponto de vista a contribuir, eles a perdem por se ausentarem ou não se preocuparem com a vida política, seja nas microrrelações, seja nos complexos e gigantes arranjos políticos que constituem uma nação.

Trazer à luz esses elementos da política, mostrando como ela permeia nosso dia a dia e como influencia nossas vidas, é papel da educação – e é isso que tentamos fazer ao discutir esse tópico. É certo que as pessoas têm olhado um pouco mais para a política ultimamente, indo às ruas ou se manifestando nas redes sociais. Porém, o debate da população em geral em torno do tema ainda é pobre. Devemos compreender que a posição de alguém que pensa diferente de nós também é válida e legítima, e que não devemos simplesmente contestá-la. O adversário político não deve ser encarado como inimigo; afinal, política é o enfrentamento de posições opostas e legítimas (Cortella; Ribeiro, 2010). É pelo confronto de ideias que se pode aprimorar a política e os sujeitos. Portanto, é importante se interessar por política, falar dela, refletir sobre ela, ouvir as posições divergentes e participar, pois, se não nos envolvermos, certos de que somos cidadãos de bem – não idiotas –, outros o farão por nós.

1.2 Conceito de políticas públicas[1]

Tendo feito uma explanação introdutória sobre a importância da política e do envolvimento político das pessoas, passaremos a tratar de uma fração específica da política: as políticas públicas. Se política pode ser algo muito vasto, relacionado ao convívio em sociedade em suas diferentes instâncias, política pública é uma dimensão mais específica, relacionada à atuação do Estado. Nesta seção, apresentaremos um conceito inicial de políticas públicas, destacando suas etapas, sua cronologia e suas principais características.

Quando pensamos na área de atuação do professor ou profissional de educação física, devemos pensar as políticas públicas de esporte e lazer além da política pública em si, ou seja, considerando o programa esportivo-social, a rua de lazer ou o campeonato esportivo do bairro como algo que integra um contexto social mais amplo. A política pública é, muitas vezes, apenas a parte mais visível de um processo mais complexo, desenvolvido no seio de um espaço social específico, onde há disputas, rivalidades, alianças e decisões estratégicas. De tal modo, escrever e examinar as políticas públicas de esporte e lazer implica mapear o espaço social onde elas são produzidas, analisar a atuação de diferentes agentes e a relação entre eles, até chegar à compreensão de quais políticas públicas foram efetivadas e quais não, de quais motivos e fatores levaram os decisores políticos a tomarem certas decisões.

O conceito de políticas públicas, nesse complexo contexto de relações sociais, é aqui compreendido como **estratégia de intervenção e regulação do Estado** (e dos agentes que o administram), que objetiva alcançar determinados resultados ou produzir determinados efeitos (Menicucci, 2006). São intervenções

---

[1] O texto que integra esta seção é uma síntese de artigo que publicamos anteriormente em parceria com Wanderlei Marchi Júnior e Juliano de Souza. Para saber mais, consulte Starepravo, Souza e Marchi Júnior (2011).

governamentais que resultam de intensa atividade político/burocrática e que representam "decisões e ações revestidas da autoridade soberana do poder público" (Rua, 1997, citado por Menicucci, 2006, p. 142).

As políticas públicas que objetivam atender a uma demanda específica da sociedade são chamadas de *políticas públicas setoriais*. Quando acrescidas do termo *sociais*, dizem respeito à conquista de direitos e a mudanças de valores; elas representam a intervenção do Estado em áreas sociais com o propósito de reequilibrar oportunidades e direitos em diferentes áreas, como educação, saúde, trabalho, lazer, segurança, esporte etc. Essas ações pressupõem a atuação positiva do Estado, já que, "diferentemente dos direitos civis e políticos, a viabilização dos direitos sociais se faz pela intervenção ativa do Estado de forma positiva, ou seja, por meio das políticas sociais" (Menicucci, 2006, p. 139). Assim, os direitos sociais pressupõem

> *garantia e provisão, por parte do Estado, de políticas capazes de dar suporte ao bem-estar de todos os cidadãos. Os conteúdos ou áreas sociais implicadas na promoção do bem-estar social constituem direitos mínimos e universais, conquistados historicamente. Devem ser compreendidos como uma construção decorrente dos múltiplos conflitos e interesses que legitimam as chamadas democracias capitalistas contemporâneas.*
> (Linhales, 1998, p. 73)

Entre as diferentes políticas sociais estão aquelas direcionadas à área de esporte e lazer. Tratam-se de políticas públicas setoriais voltadas à garantia de direitos sociais relacionados à área de atuação do profissional de educação física. Porém, entender isso não é tudo. Precisamos observar outros aspectos. Antes de mais nada, devemos saber que a palavra *política*, na língua portuguesa, aplica-se a diferentes conceitos; já na língua inglesa há uma diferenciação entre os termos *polity, politics* e *policy*: o primeiro designa as instituições políticas; o segundo, os processos políticos; e o último, os conteúdos da política.

É claro que as categorias, apresentadas de maneira didática, na prática se confundem e se influenciam, mas, ao percebemos que existem diferentes etapas na política, podemos delimitar melhor cada uma delas, fugindo do senso comum de que "política é tudo" ou que "tudo é política". Com o direcionamento do olhar ao processo, tornam-se mais importantes os arranjos institucionais, as atitudes e os objetivos dos agentes políticos, os instrumentos de ação e as estratégias políticas (Frey, 2000).

Só para citar alguns exemplos da nossa área, estudos como o de Manhães (2002) privilegiam a dimensão *polity* das políticas públicas de esporte e lazer ao destacar as leis que serviram de sustentação às políticas esportivas no Brasil. Já estudos que tratam da dimensão *politics* no subcampo político-burocrático do esporte e lazer são mais raros no Brasil, como aponta levantamento realizado por Amaral e Pereira (2009). A dimensão material *policy* é a mais recorrente nos estudos de esporte e lazer, quando os autores analisam programas concretos, como o Programa Segundo Tempo (PST) e o Programa Esporte e Lazer da Cidade (Pelc).

No que diz respeito à dimensão temporal, Frey (2000) chama atenção para o fato de que as redes e arenas das políticas podem sofrer transformações no decorrer da implementação dessas ações; isso quer dizer que a política pode começar de uma forma e terminar de outra. Portanto, além dos arranjos dos agentes, deve-se pensar no tempo e nas diferentes etapas do processo político. Muitos estudiosos da área propõem, para tanto, uma subdivisão dos processos político-administrativos nas seguintes etapas: formulação, implementação e controle dos impactos. Frey (2000) indica, porém, uma divisão um pouco mais sofisticada, distinguindo as seguintes fases: percepção e definição do problema; *agenda-setting*; elaboração de programas e decisão; implementação de políticas; e avaliação de políticas e eventual correção da ação.

Acerca da **percepção e definição de problemas**, Frey (2000) aponta que, em um universo muito grande de possibilidades de ações, apenas algumas questões mostram-se apropriadas ao tratamento político e geram ciclos. Certa demanda pode ser levantada por grupos isolados, mas também percebida por políticos e pela Administração Pública graças à ação da mídia ou de pessoas "contratadas" para pressionar os gestores públicos. Porém, problemas analíticos só se transformam em problemas políticos propriamente ditos quando adquirem relevância político-administrativa (Windhoff-Héritier, 1987, citado por Frey, 2000).

No caso do esporte, a repercussão midiática, simbólica e de propaganda parece influenciar as opções por políticas públicas voltadas para o esporte de rendimento[2] (um tema que pode ou não ser tratado pelo Estado). Possivelmente isso acontece porque essa manifestação do esporte apresenta maior apelo para gerar um ciclo político do que outras.

Também devemos estar atentos para o fato de que, no momento de percepção e definição de problemas, a dimensão econômica nem sempre é a mais relevante quando da opção por determinadas prioridades. Essa escolha é pautada em uma série de outros fatores, que envolvem inclusive o projeto de sociedade vigente naquele momento. Há de se questionar, nesse caso: Qual é o espaço do esporte e do lazer no interior do projeto de sociedade? A sociedade compreende o que é o esporte, o lazer e a educação física, e qual o potencial desses elementos em sua construção?

Já no segundo momento do ciclo político, na fase do *agenda-setting*, define-se se um tema será inserido na pauta política atual, se será excluído ou adiado. Para tanto, torna-se necessária uma avaliação preliminar sobre custos e benefícios das várias opções disponíveis de ação, bem como sobre as possibilidades de o tema/projeto se tornar relevante na arena política (Frey, 2000). Isso pode ser circunstancial – como na ocasião de uma crise econômica ou

---

[2] As manifestações do esporte serão tratadas posteriormente. Por ora, cabe diferenciar que o esporte é reconhecido legalmente no Brasil em suas manifestações de rendimento, participação, educacional e formação.

ambiental – ou incorporado/permanente, quando demonstra certa regularidade – como na prioridade de uma área em detrimento de outra (economia à saúde) ou no financiamento baixíssimo destinado ao esporte e lazer.

Na **elaboração de programas e de decisão**, é preciso escolher a melhor forma de ação. Normalmente, isso acontece antes da decisão propriamente dita e envolve processos de conflito e acordo entre os agentes mais relevantes da política e da administração (Frey, 2000). Nessa fase, faz-se uma opção técnica e metodológica. Os profissionais técnicos envolvidos, como professores ou profissionais de educação física nas secretarias municipais e estaduais de esporte e lazer, podem ter papel crucial, desde que se apresentem como agentes relevantes e ativos, especialmente pelo conhecimento específico da área.

Quanto à etapa seguinte, **implementação das políticas**, Frey (2000) distingue duas possibilidades de análise: a primeira tem como objeto a qualidade material e técnica de projetos e programas; a segunda é direcionada para as estruturas político-administrativas e a atuação dos agentes envolvidos. Naquela, é importante o programa em si; nesta, o que mais importa são os agentes e as relações entre eles.

Na fase de **avaliação de políticas e da correção de ação**, analisam-se os impactos efetivos dos programas já implementados, podendo ocorrer durante o funcionamento ou após a finalização destes. É rara a avaliação na área de políticas públicas, especialmente de esporte e lazer, e quando é feita, normalmente ocorre ao final do processo. Todavia, é importante avaliar constantemente as ações, buscando corrigir os erros ou desvios durante o processo, e não apenas depois que ele acaba. Trata-se de levantar os *deficit* de impacto e os efeitos indesejados, buscando redimensionar ações e programas futuros, bem como de registrar potencialidades e acertos para serem replicados em futuras ações – o que constitui um passo fundamental à aprendizagem política.

Na Figura 1.1, esquematizamos o ciclo de uma política pública.

Figura 1.1 Ciclo de políticas públicas

Frey (2000) alerta para o caráter didático e analítico de seu modelo de ciclo político, uma vez que, na política – real ou efetiva –, muitas vezes as etapas se sobrepõem ou se confundem. De qualquer modo, a delimitação dessas etapas fornece pistas de possíveis problemas e potencialidades no processo de implantação de políticas setoriais.

Em síntese, podemos dizer que políticas públicas são produto de relações sociais complexas que envolvem agentes vinculados à administração do Estado (do campo político-burocrático) e agentes externos. São, em suma, ações do Estado para causar efeito em uma demanda social, como o asfaltamento de uma rua, a construção de uma unidade básica de saúde ou o funcionamento de uma escolinha esportiva. As políticas públicas podem ser compreendidas ao menos em três dimensões: instituições políticas, processos políticos e conteúdos da política. Em geral, a atenção da literatura e das pessoas está no conteúdo das políticas, naquilo que concretamente se efetiva. Porém, não podemos esquecer que a política só adquire concretude porque existe um arcabouço legal-institucional e processos políticos que efetivam as políticas. Nesse complexo processo de construção de políticas públicas é que se inserem as etapas das quais tratamos até aqui. O conhecimento e a observação de tais etapas esclarecem a cronologia e as particularidades que envolvem cada um desses momentos. O profissional de educação física deve, então, conhecer e estar atento ao conceito de política pública e a como as políticas se efetivam. Isso é muito importante para que atue como crítico das políticas, mas também como elaborador e implementador de políticas públicas no campo que envolve esporte, lazer e educação física.

Não há como falar de políticas públicas sem mencionar o Estado: um está diretamente relacionado ao outro. Então, nesse momento, passaremos a debater o que é o Estado e suas funções na sociedade, ressaltando sua importância e sua complexidade.

1.3 Conceito de Estado[3]

Quando, na seção anterior, trabalhamos o conceito de políticas públicas, empregamos bastante a palavra *Estado*. Basicamente, as políticas públicas são a expressão do Estado em ação. Mas o que vem a ser o Estado? Qual é sua importância para a sociedade atual?

Estado é uma instituição moderna, com funções de manutenção e regulação sociais, com aparatos de intervenção social – aqui especificamente as políticas sociais – e dos mecanismos constitucionais de proteção ao cidadão, legalmente inscritos como direitos sociais[4].

Consideremos outras definições de Estado. Para Zimmermann (2005), *Estado* é uma forma de organização política estabelecida

---

[3] O texto que integra esta seção é uma síntese de artigo que publicamos anteriormente em parceria com Wanderlei Marchi Júnior e Juliano de Souza. Para saber mais, consulte Starepravo, Souza e Marchi Júnior (2011).

[4] "Os direitos estão ligados à noção de cidadania. Segundo Menicucci (2006), costuma-se desdobrar a cidadania em três conjuntos de direitos: direitos civis, relacionados à liberdade individual (ir e vir, liberdade de pensamento e fé, direito a propriedade, entre outros); direitos políticos, concernente ao exercício do poder político (participação no governo, direito de votar e ser votado); e direitos sociais, definidos por Marshall (1967) como o direito de participar por completo da herança social, levando a vida de um ser civilizado, de acordo com os padrões prevalecentes na sociedade" (Starepravo; Souza; Marchi Júnior, 2011, p. 236).

dentro de um território para regulação de condutas na vida social. Segundo Saldanha (2009, p. 329): "Entendem alguns que o Estado surgiu da tendência natural do homem para a associação; entretanto, para outros, o Estado é produto da luta de classes sem as quais o Estado desapareceria". A autora ainda esclarece que, de toda forma, o Estado é uma realidade sociopolítica incontestável, com personalidade jurídica e autoridade, sendo três seus elementos essenciais: povo, território e governo. Pensemos no Estado brasileiro. Quando falamos de Brasil, pensamos num **território** que reconhecidamente constitui nosso país, suas fronteiras, seus limites e sua extensão. Esse território é ocupado por um **povo** – nós, brasileiros, que compartilhamos, entre outras coisas, o mesmo espaço, as mesmas regras de convivência social, a mesma língua, a mesma moeda. Finalmente temos um **governo**, eleito para administrar esse território e o povo que nele habita.

Estado é uma instituição moderna, com funções de manutenção e regulação sociais, com aparatos de intervenção social – aqui especificamente as políticas sociais – e dos mecanismos constitucionais de proteção ao cidadão, legalmente inscritos como direitos sociais (Starepravo; Souza; Marchi Júnior, 2011).

Ao analisarmos a história da sociedade capitalista, é fácil perceber sua relação com o Estado – à medida que as economias se desenvolveram em todo o mundo, o setor público ganhou novos relevos em todas as sociedades (Carnoy, 1990). Desde o início, o Estado era importante, mas tal importância foi crescendo continuamente. Atualmente, "o Estado parece deter a chave para o desenvolvimento econômico, para a segurança social, para a liberdade individual e, através da 'sofisticação' crescente das armas, para a própria vida e a morte" (Carnoy, 1990, p. 9).

No século XIX, a iniciativa privada tinha uma importância social até maior que a do Estado. Porém, gradualmente, este ganhou força quando, por meio de um processo não planejado, grande parte das funções sociais passou da iniciativa privada para as mãos do Poder Público.

Segundo Linhales (1998), o Estado liberal clássico[5], uma das primeiras formas do Estado moderno, tinha como principais prerrogativas a defesa dos direitos civis, principalmente o direito à propriedade, e a defesa dos direitos políticos. Normalmente, os cidadãos considerados possuidores de direitos políticos eram exatamente aqueles que tinham propriedades. Assim, num primeiro momento, o Estado buscou defender suas fronteiras, garantir a propriedade e centralizar a arrecadação de impostos.

Essa situação se alterou quando do processo de expansão dos direitos políticos e sociais[6] ocorrido no decorrer do século XX, demarcando o fim do caráter restrito do Estado (Linhales, 1998). No momento em que passou a atender interesses muito mais abrangentes – e não mais, de forma exclusiva, a interesses privados daqueles que reconhecidamente o controlavam (proprietários, que, consequentemente, tinham direitos políticos) –, a instituição viu sua função crescer em importância para a sociedade. Segundo Carnoy (1990), o Estado, assim, adquiriu outras obrigações, devendo solucionar diversos problemas e atender a variadas demandas sociais, a fim de manter a paz, assegurar a ordem social e promover o desenvolvimento nacional.

A conquista de direitos e a consequente ampliação da cidadania impôs ao Estado uma reformulação, no sentido de repensar

---

[5] Na visão liberal clássica, o Estado ideal era aquele no qual o poder político era estendido a um grupo amplo, deixando o mercado livre para cuidar da distribuição da riqueza e da renda (Carnoy, 1990). Cronologicamente, essa foi uma das primeiras concepções de Estado.

[6] De acordo com Menicucci (2006, p.138), "os direitos sociais permitem reduzir os excessos de desigualdade gerados pela sociedade de mercado e garantir um mínimo de bem-estar para todos". Eles só surgiriam bem mais tarde.

novos conteúdos da agenda pública (Linhales, 1998). O Estado passou, então, a ter que agir de maneira positiva, promovendo políticas públicas voltadas à garantia dos direitos sociais.

Segundo Carnoy (1990, p. 51), o Estado assumiu muitas responsabilidades referentes aos interesses públicos, principalmente em democracias modernas, algo mais próximo a nossa realidade atual, nas quais o povo

> não levanta nem decide problemas, porém esses problemas, que moldam seu destino, são normalmente levantados e decididos para ele. Nessa teoria [pluralista], então, o Estado obtém um certo poder próprio – é ele que toma decisões quanto aos problemas, à legislação e ao curso do desenvolvimento econômico e social. Ao eleitorado cabe o poder de decidir qual grupo de líderes (políticos) ele deseja para levar a cabo o processo de tomada de decisão. (Carnoy, 1990, p. 51)

Portanto, é o Estado, por meio dos agentes eleitos ou escolhidos para administrá-lo, que elabora as políticas públicas para os mais variados setores sociais. Estes, segundo Linhales (1998, p. 73), organizados em arranjos políticos, por sua vez, "interferem na seleção de prioridades para a alocação dos recursos públicos, que são extraídos da população e que a ela deveriam retornar, redistributivamente, na forma de programas e serviços públicos".

Vale destacar ainda que, de acordo com Montesquieu (2007), o Estado tem três funções fundamentais: a legislativa, de produzir as leis e o ordenamento jurídico necessário à vida em sociedade; a executiva, de executar e promover políticas públicas de acordo com as leis; e a judiciária, para julgar a adequação, ou inadequação, dos atos particulares às leis existentes.

> O Estado não é algo externo, alheio a nós ou à sociedade. O Estado somos nós, e aqueles que o administram foram por nós eleitos.

Em síntese, considerando-se seus constituintes, o Estado tem um território reconhecido, um povo que nele habita e um governo que o administra. Essa instituição, no decorrer de sua história, foi ganhando mais e mais importância na sociedade, tornando-se fundamental na atualidade. Cabe a ele definir prioridades, estabelecer planos e metas, bem como implementar políticas públicas por meio de seus três poderes: Legislativo, Executivo e Judiciário.

É interessante retomarmos aquilo que foi apontado na Seção 1.1: o Estado não é algo externo, alheio a nós ou à sociedade. O Estado somos nós, e aqueles que o administram foram por nós eleitos. Nós construímos e constituímos o Estado e, nesse sentido, se não estamos contentes com a forma como ele é administrado, cabe a nós mudar seus rumos, promovendo reformas ou elegendo novos administradores, que, em última instância, poderão desenvolver políticas públicas mais consonantes com os anseios de nosso povo.

1.4 Conceito de governo

Nesta seção, passaremos a comentar o terceiro conceito, o qual se relaciona com os dois anteriores. O governo, responsável por elaborar e implementar as políticas públicas, como indicamos na seção anterior, é um dos elementos que constitui o Estado. Muitas vezes, as pessoas confundem um com o outro; por vezes, personificam o governo em uma pessoa, normalmente o representante maior daquela esfera da Administração. Usamos expressões como *governo Temer*, *governo Lula*, como se a figura do presidente da República desse conta de caracterizar todo um conjunto de sujeitos que compõem um governo. Portanto, é importante que compreendamos o que é *governo* e como são suas relações com o Estado e as políticas públicas.

Entre os poderes do Estado – Legislativo, Executivo e Judiciário –, observamos que, em geral, as pessoas usam o termo *governo* para se referir ao Executivo. De fato, cabe a este poder a execução das políticas públicas, mas, se compreendermos o governo como o grupo de pessoas que administra o Estado, passaremos a entender que existe governo nos três poderes, tendo cada qual suas atribuições.

É especialmente importante para a discussão proposta neste livro que voltemos nossa atenção também ao Legislativo e ao Judiciário, que são fundamentais no estabelecimento e julgamento das leis. Todavia, como é o Executivo quem formula e implementa as políticas públicas, é dele que iremos prioritariamente tratar. Afinal

> embora não crie as leis que balizam a vida dos cidadãos (função legislativa), nem decida sobre a adequação dessas regras aos casos particulares (função judiciária), é o governo [leia-se Executivo] que, por meio de seu aparato coercitivo, garante o cumprimento das decisões dos outros poderes e executa as políticas do Estado. (Coelho, 2014, p. 17)

É o governo (do Executivo) que recolhe impostos e taxas que sustentam os três poderes e que promove políticas públicas, buscando retornar à sociedade serviços essenciais ao funcionamento do Estado. Além disso, cabe ao governo o monopólio da violência física, que garante a segurança dos cidadãos e exerce o poder de polícia – que vai da fiscalização do cumprimento das regras à punição daqueles que a infringem. Toda essa função do Estado é expressa pelo governo, que, normalmente sustentado sobre uma plataforma eleitoral, apresenta suas prioridades, suas linhas de ação e de intervenção social.

Há diferentes sistemas de governo, sendo os mais comuns o presidencialismo (adotado no Brasil) e o parlamentarismo (adotado, por exemplo, no Reino Unido). As diferenças entre esses dois sistemas dizem respeito à forma como Legislativo e Executivo se relacionam. No **parlamentarismo**, o Poder Executivo depende do apoio do parlamento, normalmente manifestado por meio de um voto de confiança, não havendo uma nítida separação entre o Executivo e o Legislativo. Já no **presidencialismo** há uma nítida separação entre esses dois poderes, de modo que o Executivo é exercido de maneira relativamente autônoma ao parlamento, não é diretamente responsável perante este e não pode ser afastado em circunstâncias normais (Coelho, 2012).

Na **democracia** – regime político[7] com o qual convivemos no Brasil desde a década de 1980 –, os governantes são eleitos e têm seus atos constantemente submetidos à avaliação por meio do voto, da opinião pública e dos formadores de opinião. Nesse regime, a força de um governo depende do apoio que suas propostas políticas e legislativas encontram no parlamento (Congresso Nacional, no Brasil), do alcance das expectativas dos eleitores (que vão às urnas periodicamente avaliar determinada proposta política), e da relação mantida com os diferentes grupos organizados da sociedade. Porém, segundo Coelho (2014, p. 179), independentemente do regime político, democrático ou não, "a força do governo dependerá também da sua capacidade de identificar necessidades e anseios sociais e transformá-los em políticas públicas que produzam resultados na sociedade, dando respostas efetivas aos problemas que pretende enfrentar".

Como vimos, o governo é o ente responsável pela administração do Estado, em seus diferentes poderes. Todavia, em geral, a referência ao governo se dá especialmente ao Poder Executivo, que é aquele que formula e executa as políticas públicas.

Vivemos no Brasil em um regime político democrático, onde os governantes são eleitos pelo voto direto da população. Isso é muito importante, pois, mediante o voto, podemos manter ou alterar o grupo político que está no governo do Estado. Em outros momentos não foi assim; nossos governantes eram impostos pela força física, e não escolhidos pelo povo.

Nosso sistema de governo, por sua vez, é o presidencialismo, que pressupõe uma diferenciação nítida entre o Executivo e o Legislativo. Entretanto, precisamos ficar atentos para o fato de

---

[7] Existem outros regimes, como o autoritarismo e o totalitarismo.

que, apesar de separados, os poderes se interinfluenciam e são interdependentes. Por exemplo, se o Executivo quiser implementar certa política pública de esporte que precisa ser aprovada como lei, o Legislativo terá um grande peso no sucesso ou não dessa política. Cabe também ao Legislativo aprovar o orçamento proposto pelo Executivo, ou seja, onde será gasto o dinheiro recolhido em impostos e taxas.

> *O governo é o ente responsável pela administração do Estado, em seus diferentes poderes. Todavia, em geral, a referência ao governo se dá especialmente ao Poder Executivo, que é aquele que formula e executa as políticas públicas.*

Assim, mesmo que tratemos, em geral, do Executivo quando falamos de políticas públicas, compreender sua relação com o Legislativo é essencial para um melhor entendimento das políticas efetivadas ou preteridas e para a identificação das áreas para as quais são destinados os recursos públicos.

1.5 Política e educação física

Já comentamos os tópicos sobre política, políticas públicas, Estado e governo, mas ainda falta relacioná-los, ao menos introdutoriamente, à área de educação física. Afinal, como tudo isso influencia a área e nossa atuação profissional? Qual seria a relação do profissional de educação física com a política?

Relacionar a política e a educação física será um desafio constante em todo este livro, mas cabe, nesta seção, introduzirmos algumas relações que podemos estabelecer entre essas duas áreas. Podemos elencar ao menos quatro delas: (1) o papel do Estado brasileiro no desenvolvimento dessa área de atuação; (2) as normas e leis (construídas politicamente) que regulamentam a atuação do profissional de educação física e garantem o espaço deste nas políticas públicas; (3) o papel do professor de Educação Física em face das políticas; e, (4) o professor de Educação Física como agente de políticas públicas. São muitas outras as possibilidades de explorar essa relação, mas vamos nos ater a estas, por ora, para dar sentido a tudo àquilo que já abordamos até aqui.

Com relação ao primeiro aspecto apontado, destacamos que o Estado teve papel fundamental no desenvolvimento de nossa área no Brasil. Foi por meio dele que ao menos quatro importantes campos de atuação na Educação Física foram reconhecidos e incentivados.

O primeiro desses campos foi a **Educação Física escolar**, que, na educação formal como um todo, esteve restrita, num primeiro momento, à elite econômica nacional, que tinha recursos para mandar seus filhos à Europa para estudar ou tinham meios de pagar por uma educação privada. Aos poucos, a educação foi sendo ofertada para uma parcela cada vez maior da população. Hoje, ainda que precária, a educação básica é obrigatória a todas as crianças e jovens. Isso ocorreu no prazo de pouco mais de um século, o que não é pouca coisa. O Estado e suas políticas foram responsáveis pela construção de escolas, instituição de currículos, contratação de professores, ações que permitiram que a maioria da população tivesse, na atualidade, acesso à educação formal.

Isso se deu porque o Estado, em sua relevância e poder, como já ressaltado, reconheceu que a educação é um elemento importante para nossa sociedade. Assim, destinou recursos e ações à área educacional, prevendo também aulas de Educação Física. Há pelo menos 80 anos essas aulas estão presentes no currículo das escolas públicas e particulares, e isso ocorre por causa da tomada de decisão do Estado, por meio de seus governantes, que viram na Educação Física uma importante área para o desenvolvimento da educação.

Por outro lado, como pudemos acompanhar recentemente, esse mesmo Estado que colocou a Educação Física na escola ameaçou tirá-la do ensino médio, por meio da Medida Provisória n. 746, de 22 de setembro de 2016 (Brasil, 2016a), que ficou conhecida como *Reforma do ensino médio*[8]. Ações desse tipo são prerrogativas do Estado e daqueles que o governam. Porém, como houve grande mobilização das pessoas contra tal proposta, o governo reviu a decisão e manteve essa disciplina no ensino médio. Esse exemplo demonstra como o Estado pode oferecer espaço de atuação nas escolas ou tirá-lo, e como a opinião das pessoas e dos grupos de interesse pode interferir nas decisões do governo perante determinadas demandas.

O segundo campo de atuação que o Estado influenciou e influencia diretamente é o **esporte**. O esporte moderno começou a ser praticado no Brasil por voluntariedade da sociedade civil, porém, passados alguns anos e dada a relevância adquirida, o Estado passou a controlar e a incentivar a prática em nosso país. Assim, o que era uma demanda privada de determinados grupos passou a ser uma questão estatal. Hoje, o esporte é reconhecido como direito de cada um e dever do Estado. Assim, todo cidadão brasileiro tem o direito à prática esportiva. Se o Estado não tivesse intervindo e reconhecido sua importância, talvez o esporte não tivesse a relevância social que tem atualmente, com tantos praticantes, instituições e demais pessoas envolvidas.

Além disso, o Estado brasileiro investe recurso público diretamente no desenvolvimento do esporte nacional. Assim, mesmo aquelas manifestações esportivas de rendimento com forte vinculação ao mercado, como os clubes de futebol que disputam as principais competições nacionais, em algum momento receberam (ou ainda recebem) investimento público. Os atletas que representam o país, as delegações olímpicas, os técnicos, os preparadores físicos, todos estes, de alguma forma, são apoiados pelo Estado brasileiro para se dedicar ao esporte. Grande parte da infraestrutura

---

[8] Essa medida provisória foi convertida na Lei n.13.415, de 16 de fevereiro de 2017 (Brasil, 2017a). No novo texto, a obrigatoriedade da disciplina de Educação Física foi mantida, mas o modo como ela será incluída no currículo não foi definido. Essa definição ficou pendente até a elaboração da Base Nacional Comum Curricular (BNCC).

esportiva do país também é pública, construída e mantida com recursos públicos. De tal modo, o esporte brasileiro, com todas as suas potencialidades e mazelas, é o que é hoje em razão da decisiva atuação do Estado por meio de políticas públicas e da regulamentação da área.

Também no campo do **lazer** o Estado brasileiro teve e tem atuação decisiva. Foi na década de 1930 que o Estado reconheceu o direito ao lazer aos trabalhadores com carteira assinada, por meio da Consolidação das Leis do Trabalho (CLT). Depois disso, foram criadas várias instituições, como o Serviço Social da Indústria (Sesi) e o Serviço Social do Comércio (Sesc), que passaram a desenvolver várias ações relacionadas ao lazer dos trabalhadores. Mais tarde, o lazer foi reconhecido como direito social, cabendo ao Estado promover políticas públicas para todas as pessoas – não mais apenas para os trabalhadores com carteira assinada.

É nítida também, em diferentes municípios, a disponibilidade de espaços públicos para o lazer das pessoas, como praças, parques e academias ao ar livre. A construção de um espaço como esse normalmente é resultado de uma política pública. A questão que surge é: Há ações públicas nesses espaços ou cada um se diverte por si mesmo? Essa ausência de ações públicas para o lazer deve ser pensada pelos profissionais da área e, na medida do possível, superada.

As academias ao ar livre[9] são representantes de outro campo de atuação da educação física diretamente relacionado ao Estado: a **saúde pública**. Deve estar claro para os alunos em formação que a educação física é uma prática social e área de atuação que integra uma preocupação social mais ampla, a atenção à saúde.

---

[9] Academias ao ar livre são espaços públicos, como praças, que abrigam aparelhos que "não têm peso e usam apenas a força do corpo para exercícios de musculação e alongamento. Trata-se de um sistema que se adapta ao usuário utilizando o peso do próprio corpo" (Curitiba, 2018). Alguns desses equipamentos são: surfe, remo, esqui, simulador de caminhada e simulador de cavalgada.

A educação física tem o potencial de contribuir para garantir a saúde das pessoas e evitar a proliferação de doenças e epidemias. Nesse sentido, a ação do Estado é fundamental.

Depois de permanecer por certo tempo relegada a segundo plano, essa relação entre Estado, saúde e educação física foi retomada com força em ações de saúde pública. Adotando-se um conceito mais amplo de saúde e uma intervenção que vai além da perspectiva de medicalização, a educação física pode ser uma importante aliada na saúde preventiva. Hoje, os profissionais da área fazem parte de equipes multidisciplinares de importantes políticas públicas federais de saúde. Eis aí mais um campo que merece nossa atenção e atuação cada vez mais qualificada.

Com relação a normas e leis (construídas politicamente) que regulamentam nossa atuação profissional e garantem nosso espaço nas políticas públicas, podemos mencionar: a Constituição Federal[10] de 1988 (Brasil, 1988), que estabelece o esporte e o lazer como direito das pessoas, e, portanto, objeto de políticas públicas; a Política Nacional de Promoção da Saúde (PNPS – Brasil, 2010e); a Lei n. 9.696, de 1º de setembro de 1998 (Brasil, 1998c), que regulamenta a profissão de Educação Física; e a atual Lei de Diretrizes e Bases da Educação Nacional (LDBEN) – Lei 9.394, de 20 de dezembro de 1996 (Brasil, 1996) –, que estabelece a obrigatoriedade da educação física no currículo da educação básica.

No que diz respeito ao papel do professor de Educação Física na elaboração e na implementação de políticas, apontamos um duplo-sentido nessa relação.

Antes de tudo, o professor é um cidadão, que vive socialmente, politicamente. Nesse sentido, tudo o que foi abordado na Seção 1.1 a respeito da importância da política e do envolvimento

---

[10] A Constituição Federal é a lei maior de um país, a qual todas as demais normas ou leis devem se sujeitar. Também conhecida como *Carta Magna*, na maioria dos países republicanos constitui-se num documento escrito, elaborado por uma assembleia constituinte eleita pelo povo.

das pessoas com os direcionamentos políticos se aplica também a ele, sujeito político que deve estar preocupado com as questões coletivas. Além disso, o professor de Educação Física é um agente que tem suas demandas e interesses específicos no que toca à profissão e às áreas de atuação. Assim, cabe a ele defender demandas relacionadas ao esporte, ao lazer, à educação física e à atuação profissional na área. Apesar de esses assuntos teoricamente serem de interesse de todos, numa dinâmica política em que prevalecem os grupos de interesses e as pressões que a sociedade é capaz de fazer sobre o governo, esses profissionais devem se interessar por política a fim de fazer valer as demandas relativas a sua área de trabalho.

Outra faceta do papel do professor de Educação Física refere-se ao fato de que ele pode ser um agente na formulação, na implementação ou na avaliação das políticas públicas. Assim, todo o conhecimento por ele adquirido serve como subsídio para oferecer um melhor serviço à população. Além disso, mesmo que, a princípio, esse professor não ocupe um cargo público, ele pode ser agente de políticas públicas dedicando-se, por exemplo, à elaboração de projetos de lei específicos ou de projetos conformes com a Lei de Incentivo ao Esporte, que usam verbas públicas, mas em geral têm gestão privada.

Enfim, as possibilidades de se pensar a educação física e a política são múltiplas. O importante é que o aluno em formação esteja convencido do quanto a política é importante na vida das pessoas, e de que algumas questões específicas, como nossas áreas de atuação, na educação, no esporte, no lazer ou na saúde pública, dependem da ação do Estado. Por fim, deve estar claro que o Estado pode ou não reconhecer a importância da área de educação física e promovê-la socialmente, por meio de leis, regulamentos e políticas públicas.

ⅠⅠⅠ Síntese

Neste capítulo, explicitamos a importância de se conhecer a política e com ela se envolver. A política, muito além daquela partidária, envolve várias áreas da vida social e afeta, direta ou indiretamente, a todos. Cientes de sua presença e poder na vida de todos, assinalamos a necessidade de nos instrumentalizarmos com alguns conceitos, como Estado, governo e políticas públicas.

Estado, de modo geral, pode ser entendido como o conjunto formado por território, governo e povo. Um exemplo é o Estado brasileiro. O governo, por sua vez, é transitório e constituído por um grupo de pessoas designadas a administrar o Estado. Comentamos também a constituição dos três poderes no Brasil (Executivo, Legislativo, Judiciário), especificando o papel de cada um deles no desenvolvimento das políticas públicas.

O conceito de políticas públicas está relacionado ao Estado em ação, promovendo programas, projetos e eventos que visam gerar impacto em uma ou mais áreas da sociedade. As políticas públicas normalmente são pensadas e implementadas pelos governos, que, em parcerias com agentes privados e do terceiro setor, concretizam as ações.

Mas toda essa discussão ganha maior concretude quando buscamos aproximar a atuação do Estado com nossa área de estudo e intervenção, a Educação Física. Vimos que o Estado brasileiro foi, e continua sendo, fundamental aos rumos de nossa área, seja no esporte, no lazer, na atividade física, na saúde e na Educação Física escolar. Compreender a política nos leva, portanto, no limite, a nos formarmos melhores cidadãos e melhores profissionais da área de Educação Física, mais cientes de nosso papel social e das interfaces mediadas pelo Estado.

⦀ Indicações culturais

Livro

CORTELLA, M. S.; RIBEIRO, R. J. **Política**: para não ser idiota. Campinas: Papirus, 2010. v. 1.

Nesse livro de Cortella e Ribeiro, ao acompanhar um diálogo descontraído e com exemplos da vida cotidiana, podemos entender um pouco mais sobre política e cotidiano.

Vídeo

CAFÉ FILOSÓFICO CPFL. **Ética e democracia no Brasil**: Cortella, Pondé e Karnal. Disponível em: <https://www.youtube.com/watch?v=sQYLxZNdBYY>. Acesso em: 6 ago. 2018.

Nesse vídeo do canal Café Filosófico CPFL no Youtube, uma extensão do programa transmitido pela TV Cultura, Mário Sérgio Cortella, Leandro Karnal e Luiz Felipe Pondé falam de política. Discussões (e vídeos) como essa são ótimas oportunidades para refletir sobre os temas de que tratamos no capítulo de forma aprofundada.

▪ Atividades de autoavaliação

1. Assinale a alternativa **incorreta** no que se refere ao entendimento de *política*:

    a) Aquele que se interessa por política ou nela se envolve pode ser considerado uma pessoa idiota, no sentido de alguém tolo, de pouca inteligência.

    b) Quando nos reunirmos apenas com quem é parecido conosco, não desenvolvemos as potencialidades da democracia, do aprendizado e do convívio com quem é ou pensa diferente, o que empobrece os laços sociais.

c) A política partidária e dos governos é apenas uma fração de toda a dimensão que a política tem em nossa vida.

d) A política pode ser vista como convivência coletiva, uma vez que o ser humano é um animal que vive socialmente, em contato permanente com outras pessoas, e política diz respeito às formas de convívio social.

2. Com relação ao conceito de política pública, é correto afirmar:

a) A política pública é, muitas vezes, apenas a parte mais visível de um processo complexo, desenvolvido no seio de um espaço social específico, onde há sempre consensos, cooperação e busca do bem comum.

b) Política pública é uma estratégia de intervenção e regulação do Estado (e dos agentes que o administram), que objetiva alcançar determinados resultados ou produzir determinados efeitos.

c) A palavra *política*, na língua portuguesa, é bastante precisa e designa um processo bem localizado.

d) No caso do esporte, a repercussão midiática, simbólica e de propaganda do esporte educacional parece influenciar as opções por políticas públicas voltadas a essa manifestação do esporte.

3. Sobre o Estado, é **incorreto** afirmar:

a) São três seus elementos essenciais: povo, território e governo.

b) No início, sua importância era maior do que é hoje.

c) Suas primeiras formas tinham como principais prerrogativas a defesa dos direitos civis, principalmente o direito à propriedade, e a defesa dos direitos políticos.

d) Conforme Montesquieu, o Estado tem três funções fundamentais: a legislativa, de produzir as leis e o ordenamento jurídico necessário à vida em sociedade; a executiva, de executar, promover políticas públicas de acordo com as leis; e a judiciária, de julgar a adequação ou inadequação dos atos particulares às leis existentes.

4. Assinale a alternativa correta:

   a) *Governo* é sinônimo de *Estado*.
   b) Considerados os três poderes, em geral as pessoas usam o termo *governo* para se referir ao Judiciário.
   c) Há diferentes sistemas de governo, sendo os mais comuns o presidencialismo (adotado no Brasil) e o parlamentarismo (adotado, por exemplo, pelo Reino Unido).
   d) Vivemos no Brasil em um regime político totalitário, em que os governantes são eleitos pelo voto direto de sua população.

5. Sobre a relação entre Educação Física e política, é **incorreto** afirmar:

   a) O Estado brasileiro nunca teve papel fundamental no desenvolvimento da área de educação física no país.
   b) Há cerca de 80 anos as aulas de Educação Física estão presentes no currículo das escolas públicas e particulares no Brasil, o que revela que os governantes viram na Educação Física uma importante área para o desenvolvimento da educação.
   c) O esporte moderno começou a ser praticado no Brasil por iniciativa da sociedade civil, porém, passados alguns anos, o Estado passou a controlar e a incentivar a prática de esporte em nosso país.
   d) É nítida nos municípios brasileiros a disponibilidade de espaços públicos para o lazer das pessoas, como praças, parques, academias ao ar livre, entre outros.

Atividades de aprendizagem

Questões para reflexão

1. De maneira individual ou coletiva, reflita sobre seu envolvimento na política. Considerando as informações que apresentamos neste capítulo, você se considera um "idiota"? Por quê?

2. Em sua percepção, o Estado brasileiro tem promovido políticas públicas que garantem os direitos sociais em nosso país?

Atividades aplicadas: prática

1. Como exercício, transite pelo bairro onde mora, observando as diferentes políticas públicas desenvolvidas pelo governo municipal, estadual e federal. Anote suas observações e, depois, destaque as que têm relação com a área de educação física.

2. Pesquise e produza um pequeno texto sobre as principais atribuições dos Poderes Legislativo, Executivo e Judiciário, destacando exemplos no campo do esporte ou do lazer.

Capítulo 2

Esporte e políticas públicas no Brasil

Fernando Augusto Starepravo

Certamente, você já teve algum contato com o conceito de esporte. Na verdade, o correto seria utilizar a expressão no plural – *os conceitos de esporte* –, considerando a pluralidade de definições que se encontra na literatura pertinente ou a pluralidade de significados que os diferentes agentes sociais podem atribuir a esse fenômeno social. Todavia, para iniciarmos a discussão sobre esporte e política, faz-se necessário estabelecermos um ponto de partida. No art. 4º da Resolução n. 326, de 10 de outubro de 2016, do Conselho Federal de Educação Física (Confef, 2016), *esporte*, ou *desporto*, é definido como:

Art. 4º [...] atividade competitiva institucionalizada, realizada conforme técnicas, habilidades e objetivos definidos pelas modalidades esportivas, determinado por regras preestabelecidas que lhe dá forma, significado e identidade, podendo também, ser praticado com liberdade e finalidade lúdica estabelecida por seus praticantes, realizado em ambiente diferenciado, inclusive na natureza (jogos da natureza, radicais, orientação, aventura e outros). A atividade esportiva aplica-se, ainda, na promoção da saúde e em âmbito educacional de acordo com diagnóstico e/ou conhecimento especializado, em complementação a interesses voluntários e/ou organização comunitária de indivíduos e grupos não especializados.

Dessa definição nos importa especialmente o significado que o esporte pode ter. Como demonstraremos a seguir, no contexto brasileiro, ao esporte foram atribuídos historicamente diferentes significados e sentidos que, em grande parte, foram e são influenciados pela ação do Estado. No Brasil, inicialmente o esporte era entendido como prática socializadora e recreativa; com o passar do tempo, adquiriu contornos de elemento de distinção social; depois, passou a ser instrumento utilizado politicamente pelo governo e pelo Estado; e, finalmente, conformou-se como mercadoria a ser consumida.

Os diferentes sentidos ou significados do esporte são dados pela sociedade, pelo complexo conjunto de instituições e agentes que a compõem. Todavia, como explicaremos, o Estado foi, e é, um ente de extrema relevância na atribuição de determinadas significações. Dada a importância e o potencial de poder do Estado, este detém meios de impor e controlar alguns sentidos que se tornam expressivos na sociedade. Assim, neste capítulo, esclareceremos como o esporte foi introduzido no Brasil, por intermédio dos grupos de imigrantes, como prática recreativa e amadora. Também descreveremos como ocorreu o momento em que o Estado passou a intervir no esporte e como aconteceu o movimento de retomada da autonomia no campo esportivo. Por fim, comentaremos as mais recentes facetas da relação entre esporte e Estado no Brasil.

2.1 A gênese do esporte no Brasil – autonomia em relação ao Estado[1]

A palavra *gênese* remete a início, origem das coisas. Também é o conjunto de fatos ou elementos que contribuíram para produzir algo. Nesse sentido, antes mesmo de abordarmos as políticas públicas de esporte no Brasil, precisamos remeter à gênese do esporte moderno no país, ressaltando uma característica fundamental: sua autonomia em relação ao Estado. O esporte, em seu início no Brasil, não era uma prática reconhecida, incentivada e promovida pelo Estado. Foi, antes, uma manifestação social de grupos específicos que buscavam se divertir e se diferenciar socialmente. Só mais tarde, como relataremos na Seção 2.2, o esporte passou de atividade privada à pública.

As práticas esportivas foram sendo introduzidas no Brasil durante o século XIX pela elite letrada (Figura 2.1). Tal grupo social buscava novas práticas e referências culturais europeias distantes do contexto hispânico-português, já que desejava distanciar-se das marcas da escravidão e do domínio dos colonizadores (Starepravo; Marchi Júnior, 2016). Segundo De Decca (2001, p. 2), novos padrões de lazer e recreação faziam parte desse contexto:

> *O esporte, em seu início no Brasil, não era uma prática reconhecida, incentivada e promovida pelo Estado. Foi, antes, uma manifestação social de grupos específicos que buscavam se divertir e se diferenciar socialmente.*

> O empenho na construção de uma nova identidade para a nação implicou a busca de formas de recreação, como o turfe, o remo, o futebol e o carnaval, e todas estas novas atividades de recreação foram excluindo

---

[1] Nesta seção, revisitamos nossa tese de doutorado – Starepravo, 2011.

aquelas práticas culturais oriundas do período colonial, por exemplo, o entrudo[2] e a capoeira.

Figura 2.1 Grupo de tenistas, revista *A cigarra*, edição de 25 de maio de 1914

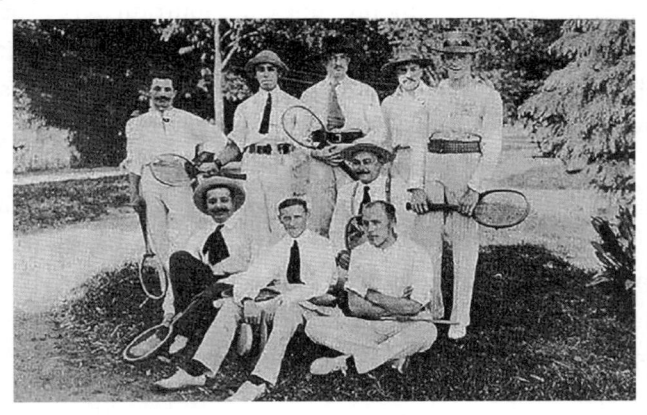

Fonte: A Cigarra, 1914.

Em pouco tempo o esporte se popularizou e caiu nas graças de outras camadas da população. Segundo Linhales (1996), a primeira etapa da trajetória política do esporte no Brasil se estende da segunda metade do século XIX à década de 1930. Ainda de acordo com a autora, com quem corrobora Mezzadri (2000), nesse período, iniciado com a participação de imigrantes europeus, a sociedade se organizava esportivamente de maneira autônoma. Logo, o Estado não influenciava decisivamente ou ditava as regras no incipiente campo esportivo brasileiro, cabendo à sociedade civil interessada no esporte (atletas, árbitros, clubes, federações, entre outros) organizar e regulamentar a prática esportiva em

---

[2] O entrudo é uma festa popular que se realizava nos três dias que precedem a entrada da Quaresma, em que os brincantes lançavam uns nos outros farinha, baldes de água, limões de cheiro, luvas cheias de areia. Entrou em declínio no Brasil no século XIX, por repressão policial, dando lugar ao moderno carnaval.

solo nacional. Isso estaria relacionado a alguns fatores levantados por Linhales (1996, p. 68), tais como:

> 1) pequena intervenção estatal; 2) baixo nível de conflito entre os grupos ou agremiações esportivas; 3) baixo nível de demanda da população por equipamentos e estruturas para a prática desportiva; 4) ausência de interesses secundários em relação aos resultados, resguardando e favorecendo a dimensão lúdica como elemento motivador das atividades.

À medida que o quadro apresentado começou a sofrer mudanças, o esporte perdeu, gradativamente, sua autonomia relativa. Nas primeiras décadas do século XX, o Estado brasileiro passou a controlar o esporte, de forma lenta e gradual. Segundo Linhales (1996), já na primeira década do século XX, o governo incentivou a prática do futebol com o objetivo de desestimular a capoeira, à época considerada crime ou prática social desviante. Na década seguinte, de forma mais significativa, o Estado usou o futebol com o fim de dispersar mobilizações e greves operárias que eclodiam no país. Com o passar do tempo,

> os dirigentes públicos começaram, assim, a identificar o caráter utilitário do esporte como instrumento de negação e substituição de conflitos sociais. [...] Inaugura-se um novo quadro para a relação que se estabelece ao redor do fenômeno esportivo, capaz de transformar a autonomia da sociedade em instrumento de composições e barganhas. (Linhales, 1996, p. 74)

Isso aconteceu até a década de 1930, sem se efetivarem, porém, políticas públicas de esporte no Brasil. De tal modo, não havia uma intervenção positiva do Estado, ou seja, a influência estatal foi incipiente nesse período, cabendo aos interessados no esporte desenvolver e regulamentar sua prática no país. Esse quadro começou a mudar somente a partir do Estado Novo[3] e é justamente esse o tema da próxima seção.

---

[3] *Estado Novo* é o nome que se deu ao período (de 1937 a 1945) em que Getúlio Vargas governou, de maneira ditatorial, o Brasil.

2.2 O Estado centralizador das políticas esportivas[4]

A intervenção do Estado brasileiro no campo esportivo teve início na década de 1930, mais especificamente durante o Estado Novo. Ao adotar um modelo centralizador, nesse período, o Estado tornou-se um agente ativo na organização política, social e econômica da sociedade, passando a regular e a controlar a vida das pessoas, inclusive no esporte (Mezzadri, 2000).

É muito relevante a compreensão do início da intervenção estatal no esporte porque os fundamentos dessa intervenção impactam até hoje a forma de se fazer políticas públicas nessa área. Segundo Manhães (2002), grande parte das medidas definidoras da política, os conceitos e as prioridades no campo esportivo têm origem nessa fase da história política do país, permanecendo praticamente inalteradas até o início do século XXI, com modificações apenas periféricas ou pontuais.

Nesse período, o Estado assumiu uma postura de controle da sociedade, passando a interferir e a controlar a dinâmica e o funcionamento das entidades civis, além de sobrepor o público ao privado, justificando tal postura por meio de uma suposta harmonia social. O potencial de poder, que estava muito mais disperso na sociedade, concentrou-se nas mãos do Estado. Considerando especificamente o esporte, podemos observar que a

> nova ordem adentrou o esporte num duplo movimento. Por um lado, o setor esportivo sofreu forte intervenção do poder público, nos moldes do que identicamente aconteceu em vários setores da vida social. Por outro lado, o esporte, no conjunto das práticas corporais de movimento, foi também utilizado pelo Estado como estratégia e como suporte do processo de ordenamento da sociedade nos moldes de seu projeto político-ideológico. Esse projeto associava a ideia de Nação a uma totalidade

---

[4] Nesta seção, revisitamos nossa tese de doutorado – Starepravo, 2011.

orgânica, harmoniosa, capaz de superar as contradições e conflitos que porventura existissem entre suas partes. (Linhales, 1996, p. 75)

O esporte, nessa perspectiva, poderia colaborar para que o Estado alcançasse seus novos objetivos. Ele seria especialmente importante na centralização do poder e na formação da identidade nacional, como bem apontou Mezzadri (2000). A esse respeito, Ortiz (1994) lembra que, naquele momento histórico, não havia uma identidade do povo brasileiro. O governo da época percebeu, então, a necessidade de controlar e promover políticas educacionais, culturais e de esporte, as quais, em conjunto, teriam o potencial de construir e cultivar um sentimento de pertencimento.

No entanto, o Estado brasileiro não foi claro e transparente em suas intenções. Ele buscou justificar a intervenção no campo esportivo por outros meios. É verdade que se observava nesse período certo nível de conflito e disputa de poder no campo esportivo brasileiro, mas este não era significativo a ponto de justificar uma intervenção estatal. Segundo Linhales, as principais questões que geravam algum tipo de conflito no campo esportivo foram

> *as diferenças entre os defensores do amadorismo e os do profissionalismo; a legitimidade representativa das confederações e federações, seus processos decisórios e suas áreas de abrangência; as formas de organização dos selecionados nacionais para representação do Brasil em eventos internacionais, entre outras.*

Manhães (2002) destaca que constantemente ocorriam nas entidades esportivas brasileiras cisões que resultavam na existência de mais de uma entidade que reivindicava o direito da administração de uma modalidade esportiva em um mesmo espaço geopolítico; assim, poderia ocorrer de duas federações desejarem representar o Brasil, por exemplo, em um campeonato internacional de algum esporte.

Nesse cenário, o Estado se colocou como um árbitro neutro para mediar os conflitos. Segundo Manhães (2002), em documentos originais e depoimentos de autoridades, salta aos olhos a relevância da categoria *disciplina* como justificativa da iniciativa de legislar sobre esportes. É o que Manhães (2002, p. 29, grifo do autor) destaca na exposição de motivos do projeto levado ao presidente da República, Getúlio Vargas, que resultaria no Decreto-Lei n. 3.199, de 14 de abril de 1941 (Brasil, 1941):

> os desportos vêm sendo praticados entre nós há muitos decênios e já conseguiram, em grande número suas modalidades, um desenvolvimento notável, do que é expressiva prova o êxito dos jogadores brasileiros em diversas e memoráveis competições internacionais. Entretanto, acrescenta que o mesmo ressente-se pela "falta de organização geral e adequada, que lhes imprima a **disciplina** necessária à sua correta prática, conveniente desenvolvimento e útil influência na formação espiritual e física da juventude".

Cabe assinalarmos que, mesmo havendo algumas situações de conflito, a intervenção e o controle do Estado pareciam dispensáveis, uma vez que os clubes constituíam formas básicas de organização esportiva. Assim, clubes, ligas, federações e confederações passavam longe da intervenção do Estado, afinal, havia uma auto-organização dos agentes, os quais vinham buscando soluções para seus empasses. Além disso, os conflitos davam o tom da pluralidade e da autonomia relativa existentes no setor, como já evidenciamos.

Nesse sentido, o campo esportivo, relativamente autônomo e liberal, era bastante diferente da ordem centralizadora do governo do Estado Novo. Tomás Mazoni (citado por Linhales, 1996, p. 80), ao realizar em 1941 uma síntese da situação do esporte brasileiro durante a década de 1930, apresenta alguns argumentos que ilustram esse movimento:

> É fácil compreender o que representa para o esporte brasileiro estar integrado nas leis e no espírito do Estado Novo. Passará a colocar-se a serviço da Pátria, eis tudo! [...] O esporte brasileiro não poderia viver mais

> *tempo divorciado do espírito e da doutrina do Estado Novo. Impor uma só disciplina, acabar com o espírito clubístico, exterminar a política dos homens, dar-lhes outra orientação, outras funções que atendem aos seus princípios, aos seus ideais, fazer de seus homens dirigentes e não "caciques" ou chefetes de grupos e clubes. [...] Do futebol, ao tiro, do atletismo à esgrima etc., todos precisam curar-se dos velhos vícios, especialmente disciplinares, todos devem bater-se por um só ideal a ser conduzido sem distinções e prevenções de espécie alguma, por mãos firmes!*

O discurso de Tomás Mazoni então caminha no sentido da necessidade de uma intervenção estatal que conferisse disciplina e controle ao campo esportivo. Assim, novamente escreve Tomás Mazoni (citado por Linhales, 1996, p. 82), ao jornal *Correio da Noite*, do Rio de Janeiro:

> *O Estado Novo não poderia, por mais tempo, permanecer indiferente ante esse grave e complicado problema da organização e direção do esporte do País, uma vez que uma das suas principais funções é a educação, é o futuro da mocidade brasileira! Enganaram-se redondamente os que julgaram que a vida esportiva nacional não se integraria na doutrina e nos princípios que conduzem o Brasil Novo aos seus grandes destinos, traçados pelo regimen [sic] de 10 de Novembro.*
>
> *O esporte brasileiro já está às portas de sua verdadeira missão disciplinar, pois o Estado Novo quer transformá-lo em força nova da Nação, quer dar-lhe a mesma importância que possui em todos os Países adiantados. [...] O Estado Novo criará esse regime ideal, para que o esporte no Brasil possa ter um único objetivo: o de disciplinar e fortalecer, mental e fisicamente a nossa mocidade, para a mesma se impor em todas as manifestações especializadas, onde possa firmar o valor da raça! Fora disso o esporte não atingirá jamais sua verdadeira finalidade. [...]*
>
> *As bandeiras dos clubes continuarão a existir, mas acima dessas bandeiras estará o ideal do esporte e mais acima ainda a bandeira da Pátria dessa mocidade. A ela, só a ela, é que devemos olhar!*

As intencionalidades de desenvolvimento do nacionalismo e o fortalecimento da juventude ficam aqui explícitas, e isso se concretizaria por meio da atuação da "mão forte" do Estado, já que durante o período ora em foco, o espaço de intervenção dos segmentos sociais na direção dos setores, pela via das entidades civis, era muito pequeno. Sendo assim, a ação estatal não ocorreu por meio de incentivos, planos ou diálogo com a sociedade civil, mas mediante decreto e lei. "Nesse sentido, inexistem planos de política de esporte durante o período, mas é vastíssima a legislação afim"[5] (Manhães, 2002).

João Lyra Filho, primeiro presidente do Conselho Nacional de Desportos (CND), entrevistado e citado por Manhães (2002, p. 36, grifo do original), assinala as motivações do Estado brasileiro ao estabelecer o Decreto-Lei n. 3.199/1941 e comenta os conflitos que já referimos:

> Em 1941, a razão do Decreto nº 3.199, foi o abastardamento das atividades desportivas. Precisava-se pôr ordem na vida desportiva. Até então, só havia amadorismo. Veio o profissionalismo e **iniciou-se uma brigalheira geral**. Quiseram extinguir a própria CBD. O grupo do profissionalismo, liderado pelo Sr. Arnaldo Guinle, do Fluminense, não admitia entidades ecléticas. Chegou a criar a CBF. Só que a CBD estava filiada à Fifa. Arnaldo Guinle lutou para que a Fifa desfiliasse a CBD e atraísse a CBF. Argumentava com o fato verdadeiro de que o maior número de clubes de futebol estava subordinado à CBF, que a CBD já não representava o futebol brasileiro. No meio de tudo, a CBD procurou tirar jogadores de clubes não-filiados a ela para formar uma seleção. Daí houve um tumulto nacional. Foi impossível organizar um selecionado brasileiro. [...] Urgia **disciplinar e pacificar** o desporto brasileiro.

Estando claros os argumentos e as intenções do Estado em regulamentar o esporte, cabe discorrermos sobre as consequências de tal intervenção. Segundo Mezzadri (2000), a aprovação do Decreto-Lei n. 3.199/1941 contribuiu em três pontos básicos com a estruturação do esporte no país: (1) a regulamentação das

---

[5] Alguns desses instrumentos legais são: Decreto-Lei n. 3.199, de 14 de abril de 1941 (Brasil, 1941); Decreto n. 9.267, de 16 de abril de 1942 (Brasil, 1942); Decreto-Lei n. 7.674, de 25 de junho de 1945 (Brasil, 1945); deliberações do Conselho Nacional de Desportos (CND), órgão criado pelo próprio Decreto-Lei n. 3.199/1941.

entidades esportivas; (2) a definição da função do Estado brasileiro nessa área; e (3) a indicação de como administrar as práticas esportivas.

Já para Linhales (1996), "o projeto para o esporte se apoiou em três dimensões centrais e constitutivas do ideário estadonovista". A primeira delas é o **corporativismo**, que serviu à organização e ao disciplinamento da sociedade na busca por uma suposta harmonia social e pelo fortalecimento do Estado. Essa dimensão teve como característica uma sobreposição do público ao privado, sendo consideradas ilegítimas as organizações esportivas, em oposição aos conflitos, entendidos como barbárie ou anarquismo (Linhales, 1996). Assim, negavam-se as divergências e impunha-se uma ordem superior inquestionável para controlar tudo.

A segunda dimensão refere-se ao **nacionalismo**. A ideia subjacente era unificar o país e construir uma cultura em que as diferenças regionais seriam dissolvidas. Nesse contexto, as pessoas passariam a ter um sentimento de pertença ao Estado brasileiro, e não mais a uma região ou ao país de origem, no caso dos imigrantes. O esporte poderia ajudar nesse intento; para pensar em como isso se efetivava, basta lembrarmos das manifestações de amor e identificação com o Brasil quando da participação da seleção brasileira em copas do mundo de futebol, por exemplo.

A terceira dimensão diz respeito à **modernização sociopolítica**, necessária para ao desenvolvimento das relações internacionais do país. Também a esse intento o esporte foi válido, porque era visto como uma prática moderna e em voga nos países mais desenvolvidos à época.

A institucionalização do esporte foi, então, articulada por burocratas e políticos, ficando bastante restrita a participação da sociedade (Linhales, 1996; Mezzadri, 2000; Manhães, 2002). Os cinco membros do CND, por exemplo, criado por dispositivo legal, eram nomeados pelo presidente da República. O conselho, conforme registrado no art. 3º do Decreto-Lei n. 3.199/1941, centralizava as decisões:

> Art. 3º Compete precipuamente ao Conselho Nacional de Desportos:
>
> a. estudar e promover medidas que tenham por objetivo assegurar uma conveniente e constante disciplina à organização e à administração das associações e demais entidades desportivas do país, bem como tornar os desportos, cada vez mais, um eficiente processo de educação física e espiritual da juventude e uma alta expressão da cultura e da energia nacionais;
>
> b. incentivar, por todos os meios, o desenvolvimento do amadorismo, como prática de desportos educativa por excelência, e ao mesmo tempo exercer rigorosa vigilância sobre o profissionalismo, com o objetivo de mantê-lo dentro de princípios de estrita moralidade;
>
> c. decidir quanto à participação de delegações dos desportos nacionais em jogos internacionais, ouvidas as competentes entidades de alta direção, e bem assim fiscalizar a constituição das mesmas;
>
> d. estudar a situação das entidades desportivas existentes no país para o fim de opinar quanto às subvenções que lhes devam ser concedidas pelo Governo Federal, e ainda fiscalizar a aplicação dessas subvenções. (Brasil, 1941)

Na alínea "a", a qual definia que o CND teria a tarefa de disciplinar as entidades civis, percebemos a lógica corporativa. Na alínea "b", o Estado decide-se por um lado do conflito já referido, entre o amadorismo e o profissionalismo, escolhendo o primeiro. O caráter intervencionista ainda se faz notar na alínea "c", em que se confere ao Conselho a função de disciplinar a administração interna das associações esportivas, podendo este decidir, inclusive, sobre a participação de delegações esportivas em jogos internacionais. Finalmente, na alínea "d", o governo toma para si o controle indireto das instituições aplicando subvenções e auxílios. Nesse ponto, cabe salientarmos que, ao regulamentar o esporte, o Estado o faz (e isso acontece até hoje) mediante tutela financeira. É provável, por exemplo, que você tenha ouvido sobre o caso de um clube de futebol profissional que recebeu apoio público para a construção de seu estádio. Isso é reflexo e consequência da forma como o Estado regulamentou e financiou o esporte desde aquela época.

O CND, então braço operacional do Estado brasileiro nas questões esportivas, durante as décadas de 1940 a 1970, estruturou e comandou o esporte nacional, fiscalizando todas as atividades esportivas. Só para exemplificar o poder desse órgão – e, por consequência, do Estado – sobre o esporte, podemos mencionar que os estatutos das federações e confederações deveriam ser aprovados pelo CND e regulamentados posteriormente pelo Ministério da Educação e Saúde (Mezzadri, 2000).

A formação do CND teve feições autoritárias e antidemocráticas, conforme registra Manhães (2002, p. 39).

> Verificada, a seguir, de um lado a extensa diversidade de poderes do órgão em questão – normativo, executivo, judicante e de controle –, de outro a definitividade conferida a suas tarefas, podendo até intervir diretamente nas entidades do desporto, pressuposto conferido em regimento aprovado pelo Decreto nº 9.267, de 16 de abril de 1942, [...] constituindo-se no aparelho de Estado corporativizador da ordem desportiva, em nome da categoria disciplina.

Atentando para esse aspecto, percebemos que o Estado, incomodado com a "indisciplina" (que, na verdade, era expressão da pluralidade), não se ocupou com ações políticas capazes de legitimar e organizar os conflitos de interesse; em verdade, lançou-se sobre o campo esportivo sobrepondo-se a ele por decreto, do mesmo modo que o fez em outras áreas sociais.

Esse tratamento e a legislação adotada foram bastante prejudiciais para o campo esportivo, pois criaram uma relação de dependência tutelar do esporte em relação ao Estado, fazendo surgir práticas salvacionistas, utilitaristas e paternalistas ainda perceptíveis em nossa sociedade. A esse respeito, Linhales (1996) entende que, para existir, o esporte dependia do Estado, e esse, por sua vez, só implementava e apoiava ações de seu interesse. Como consequência, o esporte passou a ser um espaço privilegiado para as relações políticas baseadas no clientelismo e no populismo (Linhales, 1996).

Vale reiterarmos que, embora o Estado tenha justificado sua intervenção fazendo parecer que reconhecia o esporte como um direito social, isso não se revelou na prática. Além disso, as motivações da intervenção estatal no campo esportivo estavam muito mais ligadas a interesses políticos do que ao atendimento de demandas sociais. Afinal, como destacamos até este ponto do texto, a sociedade parecia estar se organizando autonomamente de modo satisfatório. Assim, colocou-se o esporte a serviço da nação, mas não a serviço dos cidadãos. O Estado estabeleceu como plano e meta investir no esporte seletivo e de rendimento, deixando à margem as demais manifestações esportivas.

> Embora o Estado tenha justificado sua intervenção fazendo parecer que reconhecia o esporte como um direito social, isso não se revelou na prática.

O esporte como se configura no Brasil na atualidade teve origem no Estado Novo e, mais especificamente, na década de 1940. Numa sociedade em que o público e o privado se confundiam e se sobrepunham, o Estado, responsável por determinar o que é oficial e importante, criou uma legislação para o esporte, buscou massificá-lo para atingir seus objetivos e usou-o como instrumento de construção do nacionalismo. Tudo isso foi feito sob a justificativa de que era preciso resolver os conflitos do campo esportivo.

2.3 A volta da autonomia ao campo esportivo

Nesta seção, trataremos da condição de autonomia relativa do esporte brasileiro em relação ao Estado a partir da década de 1980. O marco principal desse período é a Constituição Federal de 1988 (Brasil, 1988), na qual o esporte é reconhecido como direito e a autonomia é retomada no campo esportivo. Por essa razão, entendemos ser necessário revisitar o contexto que precedeu a promulgação da Carta Magna e as mudanças legais que esta produziu.

Na sequência de um período de ditadura militar no Brasil, que durou entre 1964 e 1985, o país passou por mudanças importantes no meio social e político. Os anseios populares por mudança tiveram expressão numa nova Constituição Federal. Após um longo processo, que se iniciara em meados dos anos 1970, o então presidente José Sarney encaminhou, por meio da Mensagem Presidencial n. 48, de 25 de junho de 1985 (Brasil, 1985) – n. 330 na origem –, o Projeto de Emenda Constitucional (PEC n. 43, também de 1985) para a convocação da Assembleia Nacional Constituinte[6] (Veronez, 2005).

O processo constituinte foi dividido em várias subcomissões setoriais e temáticas, entre as quais estavam a Subcomissão de Educação, Cultura e Esportes, a Subcomissão da Ciência e Tecnologia e da Comunicação, ambas da Comissão da Família, da Educação, Cultura e Esportes, a qual tratou das propostas relativas ao esporte.

Antes de comentarmos as resoluções da nova Constituição no que toca ao campo esportivo, precisamos contextualizar alguns fenômenos anteriores ao processo constituinte que influenciaram sobremaneira a forma como o esporte foi constitucionalizado.

Um primeiro ponto a ser destacado diz respeito à crescente inserção do mercado no campo esportivo. Se até então prevaleciam os interesses estatais, progressivamente o mercado, por intermédio da iniciativa privada e de seus interesses econômicos, passou a pressionar o Estado por mudanças na área. A potencialidade comercial do esporte não combinava com a legislação esportiva vigente (o Decreto-Lei 3.199/1941 fora substituído

---

[6] Uma assembleia nacional constituinte é um órgão colegiado que tem a função de redigir ou reformar a constituição.

pela Lei n. 6.251, de 8 de outubro de 1975 (Brasil, 1975a), e pelo Decreto-Lei n. 80.228, de 25 de agosto de 1977 –, porém com pequenas alterações), de caráter centralizado, tutelar e controlador.

Outra mudança importante ocorreu no interior da área de educação física, que passou a questionar com mais veemência sua função social e seu caráter supostamente alienador e autoritário. "Encontros, congressos e seminários envolvendo profissionais de Educação Física passaram a assumir as reflexões sociopolíticas, além de denúncias e a busca de novos referenciais teórico-conceituais" (Starepravo, 2011, p. 208). Instalou-se na área uma espécie de "crise de identidade" (Medina, 1983). Motivada pela abertura política, a educação física buscava reinventar-se, longe de seus históricos referenciais militares e biologicistas.

No âmbito do Poder Legislativo, especificamente no Congresso Nacional, tiveram início as discussões sobre mudanças a serem implementadas no campo esportivo. O então deputado Márcio Braga, por exemplo, ligado aos interesses do futebol e ex-presidente do Flamengo, coordenou o ciclo de debates Panorama do Esporte Brasileiro, durante o mês de outubro de 1983, reunindo representantes de diversas áreas e interesses no universo dos esportes (Bueno, 2008; Linhales, 1996; Veronez, 2005).

Segundo Bueno (2008), esse ciclo de debates mostrou o desejo de desatrelar o esporte do Estado, liberalizando-o. A atenção estava voltada especialmente à modalidade formal de alto rendimento. O esporte como direito social apareceu de forma apenas marginal nessas discussões. Os novos interesses econômicos prevaleceram sobre outras demandas.

No ano de 1985, o debate sobre mudanças no campo esportivo adentrou o Poder Executivo, com a instituição da Comissão de Reformulação do Desporto, que recebeu a incumbência de realizar estudos sobre o esporte nacional e indicar caminhos para uma reformulação política no setor.

Tal comissão destacou a necessidade de reconceituação do esporte – entendido "como uma das mais vigorosas e constantes manifestações da vida social, [...] como um **direito de todos** independente de sexo, idade, capacidade e condição social" (Tubino, 1996, p. 64, grifo do original) –, a estimulação da livre iniciativa (afastando a prática da tutela do Estado), além de sua inclusão do esporte no patamar constitucional.

Ao analisar o trabalho da Comissão de Reformulação do Desporto, Linhales (1996, p. 176) destaca que, "embora certamente mais liberalizado, o esporte parece continuar sendo uma 'Questão de Estado' (ou daqueles que conseguem representar seus interesses no Estado) e não uma questão dos cidadãos".

É nesse contexto que o esporte é discutido na Constituição Federal de 1988. Durante a década de 1980, já se fazia perceber a necessidade de transformar o setor, sendo especialmente importante a liberalização do esporte para maior e melhor inserção dos agentes econômicos na área.

De acordo com Bueno (2008), por haver certo consenso sobre o fato de que o esporte merecia espaço no texto constitucional, a questão central passou a ser como isso seria definido. Veronez (2005) aponta que a Constituição de 1988 foi marcada por um alto nível de participação da sociedade em sua elaboração. No que diz respeito ao esporte, as sugestões deveriam ser encaminhadas à Subcomissão de Educação, Cultura e Esportes, porém, segundo Veronez (2005), ao contrário do que ocorreu em outros setores, poucas foram as contribuições da sociedade para pensar como o esporte figuraria no texto constitucional. As participações se limitaram a uma fração bem específica (e mais organizada) do campo esportivo.

> *Das 288 entidades citadas no primeiro volume das emendas parlamentares e das 122 emendas propostas por estas entidades, nenhuma era diretamente vinculada ao setor esportivo. Coube à fração do setor esportivo*

que ocupava cargos em entidades institucionalizadas, tanto públicas quanto privadas, o protagonismo no encaminhamento de tais sugestões. (Veronez, 2005, p. 268)

Bueno (2008) também destaca que nem todos os setores e as correntes ideológicas que tinham interesse no esporte ganharam espaço na Comissão, cabendo ao setor já institucionalizado a elaboração e a negociação de propostas para o texto constitucional[7].

Nesse cenário, Álvaro Melo Filho, então presidente da Confederação Brasileira de Futebol de Salão e membro do CND, elaborou e desenvolveu a proposta para a inserção do esporte na Constituição:

Proposta:

Art. – são princípios e normas cogentes da legislação desportiva:

I – a autonomia das entidades desportivas dirigentes quanto a sua organização e funcionamento internos;

II – a destinação de recursos públicos para amparar e promover o desporto educacional e o desporto de alto rendimento;

III – a criação de benefícios fiscais específicos para fomentar as práticas desportivas formais e não-formais, como direito de todos;

IV – a admissão das ações relativas à disciplina e às competições desportivas no Poder Judiciário somente dar-se-á após esgotadas as instâncias da Justiça Desportiva, que terão o prazo máximo de 60 (sessenta) dias contados da instauração do processo para proferir decisão final.

Art. – Fica assegurado o reconhecimento do esporte como bem cultural, estendendo-lhe todos os benefícios institucionais e legais próprios da cultura, especialmente quando tratar-se de proteção das manifestações culturais esportivas genuinamente brasileiras, como legítimas expressões de identidade nacional. (Tubino, 1996, p. 79)

---

[7] As entidades representativas que ofereceram sugestões à Subcomissão da Educação, Cultura e Esporte, segundo Bueno (2008), foram: CND, Comitê Olímpico Brasileiro (COB), Federação Internacional de Futebol de Salão, Confederação Brasileira de Basquetebol, Confederação Brasileira de Futebol de Salão, Confederação Brasileira de Futebol, Confederação Brasileira de Atletismo, Confederação Brasileira de Cronistas Desportivos.

Essa proposta inicial, embora tenha recebido 100 emendas (Tubino, 1996), teve sua essência mantida na Constituição Federal de 1988:

> Art. 217. *É dever do Estado fomentar práticas desportivas formais e não formais, como direito de cada um, observados:*
>
> I– *a autonomia das entidades desportivas dirigentes e associações, quanto a sua organização e funcionamento;*
>
> II– *a destinação de recursos públicos para a promoção prioritária do desporto educacional e, em casos específicos, para a do desporto de alto rendimento;*
>
> III– *o tratamento diferenciado para o desporto profissional e o não profissional;*
>
> IV– *a proteção e o incentivo às manifestações desportivas de criação nacional.*
>
> *§ 1º O Poder Judiciário só admitirá ações relativas à disciplina e às competições desportivas após esgotarem-se as instâncias da justiça desportiva, regulada em lei.*
>
> *§ 2º A justiça desportiva terá o prazo máximo de sessenta dias, contados da instauração do processo, para proferir decisão final.*
>
> *§ 3º O Poder Público incentivará o lazer, como forma de promoção social.* (Brasil, 1988)

Esse artigo da Constituição é importantíssimo para todos os profissionais de educação física, pois ele é base para a defesa do direito ao esporte. Ele estabelece as prioridades do investimento público e garante a autonomia da organização esportiva no Brasil. Embora sejam legítimas as críticas dirigidas ao texto constitucional por autores como Bueno (2008), Linhales (1996), Schmitt (2004), Tubino (1996) e Veronez (2005), a Carta Magna não apenas liberalizou o esporte, mas também o constitucionalizou, estabelecendo-o como direito dos cidadãos e dever do Estado. Além disso, a inserção do esporte na Constituição Federal levou estados e municípios a alterarem suas leis a fim de se alinharem à Lei Maior.

De toda forma, ressaltamos três pontos do art. 217 da Constituição Federal que revelam muito sobre as mudanças no campo esportivo.

O inciso I, que garante a autonomia das entidades desportivas, dos dirigentes e das associações quanto a sua organização e funcionamento, é fundamental porque revoga os dispositivos da década de 1940, quando o Estado controlava e regulamentava todas as entidades esportivas. Com essa mudança, de certa forma voltou a ter força o modelo autônomo de desenvolvimento esportivo, o qual existia antes do Estado Novo, sem grandes influências do Estado.

A segunda questão a ser ressaltada é o *caput* do artigo: "É dever do Estado fomentar práticas desportivas formais e não formais, como direito de cada um" (Brasil, 1988). Se historicamente o esporte foi entendido como um elemento de desenvolvimento do nacionalismo e representação nacional por meio das modalidades de rendimento, nesse momento o Estado brasileiro o admite como direito de todas as pessoas. O esporte, que era "coisa de atleta", passou a ser direito de cada um. Nesse sentido, tornou-se função do Estado fomentar práticas esportivas e promover políticas públicas voltadas a todos os cidadãos.

Finalmente, destacamos o inciso II, que trata da destinação de recursos públicos para a promoção prioritária do esporte educacional e, em casos específicos, para a promoção do esporte de alto rendimento. Fica claro aqui que o dinheiro público deve atender, em primeiro lugar, o esporte educacional, e apenas em casos específicos o esporte de alto rendimento. Sendo assim, ao se pensar as políticas públicas de esporte, o gestor público deve priorizar ações e orçamento para as ações educativas do esporte, como escolinhas, iniciação esportiva, festivais, entre outros. Esses três pontos destacados do art. 217 da Constituição mudaram substancialmente a relação entre Estado e esporte no Brasil do ponto de vista legal. Todavia, as mudanças na legislação não impactaram imediatamente a forma de se fazer política pública. Assim, mesmo havendo importantes mudanças legais na relação entre esporte e Estado, muitos outros elementos ainda precisariam passar por uma transição.

No início da década de 1990, surgiram discussões voltadas à regulamentação infraconstitucional[8] do esporte segundo uma tendência econômica de liberalização de mercados, que repercutiu inclusive no campo esportivo e especialmente no setor futebolístico (Bueno, 2008). Com a anulação dos ordenamentos esportivos de caráter autoritário pelos caminhos da liberalização e da autonomia, o mercado passou a se apresentar como a principal alternativa para o esporte brasileiro (Linhales, 1996).

Era necessário, no entanto, elaborar uma nova legislação infraconstitucional específica, condizente com as mudanças introduzidas pelo texto constitucional. O início da década de 1990 foi um período em que a ação do governo federal no esporte foi marcada pela incerteza e por seu caráter provisório, uma vez que os esforços se concentraram, prioritariamente, na revisão e na reformulação das normas e estruturas esportivas existentes, pois estas se apresentavam incompatíveis com as diretrizes estabelecidas pelo Constituição Federal de 1988.

No mesmo período, Fernando Collor de Mello assumiu a Presidência da República, e suas estratégias populistas o levaram a nomear Arthur Antunes Coimbra, o famoso ex-jogador profissional de futebol Zico, em 15 de março de 1990, para presidir a recém-criada Secretaria dos Desportos da Presidência da República (Sedes/PR).

Zico ficou pouco tempo à frente dessa secretaria (sendo substituído pelo ex-jogador de voleibol, Bernard Rajzman), porém, o tempo que ali permaneceu foi suficiente para que ele desse

---

[8] *Lei infraconstitucional* é o termo utilizado para se referir a qualquer lei que não esteja incluída na Constituição ou trate de tema que não foi ainda por ela detalhado, e, de acordo com o ordenamento jurídico, esteja disposta em um nível inferior à Constituição.

seu nome ao projeto de lei que pretendia realinhar a legislação infraconstitucional específica do esporte ao texto constitucional de 1988 e modernizar o esporte no Brasil. De acordo com Bueno (2008), Zico iniciou as discussões para a nova lei contando com Álvaro Melo Filho (o mesmo que redigiu a proposta do texto constitucional para o esporte) na equipe que preparou o projeto, destacando principalmente mudanças nas questões comerciais e trabalhistas relacionadas ao esporte profissional (nomeadamente, o futebol).

Quando Collor de Mello encaminhou a proposta ao Congresso para ser debatida e votada, Zico referiu-se a ela como a "Lei Áurea" do esporte nacional, além de ser o primeiro e prioritário passo na direção da modernização e da moralização do campo esportivo nacional (Veronez, 2005).

> O projeto de Lei apresentado dizia respeito especialmente ao esporte profissional, sua desvinculação do Estado, a liberdade de organização e gestão esportiva, o fim da "Lei do Passe"[9] para os jogadores profissionais, a revisão da partição dos recursos da Loteria Esportiva, e a transformação obrigatória dos clubes esportivos em empresas. (Starepravo, 2011)

O texto final da Lei Zico – Lei n. 8.672, de 6 de julho de 1993 (Brasil, 1993) – representou o rompimento tutelar do esporte com o Estado; garantiu a autonomia das instituições esportivas; e estabeleceu uma nova configuração do esporte nacional. As modificações efetivadas estão expressas na Figura 2.2, a seguir.

---

[9] Segundo Proni (1998), a Lei do Passe, regulamentada em 1976, pontuava que um atleta teria direito ao passe livre depois dos 32 anos, caso tivesse permanecido por mais de dez anos vinculado ao mesmo clube. Em 1986, o CND reviu essa regulamentação e estipulou que, a partir dos 28 anos, o atleta teria direito gradualmente a uma parcela de seu passe.

Figura 2.2 Sistema esportivo nacional a partir da Lei Zico

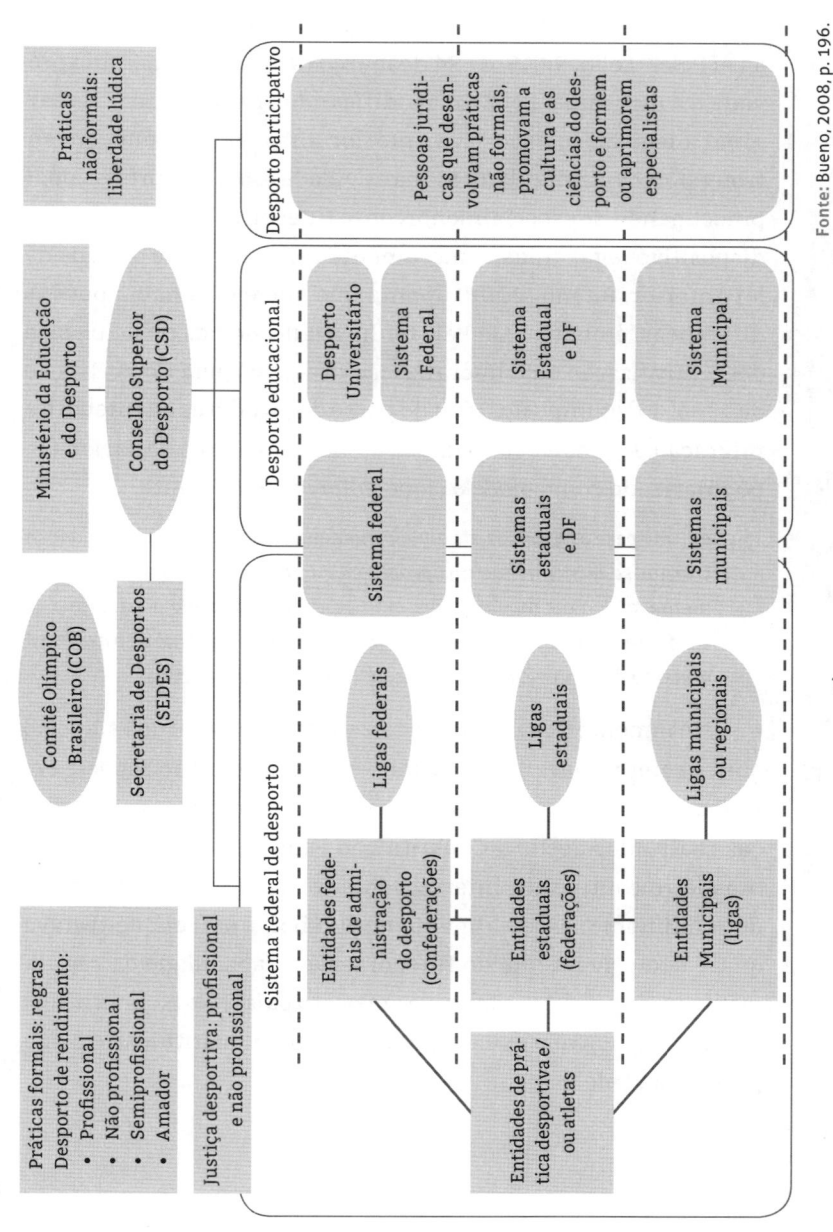

Práticas formais: regras
Desporto de rendimento:
- Profissional
- Não profissional
- Semiprofissional
- Amador

Justiça desportiva: profissional e não profissional

Comitê Olímpico Brasileiro (COB)

Secretaria de Desportos (SEDES)

Ministério da Educação e do Desporto

Conselho Superior do Desporto (CSD)

Práticas não formais: liberdade lúdica

Sistema federal de desporto
- Entidades federais de administração do desporto (confederações) — Ligas federais
- Entidades estaduais (federações) — Ligas estaduais
- Entidades Municipais (ligas) — Ligas municipais ou regionais
- Entidades de prática desportiva e/ou atletas

Desporto educacional
- Sistema federal
- Sistemas estaduais e DF
- Sistemas municipais
- Desporto Universitário
  - Sistema Federal
  - Sistema Estadual e DF
  - Sistema Municipal

Desporto participativo
- Pessoas jurídicas que desenvolvam práticas não formais, promovam a cultura e as ciências do desporto e formem ou aprimorem especialistas

Fonte: Bueno, 2008, p. 196.

Já no ano de 1998, uma nova legislação infraconstitucional, a Lei Pelé – Lei n. 9.615, de 24 de março (Brasil, 1998a) –, foi aprovada e substituiu a Lei Zico, modificando apenas de forma marginal a legislação esportiva anterior. Essa lei também concentrou esforços em regulamentar a atividade esportiva profissional, preocupando-se especialmente com o futebol. Grande parte desse dispositivo legal, aliás, é meramente reprodução de artigos da lei anterior. Bueno (2008) aponta que entre elas havia poucas diferenças, embora a Lei Pelé tenha avançado nos princípios de descentralização e de liberalização pregados pela Constituição de 1988, ao ter imposto o fim do passe de jogadores de futebol e a migração do modelo baseado na associação para o de sociedade, popularizado como *modelo clube-empresa*. Entretanto,

> em que pese os avanços até aquele momento, as duas legislações concentraram-se basicamente nos problemas do futebol, tratando marginalmente as demais modalidades, em nada modernizando a estrutura do esporte educacional e tratando de forma ainda mais distante o desenvolvimento do esporte de participação. (Bueno, 2008, p. 208)

Novamente ficava em aberto a questão do papel do Estado no que se refere à garantia do direito constitucional ao esporte em suas diferentes manifestações. Logo, mesmo com todas as mudanças realizadas desde a Constituição Federal de 1988, o Estado brasileiro continuava interessado prioritariamente no esporte de rendimento, especialmente no futebol. Uma lei que tratava quase exclusivamente do futebol teria a capacidade de regulamentar toda a prática esportiva em nosso país? Não há uma nítida contradição entre o que está no art. 217 da Constituição e o que prevê a Lei Pelé?

De toda forma, apesar de limitada, a Lei Pelé é a referência legal que temos para o esporte no Brasil. Precisamos recorrer a ela quando trabalhamos com esporte, razão por que os profissionais de educação física têm a obrigação de conhecê-la. É relevante também saber que a Lei Pelé, originalmente publicada em 1998, passou por várias modificações por meio de leis complementares. Então, vale sempre recorrer à internet, especialmente o *site* da Casa Civil da Presidência da República[10], para ter acesso às leis atualizadas.

2.4 Políticas públicas de esporte no Brasil do século XXI[11]

O início do século XXI trouxe várias importantes mudanças ao cenário político e econômico do Brasil. A eleição de Luiz Inácio Lula da Silva, em 2002, marcou um momento de transformações importantes em nossa sociedade. No campo esportivo não foi diferente: pela primeira vez na história do país, o esporte passou a ter um ministério exclusivo. Mais tarde, o Brasil recebeu dois megaeventos esportivos, a Copa do Mundo de Futebol Masculino e os Jogos Olímpicos de Verão.

Segundo Alves e Pieranti (2007), quando, em 2003, Lula chegou à Presidência da República, havia um misto de entusiasmo e desconfiança. Entusiasmo em razão da aposta em mudanças, já que pela primeira vez o Partido dos Trabalhadores (PT) assumia a Presidência; e desconfiança pelo alto número de ministérios e secretarias criados pelo novo presidente, aparentemente uma forma de contemplar políticos e aumentar a base de apoio

---

[10] BRASIL. Presidência da República. Casa Civil. Subchefia para Assuntos Jurídicos. **Leis**. Disponível em: <http://www.planalto.gov.br/ccivil_03/LEIS/_Lei-principal.htm>. Acesso em: 6 jun. 2018.

[11] Nesta seção, revisitamos nossa tese de doutorado – Starepravo, 2011.

ao governo. Dentre os novos ministérios estava a pasta de Esporte, criada pela Medida Provisória n. 103, de 1º de janeiro de 2003 (Brasil, 2003d).

Na transição do governo de Fernando Henrique Cardoso (FHC) para o de Lula, conforme Bueno (2008), várias possibilidades foram pensadas para o esporte do ponto de vista institucional. Poderia manter-se o antigo Ministério do Esporte e Turismo, deslocar o esporte para outro ministério ou, ainda, criar, pela primeira vez no Brasil, um que lhe fosse exclusivo. Ainda de acordo com Bueno (2008), na repartição dos ministérios entre a base aliada do governo, composta inicialmente por PT, PCdoB, PL e PSB, Lula ofereceu o novo Ministério do Esporte ao PCdoB.

Suassuna et al. (2007, p. 29) afirmam que havia a confiança de que "a criação de uma pasta ministerial para tratar do esporte propiciaria a ampliação do debate sobre esse tema, contribuindo para legitimar a discussão e ao esporte, bem como ao lazer, um redimensionamento". Por outro lado, a criação do Ministério do Esporte teve uma conotação especialmente política, dada a necessidade de acomodação de um partido aliado.

Com uma pequena estrutura administrativa, o Ministério do Esporte contava com uma Secretaria Executiva; com a Secretaria Nacional de Esporte Educacional (SNEED); a Secretaria Nacional de Esporte de Alto Rendimento (SNEAR); a Secretaria Nacional de Desenvolvimento do Esporte Recreativo e do Lazer (SNDEL); a Consultoria Jurídica; o Gabinete do Ministro; além do Conselho Nacional de Esporte, conforme mostra a Figura 2.3.

Figura 2.3 Organograma institucional do Ministério do Esporte – 2003

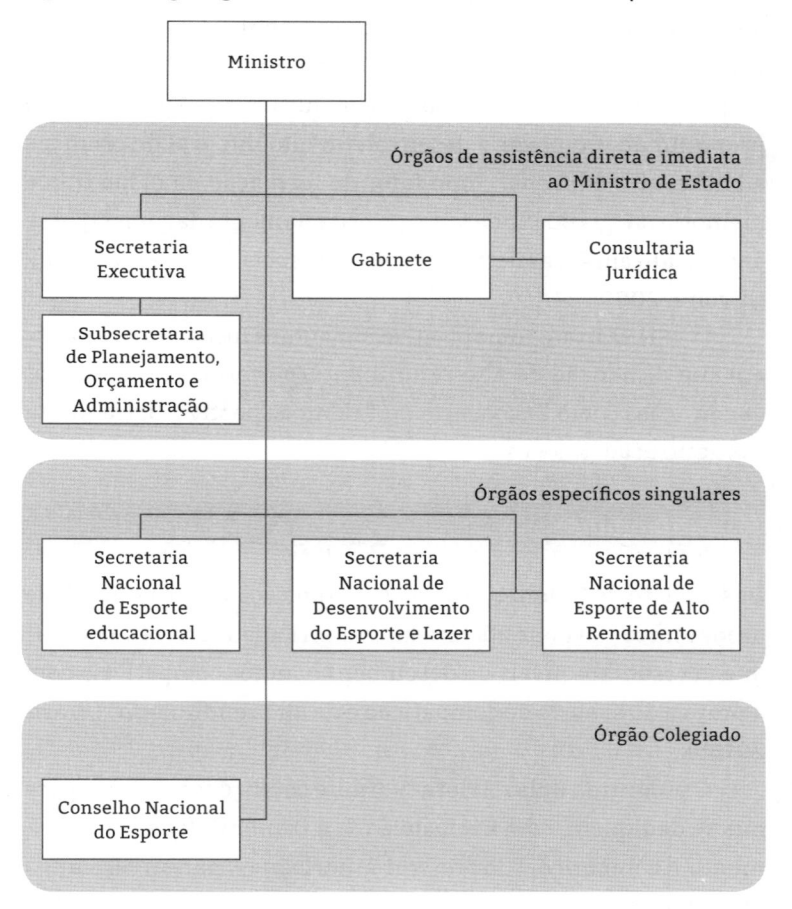

```
                        Ministro

           Órgãos de assistência direta e imediata
                    ao Ministro de Estado

    Secretaria          Gabinete          Consultaria
    Executiva                             Jurídica

    Subsecretaria
    de Planejamento,
    Orçamento e
    Administração

                        Órgãos específicos singulares

    Secretaria          Secretaria          Secretaria
    Nacional            Nacional de         Nacional de
    de Esporte          Desenvolvimento     Esporte de Alto
    educacional         do Esporte e Lazer  Rendimento

                        Órgão Colegiado

    Conselho Nacional
    do Esporte
```

Fonte: Almeida, 2010, p.61.

Podemos observar na figura que, no nível dos órgãos específicos, foram criadas três secretarias nacionais finalísticas – órgãos que seriam responsáveis por promover e implantar políticas. Tais secretarias seguiram a lógica das manifestações esportivas reconhecidas pela legislação brasileira naquele momento – uma secretaria para o esporte educacional, uma para o esporte de participação e outra para o esporte de rendimento.

À SNEED competia promover políticas públicas voltadas ao desenvolvimento do esporte educacional, com destaque ao Programa Segundo Tempo (PST). O objetivo desse programa era democratizar o acesso à prática e à cultura do esporte, com o propósito de promover o desenvolvimento integral de crianças, adolescentes e jovens, como fator de formação da cidadania e melhoria da qualidade de vida, prioritariamente daqueles que se encontram em áreas de vulnerabilidade social (Filgueira; Perim; Oliveira, 2009).

Já a SNEAR tem como objetivo fomentar e incentivar o esporte em sua dimensão de alto rendimento/*performance*, desenvolvendo ações como Descoberta do Talento Esportivo, Bolsa Atleta e organização de jogos.

Saiba mais

Descoberta do Talento Esportivo é "uma ação com a finalidade de identificar jovens e adolescentes matriculados na rede escolar que apresentam níveis de desempenho motor compatíveis com a prática do esporte de competição e de alto rendimento" (Brasil, 2018b).

O programa **Bolsa Atleta** "garante condições mínimas para que se dediquem, com exclusividade e tranquilidade, ao treinamento e competições locais, sul-americanas, pan-americanas, mundiais, olímpicas e paraolímpicas" (Brasil, 2016b).

O público atendido por essa bolsa é de atletas que tenham obtido bons resultados e não demanda a ação de intermediários. Basta ao bolsista cumprir os requisitos, manter-se treinando e competindo e alcançar bons resultados nas competições qualificatórias indicadas pelas respectivas confederações (Brasil, 2016b).

Dentre as ações do Ministério, cabe destacar a organização dos Jogos Pan-Americanos de 2007, na cidade do Rio de Janeiro, que, segundo Figueiredo (2009), até então tinha contado com o maior financiamento já destinado ao esporte pelo governo federal.

Gráfico 2.1 Percentual de investimentos do governo federal em suas ações de esporte e lazer de 2005 a 2008

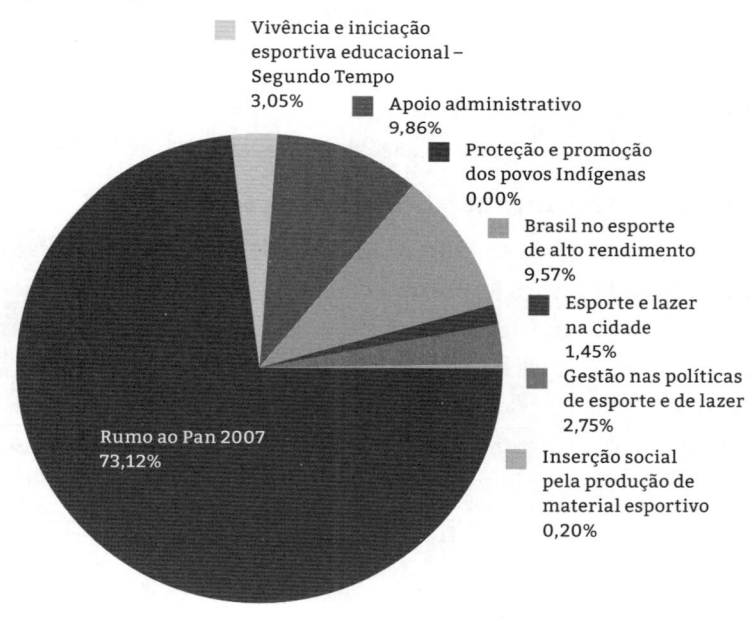

- Vivência e iniciação esportiva educacional – Segundo Tempo 3,05%
- Apoio administrativo 9,86%
- Proteção e promoção dos povos Indígenas 0,00%
- Brasil no esporte de alto rendimento 9,57%
- Esporte e lazer na cidade 1,45%
- Gestão nas políticas de esporte e de lazer 2,75%
- Rumo ao Pan 2007 73,12%
- Inserção social pela produção de material esportivo 0,20%

Fonte: Almeida, 2010, p. 64.

Outra secretaria finalística do Ministério do Esporte era a SNDEL, a única sob responsabilidade de gestão do PT. Tal secretaria era responsável pelas políticas voltadas ao esporte em sua interface com o lazer – ou *desporto de participação*, segundo denominação adotada pela Lei n. 9.615, de 24 de março de 1998 (Brasil, 1998a) – e seu principal programa é o Programa Esporte e Lazer da Cidade (Pelc).

Cabe mencionar ainda a Secretaria Executiva do Ministério do Esporte, que foi

> responsável por outras importantes ações do governo federal para o esporte e lazer, como a análise de pleitos relativos à Lei de Incentivo ao Esporte; as Conferências Nacionais do Esporte; os programas Pintando a Liberdade e Pintando a Cidadania; além de atuações na infraestrutura esportiva e de lazer, com as Praças da Juventude e as Praças do PAC. (Starepravo, 2011, p. 241-242)

Aprofundando

Secretaria Executiva do Ministério do Esporte

A Secretaria Executiva auxilia o ministro do Esporte na supervisão e coordenação das atividades das secretarias nacionais, integradas à estrutura do ministério, e na definição das diretrizes e políticas no âmbito da Política Nacional do Esporte. Além disso, supervisiona e coordena as atividades relacionadas aos sistemas federais de planejamento e orçamento, organização e modernização administrativa, recursos humanos e de serviços gerais. (Brasil, 2018e)

Lei de Incentivo ao Esporte

A Lei de Incentivo ao Esporte – Lei 11.438/2006 – permite que empresas e pessoas físicas invistam parte do que pagariam de Imposto de Renda em projetos esportivos aprovados pelo Ministério do Esporte. As empresas podem investir até 1% desse valor e as pessoas físicas, até 6% do imposto devido. (Brasil, 2018a)

Projeto Pintando a Liberdade

O programa promove a ressocialização de internos do sistema penitenciário por meio da fabricação de materiais esportivos. Além da profissionalização, os detentos reduzem um dia da pena para cada três dias trabalhados e recebem salário de acordo com a produção. (Brasil, 2018d)

Projeto de Aceleração do Crescimento (PAC)

Criado em 2007 o Programa de Aceleração do Crescimento (PAC) promoveu a retomada do planejamento e execução de grandes obras de infraestrutura social, urbana, logística e energética do país, contribuindo para o seu desenvolvimento acelerado e sustentável. (Brasil, 2018f)

No decorrer dos anos, importantes alterações ocorreram no Ministério do Esporte, com destaque à mudança estrutural mais significativa efetivada por meio do Decreto n. 7.529, 21 de julho de 2011 (Brasil, 2011a). Por meio desse instrumento legal, a configuração do Ministério do Esporte passou a ser a descrita na Figura 2.4.

Figura 2.4 Organograma institucional do Ministério do Esporte em 2011

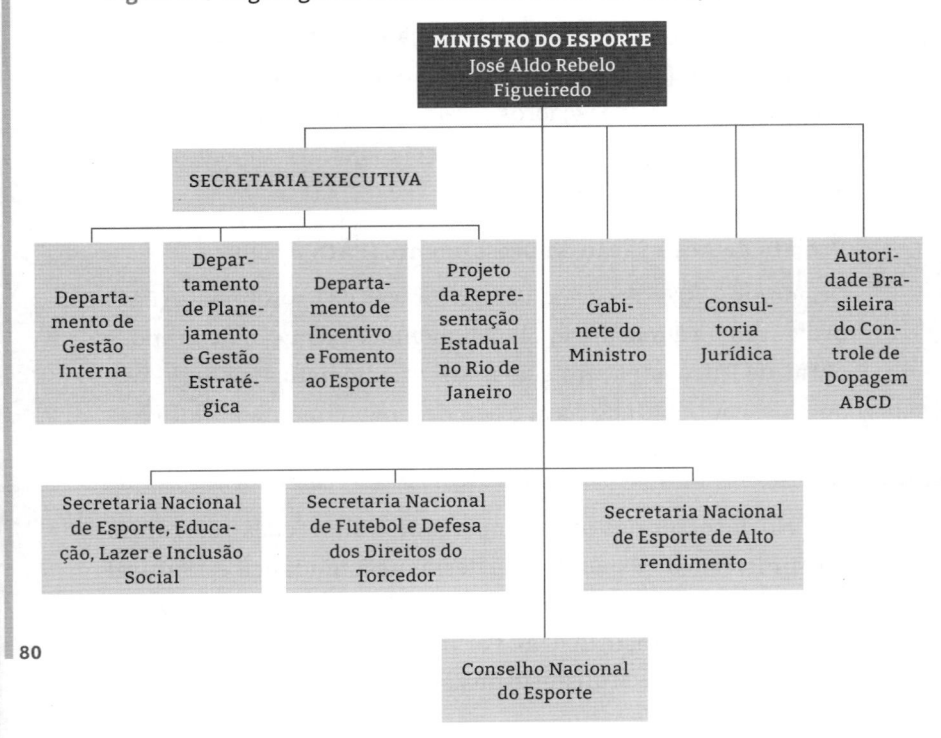

```
                          MINISTRO DO ESPORTE
                            José Aldo Rebelo
                               Figueiredo
```

- SECRETARIA EXECUTIVA
  - Departamento de Gestão Interna
  - Departamento de Planejamento e Gestão Estratégica
  - Departamento de Incentivo e Fomento ao Esporte
  - Projeto da Representação Estadual no Rio de Janeiro
- Gabinete do Ministro
- Consultoria Jurídica
- Autoridade Brasileira do Controle de Dopagem ABCD

- Secretaria Nacional de Esporte, Educação, Lazer e Inclusão Social
- Secretaria Nacional de Futebol e Defesa dos Direitos do Torcedor
- Secretaria Nacional de Esporte de Alto rendimento
  - Conselho Nacional do Esporte

Fonte: Brasil, 2018c.

Podemos observar na figura que, entre as secretarias nacionais, se manteve a Secretaria Nacional de Esporte de Alto Rendimento, o que se mostra coerente com o histórico de privilégio da manifestação esportiva de rendimento nas políticas públicas de esporte no Brasil. Já a Secretaria Nacional de Esporte Educacional e a Secretaria Nacional de Desenvolvimento do Esporte e Lazer foram unidas e deram origem à Secretaria Nacional de Esporte, Educação, Lazer e Inclusão Social. Outra mudança importante foi a criação da Secretaria Nacional de Futebol e Defesa dos Direitos do Torcedor, muito em razão da realização da Copa do Mundo Fifa de Futebol masculino em 2014, no Brasil, e com a supervalorização de um esporte, o futebol, especificamente em uma manifestação do esporte, o rendimento (Starepravo; Mezzadri; Marchi Júnior, 2015).

2.5 Esporte, política e profissão

Como explicitamos no decorrer deste capítulo, o esporte começou a ser praticado no século XIX no Brasil a partir de uma organização autônoma da sociedade, sem interferência direta do Estado. Inicialmente, o esporte foi uma prática social restrita à elite nacional, servindo como elemento de distinção social, mas logo se expandiu para as demais classes sociais e, dia após dia, foi ganhando adeptos e simpatizantes. Gradativamente o esporte foi crescendo em importância na sociedade brasileira, passando então a despertar o interesse do Estado, que decidiu intervir nesse campo. Nasciam ali as primeiras políticas públicas de esporte no país. Aquilo que antes era uma demanda privada de grupos específicos passou a ser de interesse público, sendo controlado e financiado pelo Estado brasileiro. Desde então a intervenção estatal configurou-se como elemento fundamental no desenvolvimento do esporte nacional, desde as primeiras regulamentações da década de 1940 até as recentes iniciativas de receber os megaeventos esportivos.

Assim foi criada uma estrutura estatal responsável por regulamentar, formular e implementar políticas públicas de esporte no Brasil. Essa estrutura está presente em todos os entes federados – União, estados e municípios –, que, de uma forma ou de outra, promovem algum tipo de política pública para o esporte, desde ações simples em municípios pequenos até aquelas que envolvem vultuosos recursos e milhares de pessoas. Esse espaço conquistado pelo esporte dentre as atuações do Poder Público se efetiva também em cargos políticos, por vezes ocupados por pessoas que pouco conhecem o esporte ou se preocupam com ele, mas que se valem dele para uma ascensão política pessoal ou de determinado grupo político. Outras tantas vezes, ex-atletas acabam, em virtude de seu prestígio, sendo alçados a cargos de gerência no subcampo político-burocrático do esporte. Mesmo sendo bem-intencionadas, em geral essas pessoas têm uma competência restrita para trabalhar com o esporte, enviesando sua atuação para determinada modalidade esportiva (normalmente aquela a que se dedicou em sua carreira) ou manifestação esportiva (rendimento).

Por outro lado, a população vem cada vez mais demandando do Estado ações no campo do esporte, especialmente graças a uma maior preocupação com a saúde e o bem-estar. É crescente o número de pessoas que buscam espaços públicos e/ou atividades públicas orientadas de esporte. Igualmente cresce a demanda por políticas públicas de esporte em quantidade e qualidade. Nesse cenário – marcado pela existência de poucos profissionais com formação em educação física, ocupação de cargos por políticos e ex-atletas e exigência crescente por políticas públicas de qualidade –, surge uma contradição interessante, a qual pode ser explorada pelos profissionais de educação física. A formação específica e de qualidade pode nos munir de capacidades importantes para oferecer serviços de qualidade à população.

Essa qualidade almejada no serviço público pode estar relacionada: ao aumento de oferta de políticas públicas de esporte para diferentes públicos e faixas etárias; à diversificação das modalidades esportivas ofertadas; à pressão no Poder Executivo por mais verbas para a área do esporte; à construção e à manutenção adequada de espaços e equipamentos públicos de esporte; à conscientização da população em face dos benefícios da atividade física ou esportiva; à criação de espaços participativos na gestão pública do esporte; entre outros.

O profissional de educação física, na gestão pública do esporte, pode atuar em cargos de gerência – como secretário, chefe de departamento, diretor de esporte – e em cargos técnicos – como técnico esportivo, professor de Educação Física, orientador de atividades físicas – dentro da estrutura estatal do esporte (secretarias municipais ou estaduais, escolas públicas e Ministério do Esporte) ou, ainda, em instituições privadas parceiras do Poder Público, como escolas privadas, clubes, academias, associações esportivas e federações.

Como pode ser observado, é amplo o campo de atuação profissional em educação física, porém, para ocupar esse espaço, o profissional deve estar apto, bem formado e atento às oportunidades. Autores como Werneck (1998) e Marcellino (2001) consideram que a formação deve ser pautada em uma fundamentação teórico-prática que integre diferentes saberes, experiências e conhecimentos, levando os agentes a assumirem uma postura reflexiva diante dos processos e das contradições do meio em que estão inseridos.

Quando nos referimos a um perfil de competências que podem ser exigidas na atuação dos agentes públicos na gestão do esporte (aqui considerando tanto os gestores quanto os professores, técnicos e estagiários), consideramos que a manifestação do perfil desses agentes é construída e ambientada no tempo histórico e cultural e com base nos traços de personalidade de cada um (Tavares, 2010). Portanto, quando optamos por discutir a respeito de um perfil de competências, devemos esclarecer que esse perfil é oriundo desse processo de construção, "fruto da interatividade entre as características ambientais e pessoais" (Tavares, 2010, p. 19).

Estudos como os de Jamieson (1987, citado por Tavares, 2010) e Joaquim, Batista e Carvalho (2011) mostram que as competências mais valorizadas ou requeridas do gestor de esporte estão relacionados aos atos de planejar, tomar decisões, comunicar-se, mobilizar, controlar ou coordenar recursos humanos e financeiros/orçamentários. Já Pintos e Perim (2013, citados por Bernabé, 2016, p. 92) ressaltam a responsabilidade social do gestor público de esporte e lazer, indicando alguns fatores que merecem ser considerados:

1) *a qualidade da gestão do esporte e lazer frente à necessidade de otimização dos diferentes recursos físicos, materiais, humanos e financeiros disponíveis aos gestores;*
2) *o desenvolvimento sustentável, uma vez que se deve preservar e dar utilidade social aos recursos existentes;*
3) *os anseios, as necessidades e as potencialidades dos cidadãos, que fomentem a participação da população nas discussões e concretização de ações;*
4) *a definição das funções e dos devidos responsáveis para alcançar objetivos como organizar e desenvolver projetos, programas e adequação de infraestrutura para tais fins;*
5) *a tentativa de alinhar o domínio dos conhecimentos dos agentes com a realidade, a experimentação e a seleção de atividades pela livre escolha dos cidadãos;*
6) *a busca pela efetivação de políticas após um processo de análise de escolha de projetos e programas, processo esse desenvolvido em cada região na articulação com as comunidades, estimulando a participação e a organização dos cidadãos frente à construção de projetos e programas para efetivação das políticas;*
7) *a atuação de modo estratégico, buscando avançar corrigindo as falhas;*
8) *a clareza dos objetivos de modo que justifiquem os gastos e a arrecadação do dinheiro público;*
9) *o desenvolvimento de políticas que levem em consideração a compreensão do espaço público que requer envolvimento individual, mas também a conscientização das questões coletivas.*

Pina (1995, p. 127-128) corrobora esse entendimento quando afirma que, independentemente da função a ser exercida, o profissional necessita da combinação de algumas características, como "formação, informação, comportamento e atitude, atualização, imaginação e intuição, criatividade, cooperativismo, dedicação, comunicação e autoformação permanente". Já para Bernabé e Natali (2014), o princípio da formação política e social ampliada é um ponto importante a ser considerado no decorrer da formação dos agentes. Nesse momento, os agentes têm de desenvolver consciência diante as questões que perpassam a vida em sociedade, abrangendo aspectos sociais, econômicos, políticos e culturais.

Enfim, fica evidente que a atuação do Estado brasileiro no campo do esporte constitui uma importante conquista da sociedade brasileira, uma vez que a intervenção pública pode democratizar o acesso à prática esportiva. Todavia, essa realidade ainda está longe de ser alcançada, haja vista que a maioria das ações estatais voltadas ao esporte privilegiaram a manifestação de rendimento, dando atenção aos atletas e à representação nacional. Diante do desafio de democratizar o acesso à prática esportiva, como preconizado pela Constituição Federal de 1988, e do espaço que o esporte já conquistou no interior da estrutura estatal, abre-se um importante campo de atuação ao profissional de educação física.

Esse espaço precisa ser ocupado e ampliado com competência e resiliência. Destacamos uma série de características e competências do gestor público que devem ser buscadas a fim de se constituir um perfil profissional adequado aos desafios (imensos) da gestão pública do esporte no Brasil; cabe aos processos formativos (graduação, cursos, especializações, entre outros) buscar desenvolver tais características e competências. Todavia, os próprios profissionais em formação devem estar atentos aos conhecimentos, às características e aos desafios impostos por essa empreitada para buscarem construir um perfil profissional interessante e desejável ao desenvolvimento do esporte no Brasil.

III *Síntese*

Neste capítulo, adentramos a discussão sobre política e esporte no Brasil. Mostramos que, num primeiro momento, ainda no século XIX, o esporte foi introduzido no país principalmente pelas mãos dos imigrantes. Desde esse momento até a década de 1930, foi pequena a intervenção estatal no setor, mas durante o Estado Novo o esporte foi alçado ao *status* de "causa nacional". De prática essencialmente recreativa e auto-organizada, o esporte passou a ser centralizado e controlado pelo Estado brasileiro, que o regulamentou e o apoiou financeiramente, usando-o para o alcance de objetivos sociais mais amplos.

Essa condição permaneceu praticamente inalterada até que, na década de 1980, a Constituição Federal reestabeleceu a autonomia nesse campo e reconheceu o esporte como direito de cada cidadão brasileiro. Isso não significa que o esporte deixou de estar relacionado ao Estado. Pelo contrário, nas últimas décadas, verificamos um aumento do financiamento público ao esporte, seja ele de rendimento, seja educacional ou de participação, com a criação de um ministério exclusivo para tratar desse assunto.

Também comentamos ao longo do capítulo o jogo político no interior do Ministério do Esporte e a pauta prioritária do governo brasileiro em receber os megaeventos esportivos em nosso país. Pudemos observar, no geral, que as bases da relação entre Estado e esporte no Brasil, estabelecidas ainda no Estado Novo, têm consequências até hoje na forma de se promover políticas públicas na área, que convivem, de maneira não muito harmoniosa, com novas demandas, como o esporte educacional e o reconhecimento do direito ao esporte. Finalmente, destacamos alguns atributos que entendemos ser relevantes à atuação do profissional de educação física com vistas à qualificação da atuação do Estado e aos consequentes benefícios à sociedade.

⁞⁞⁞ *Indicações culturais*

Vídeos

BISCOITO Fino com Juca Kfouri – Política e Esporte no país do futebol. Disponível em: <https://www.youtube.com/watch?v=Q35nuUXWdFg>. Acesso em: 7 jun. 2018.

Nesse vídeo, em pouco mais de uma hora o jornalista, cientista político e comentarista Juca Kifouri destrincha alguns pontos da relação entre esporte e política em nosso país.

QUANDO a política encontra o esporte. Disponível em: <https://www.youtube.com/watch?v=aXgD0AvzDJ0>. Acesso em: 7 jun. 2018.

Nesse vídeo, você pode verificar como o esporte e a política se entrelaçam, conhecendo alguns exemplos da história do esporte.

■ *Atividades de autoavaliação*

1. Sobre o início da prática esportiva no Brasil, é correto afirmar:

    a) O esporte não era uma prática reconhecida, incentivada e promovida pelo Estado, mas uma manifestação social de grupos específicos que buscavam se divertir e se diferenciar socialmente.

    b) O esporte já era popular e atingia diferentes grupos sociais.

    c) A primeira etapa da trajetória política do esporte no Brasil se estendeu da segunda metade do século XVIII, quando o esporte chegou com a influência europeia, até a década de 1930.

    d) A adesão a diferentes modalidades esportivas se fez graças ao Estado e às comunidades indígenas.

2. Assinale a alternativa **incorreta** com relação ao início da intervenção estatal no esporte no Brasil:

   a) A intervenção do Estado brasileiro no campo esportivo teve início na década de 1930, mais especificamente durante o período do Estado Novo.

   b) As principais questões que geravam algum tipo de conflito no campo esportivo nas primeiras décadas do século XX no Brasil eram: as diferenças entre os defensores do amadorismo e os do profissionalismo; a legitimidade representativa das confederações e federações, seus processos decisórios e suas áreas de abrangência; as formas de organização dos selecionados nacionais para representação do Brasil em eventos internacionais.

   c) Constantemente ocorriam nas entidades esportivas brasileiras cisões conhecidas como *problemas de duplicidade de entidades*, que significavam o aparecimento de mais de uma entidade reivindicando o direito da administração de determinado ramo esportivo no mesmo espaço geopolítico.

   d) A primeira proposta de lei para os esportes foi o Decreto-Lei n. 3.199/1941.

3. A respeito da constitucionalização do esporte no Brasil, é **incorreto** afirmar:

   a) Na Constituição Federal de 1988, o esporte é reconhecido como direito e a autonomia é retomada no campo esportivo.

   b) Se até a década de 1980 prevaleciam os interesses estatais no esporte, progressivamente o mercado, por intermédio da iniciativa privada e de seus interesses econômicos, passou a pressionar o Estado por mudanças nas regras do setor.

c) Foi Manoel Gomes Tubino, então presidente da Confederação Brasileira de Futebol de Salão e membro do CND, que elaborou e desenvolveu a proposta para a inserção do esporte na Constituição.

d) A Constituição Federal de 1988 prevê a destinação de recursos públicos para a promoção prioritária do esporte educacional e, em casos específicos, para a do esporte de alto rendimento.

4. Sobre o Ministério do Esporte no Brasil, é correto afirmar:

a) Foi criado em 1998, durante o governo de Fernando Henrique Cardoso.

b) Foi criado especialmente por motivações políticas e entregue ao Partido Comunista do Brasil (PCdoB).

c) Em sua configuração inicial, contava com três secretarias finalísticas, sendo que uma delas era dedicada exclusivamente ao futebol.

d) Com as mudanças ocorridas em 2011, criou-se uma secretaria voltada exclusivamente ao esporte de participação.

5. Sobre esporte, política e profissão, é **incorreto** afirmar:

a) O espaço conquistado pelo esporte dentre as atuações do Poder Público se efetiva também em cargos políticos, por vezes ocupados por pessoas que pouco conhecem o esporte ou se preocupam com ele, mas que se valem dele para uma ascensão política pessoal ou de determinado grupo político.

b) A população vem demandando do Estado cada vez mais ações no campo do esporte, especialmente por uma maior preocupação com a saúde e o bem-estar.

c) O profissional de educação física, na gestão pública do esporte, não pode atuar em cargos de gerência – como secretário, chefe de departamento, diretor de esporte –, pois tais cargos devem ser assumidos exclusivamente por políticos.

d) As competências mais valorizadas ou requeridas do gestor de esporte são relacionadas aos atos de planejar, tomar decisões, comunicar-se, mobilizar, controlar ou coordenar recursos humanos e financeiros/orçamentários.

■ Atividades de aprendizagem

Questões para reflexão

1. O esporte deve ser uma demanda garantida pelo Estado? Por quê?

2. Você apresenta ou pretende desenvolver as competências para uma boa gestão do esporte? O que você considera mais importante para uma boa atuação profissional nesse campo?

Atividades aplicadas: prática

1. Acesse a página virtual do Ministério do Esporte (disponível em <http://www.esporte.gov.br/>) e verifique as principais políticas públicas do setor. Elas são semelhantes ou diferentes das apontadas neste capítulo? Em seu ponto de vista, há avanços ou retrocessos nessas políticas?

2. Pesquise quem é o(a) secretário(a) ou chefe de departamento de esporte de seu município. Qual é a formação dele(a)? Qual é sua experiência com o esporte? Ele(a) é uma pessoa reconhecidamente competente para atuar com esporte ou é um político indicado pelo prefeito? Como o perfil do gestor público pode impactar, a seu ver, no desenvolvimento de políticas públicas de esporte em seu município?

Capítulo 3

Lazer e políticas públicas no Brasil

Fernando Augusto Starepravo

O **lazer** é um tempo/espaço muito importante para o ser humano e para a sociedade. Ao mesmo tempo que vivemos em uma sociedade que valoriza ações sérias e que geram algum rendimento, cresce o interesse das pessoas por atividades e vivências no tempo de lazer, na busca da satisfação pessoal, formação e contato com a natureza.

Para os profissionais que atuam justamente no momento de lazer de outras pessoas, esse tempo/espaço pode ser visto como trabalho. Essa percepção faz com que aquele que se dedica à área de educação física seja, na maioria das vezes, considerado um profissional de lazer, atuando em clubes, academias, parques, praças etc.

A importância social do lazer também pode ser percebida pelo crescente interesse do Estado em regulamentar e propor ações para essa área. Como explicaremos no decorrer do capítulo, o Estado brasileiro reconhece o lazer como direito de todos e promove políticas públicas para essa área. Nesse sentido, faz-se necessário discutirmos também as capacidades e características do profissional de lazer, especialmente aquele que tem como campo de formação a Educação Física. Afinal, discutir lazer, políticas públicas e atuação do educador físico são de fundamental importância para os profissionais em formação permanente.

3.1 Lazer e políticas públicas

A concepção moderna de lazer está basicamente ancorada em duas dimensões: uma objetiva, a do tempo livre, e outra subjetiva, relacionada à satisfação e ao prazer.

Na primeira dimensão, o lazer seria uma atividade realizada em um tempo que não o de trabalho. Poderia, nesse sentido, ter a função de recuperar o trabalhador para uma nova jornada de trabalho, devendo, portanto, ser uma atividade regulada, controlada e sadia, que preserve a capacidade de trabalho dos trabalhadores.

Já em sua dimensão subjetiva, o lazer estaria relacionado a atividades que proporcionam algum tipo de satisfação às pessoas. Se trata, portanto, de um tipo de ocupação prazerosa, interessante e capaz de gerar algum grau de satisfação para a pessoa ou o grupo social. Consideremos o exemplo da atividade de pescar, a qual pode ser prazerosa para uma pessoa, mas extremamente monótona e desestimulante para outra. Nesse sentido, pescar para o primeiro sujeito seria uma atividade de lazer, enquanto para o segundo não seria.

Mais recentemente, o consumo passou a ganhar força dentro do debate do lazer (Mascarenhas, 2005a). Aquilo que em outros tempos estava pautado nas noções de tempo e prazer passou a constituir um novo mercado, algo a ser consumido. É comum, por exemplo, vermos pessoas usufruindo seu tempo de lazer em compras em *shoppings* ou consumindo atividades em um parque temático.

Essa breve retomada da concepção de lazer serve como norte para pensarmos até que ponto essa é uma demanda social ao Poder Público. Caberia ao Estado promover políticas públicas para algo que tem uma forte conotação subjetiva, especialmente considerando a dimensão da satisfação? Faz sentido promover políticas públicas para algo relacionado ao consumo? Por que o Estado se preocupa com essa demanda que parece tão particular?

> *A concepção moderna de lazer está basicamente ancorada em duas dimensões: uma objetiva, a do tempo livre, e outra subjetiva, relacionada à satisfação e ao prazer.*

Com base nesses questionamentos é que discutiremos, de forma introdutória, o lazer como objeto de políticas públicas, especialmente em nosso país. Para tanto, precisamos ir além do conceito inicial ancorado nas dimensões tempo, prazer e consumo, avançando na compreensão de outras possibilidades que o lazer apresenta.

Um primeiro ponto que podemos discutir diz respeito à noção de lazer como espaço de "participação, autonomia e democracia, deixando de ser monopólio ou instrumento daqueles que concentram o poder econômico" (Mascarenhas, 2005b, p. 159), constituindo-se instrumento político e pedagógico de transformação social. Essa perspectiva estaria relacionada à coletividade e à participação da sociedade, e não ao prazer individual disponibilizado no mercado. Nessa perspectiva, há o entendimento de que o lazer é manifestação de uma cultura e instrumento de ligação com a realidade das pessoas, capaz de garantir a reflexão sobre a convivência comum, desmistificando a ideia de lazer como "fazer o que se quer" (Mascarenhas, 2005b). Tendo todo esse potencial formador e transformador, o lazer passa a ser considerado direito das pessoas, como elemento da cultura e de formação humana.

Devemos pensar, também, que o acesso aos bens culturais é muito desigual na população. Segundo dados do Ministério da Cultura, na apresentação do Programa Mais Cultura, em outubro de 2007:

- *Apenas 13% dos brasileiros frequentam cinema alguma vez por ano;*
- *92% dos brasileiros nunca frequentaram museus;*
- *93,4% dos brasileiros jamais frequentaram alguma exposição de arte;*
- *78% dos brasileiros nunca assistiram a espetáculo de dança, embora 28,8% saiam para dançar;*
- *Mais de 90% dos municípios não possuem salas de cinema, teatro, museus e espaços culturais multiuso;*
- *O brasileiro lê em média 1.8 livros per capita/ano (contra 2,4 na Colômbia e 7 na França, por exemplo);*
- *73% dos livros estão concentrados nas mãos de apenas 16% da população;*
- *O preço médio do livro de leitura corrente é de R$ 25,00, elevadíssimo quando se compara com a renda do brasileiro nas classes C/D/E;*
- *Dos cerca de 600 municípios brasileiros que nunca receberam uma biblioteca, 405 ficam no Nordeste, e apenas dois no Sudeste.* (Brasil, 2007)

No que diz respeito às atividades físicas, "o percentual de pessoas que praticam atividades físicas durante o tempo livre passou de 30,3% para 33,8% nos últimos cinco anos" (Brasil, 2014). Se compreendermos o Estado como ente responsável por, entre outras coisas, garantir certa equidade social no que diz respeito ao acesso a recursos econômicos e a bens culturais, fica evidente a necessidade de políticas públicas que permitam às pessoas ter contato com as múltiplas possibilidades de vivência no lazer.

Entretanto, essas políticas não devem ser pensadas à parte do contexto social em que estão inseridas. Ao mesmo tempo que deve promover tais políticas, buscando oferecer múltiplas opções de práticas e acesso aos bens culturais no tempo livre, o Estado deve pensar políticas econômicas e relacionadas ao trabalho para que as pessoas tenham tempo, disposição e meios para usufruir de opções de lazer. Estamos nos referindo a uma política econômica que tenha como meta o crescimento da produção, combinado com a redistribuição de renda e a promoção de menor tempo de trabalho, com vistas a aumentar o tempo livre das pessoas. Essa perspectiva vai na contramão das propostas de reforma trabalhista defendidas pelo governo federal do Brasil no ano de 2017, que em vez de promover o aumento do tempo livre, chegou a propor o aumento do tempo de trabalho, por meio da flexibilização das leis trabalhistas.

Como bem aponta Mascarenhas (2005b, p. 256-257), de um lado, "a inatividade continua sendo associada à preguiça e à vadiagem, de outro, o lazer, subordinado à lógica do consumo, muitas vezes, acaba por ser considerado um luxo". Segundo o Sistema de Indicadores de Percepção Social (SIPS), criado pelo Instituto de Pesquisa Econômica Aplicada (Ipea), os preços altos são obstáculo ao acesso à oferta cultural para 71% dos entrevistados, e 56% apontam que a barreira social imposta pelo perfil do público limita o acesso aos bens culturais. Desconstruir essa ideia de que lazer é luxo reservado a uma elite econômica é um dos desafios das políticas de lazer, o que passa pela dimensão da educação – as pessoas devem entender que lazer é direito e que todos dele devem usufruir.

Se compreendermos o Estado como ente responsável por, entre outras coisas, garantir certa equidade social no que diz respeito ao acesso a recursos econômicos e a bens culturais, fica evidente a necessidade de políticas públicas que permitam às pessoas ter contato com as múltiplas possibilidades de vivência no lazer.

Uma política de lazer deveria considerar alguns dos pontos defendidos por autores que estudam a área. Segundo Reis e Starepravo (2008), por exemplo, uma política pública atuante e comprometida com a realidade do lazer no país deveria se concretizar fundamentalmente em três vias: disponibilização, acessibilidade e educação. A primeira delas

> *refere-se à efetiva disponibilização de bens culturais, espaços e equipamentos de lazer, através da construção, reforma, readequação e manutenção constante, além do investimento em implementos necessários às variadas manifestações culturais e de lazer.*
>
> *A acessibilidade diz respeito ao oferecimento de possibilidades viáveis de acesso aos bens culturais e aos espaços e equipamentos de lazer. Isso exige meios de transporte e estrutura urbana compatível com as demandas sociais e envolve, necessariamente, uma distribuição geográfica adequada dos diversos equipamentos. Requer também soluções para os custos financeiros que são cobrados pelo acesso/compra dos equipamentos que são, para muitos, economicamente inviáveis.*
>
> *Já a educação significa fornecer ao indivíduo a formação e os conhecimentos necessários para que ele queira usufruir as diferentes possibilidades de lazer disponíveis. Trata-se de oportunizar experiências e vivências nas mais variadas práticas de lazer, despertando o interesse do indivíduo. É uma atuação no sentido de educar, formar e estimular a procura.* (Reis; Starepravo, 2008, p. 17)

Mascarenhas (2005b) aponta algumas estratégias complementares, como: investir no associativismo, presente, por exemplo, nos clubes e nas associações de bairro, que agregam múltiplas pessoas e podem ser meios frutíferos de promoção e reinvindicação do lazer; e ampliar a discussão sobre o direito das pessoas às cidades. A grande maioria da população de nosso país vive no contexto urbano, mas, por múltiplos fatores – como falta de segurança, ineficiência dos serviços públicos e cultura do medo –, deixa de entender a cidade como espaço de convivência social, ficando cada um restrito a sua moradia. Grande parte do espaço urbano também é alvo de especulação imobiliária, sendo os espaços públicos privatizados e explorados por empresas.

> Por isso a necessidade de políticas de planejamento urbano voltadas à questão da distribuição dos espaços e equipamentos de lazer, procurando, de um lado, acabar com o movimento especulativo em torno dos novos empreendimentos [...] e, de outro, ampliar as possibilidades de lazer acessíveis para o conjunto da população. (Mascarenhas, 2005b, p. 258-259)

Em síntese, o lazer passa a ter outra conotação quando pensamos nele como bem público, coletivo, espaço de possibilidades de formação e emancipação. Nesse sentido, o lazer ganha espaço na agenda pública como dever do Estado e objeto de políticas públicas. Porém, o acesso ao lazer e aos bens culturais é muito desigual, cabendo ao Estado promover ações que busquem a equidade social.

A grande maioria da população de nosso país vive no contexto urbano, mas, por múltiplos fatores – como falta de segurança, ineficiência dos serviços públicos e cultura do medo –, deixa de entender a cidade como espaço de convivência social, ficando cada um restrito a sua moradia.

3.2 Políticas públicas de lazer para o trabalhador

O lazer, no Brasil, apresenta um percurso histórico relativamente curto se pensarmos na intervenção estatal nessa área. É difícil precisarmos historicamente a partir de quando se registraram manifestações do lazer no Brasil, mas no que diz respeito à intervenção estatal, esta iniciou-se no Estado Novo, voltada principalmente para o lazer do trabalhador.

Nesta seção, buscaremos problematizar a garantia do direito do trabalhador ao lazer, destacando o papel das instituições estatais no desenvolvimento de políticas nesse setor.

Como explicamos no capítulo anterior, o Estado brasileiro, a partir da década de 1930, passou a intervir nas diferentes esferas sociais, promovendo uma regulação social acelerada. Nesse período, implantou-se grande parte da legislação trabalhista e previdenciária do país, num ambiente de baixa ou nula participação política, uma vez que se impunha sobre o país um regime ditatorial. Após alguns anos, o Estado brasileiro criou o Ministério do Trabalho, Indústria e Comércio (MTIC), regulamentou a jornada de oito horas de trabalho na indústria e no comércio, esboçou uma justiça do trabalho, garantiu férias, salário mínimo e descanso semanal remunerado aos trabalhadores e concedeu aposentadoria por tempo de trabalho e auxílio doença (Carvalho, 2015). Tais direitos foram garantidos, todavia, apenas aos trabalhadores com carteira assinada, excluindo os trabalhadores autônomos, rurais e domésticos.

Nesse contexto, a preocupação ou a intervenção estatal no lazer via sistema jurídico teve como marco inicial e decisivo o Decreto-Lei n. 5.452, de 1º de maio de 1943 (Brasil, 1943), que aprovou a Consolidação das Leis de Trabalho (CLT). Nele, o Estado brasileiro reconheceu, ao trabalhador com carteira assinada, tempo livre do trabalho, representado pelos intervalos obrigatórios entre jornadas de trabalho, descanso semanal remunerado e férias anuais. Esse reconhecimento do direito dos trabalhadores ao tempo livre fez parte de um processo de ampliação dos direitos sociais no país que promovia uma vinculação entre a obtenção dos direitos e a carteira assinada – a chamada *cidadania regulada* (Santos, 1998). A ressalva nesse ponto é que somente eram considerados *cidadãos* – e, portanto, sujeitos às formas de proteção social criadas – aqueles cujas profissões eram reconhecidas por lei. Tal sistema perdurou até a década de 1980 no país.

Gomes (2003) afirma que, nesse contexto, o Ministério do Trabalho, Indústria e Comércio (MTIC), preocupado com riscos sociais como promiscuidade, alcoolismo, uso de drogas e ociosidade, provenientes da ampliação das horas de folga pela regulamentação da jornada de trabalho de oito horas diárias, assumiu a responsabilidade de preencher essas horas com atividades recreativo-educacionais. Já para Almeida, Xavier e Santos (2013), as atividades lúdicas eram alternativas para que o trabalhador manifestasse eventuais descontentamentos, extravasando "tensões agradáveis", gerando um sentimento de satisfação pessoal; o lazer ocuparia o tempo livre do trabalhador, estabilizando as relações sociais; e as atividades físicas e lúdicas realizadas nos momentos de folga evitariam a ociosidade, permitindo o desenvolvimento de ações controladas pelo próprio Estado, que passou a exercer um importante mecanismo de monitoramento popular.

Seguindo essa lógica, foi criado, em 1943, dentro do MTIC, o Serviço de Recreação Operária (SRO), que, em parceria com os sindicatos, encarregou-se de organizar e coordenar as diversas atividades culturais e esportivas para os trabalhadores sindicalizados e suas famílias. Eram objetivos do SRO, conforme Brêtas (2010):

- estimular a sindicalização;
- compor programas e ações que explicitassem a preocupação do Estado com aspectos da vida do trabalhador;
- controlar e disciplinar o tempo livre do operário;
- sistematizar uma experiência de educação não formal do trabalhador, elevando seu nível cultural; e
- recuperar sua energia física e mental de modo a prevenir os efeitos da fadiga.

Percebe-se, então, a nítida intenção de controlar o trabalhador em seu tempo livre, com vistas à manutenção da força de trabalho. Por outro lado, como ponto positivo, esses trabalhadores passaram a ser amparados por ações do Estado que abrangiam questões além das leis trabalhistas e previdenciárias.

Segundo Lopes, Santos e Isayama (2016), nesse período inicial de intervenção, houve uma evidente intenção do Estado de usar o lazer como um instrumento para aliviar as tensões produzidas pelo mundo do trabalho e como objeto de acomodação dos conflitos políticos. Submeteu-se, dessa forma, o lazer ao trabalho. Além disso, como a garantia do lazer aos trabalhadores com carteira assinada se deu por meio de leis, e não por reinvindicação e ação política, as ações para o campo do lazer por vezes foram entendidas como favores do Estado para o cidadão, em vez de direitos conquistados.

Em face do quadro crescente de tensões sociais no país, especialmente após o término do regime do Estado Novo, em 1945, também a iniciativa privada se mobilizava para criar ações sociais no Brasil. Segundo Amaral (2003), entre os empresários da indústria, da agricultura e do comércio estava clara a necessidade de se criar um plano de ação social para o Brasil. Tais movimentações do Estado e da iniciativa privada nortearam a criação de entidades paraestatais voltadas à oferta de serviços sociais aos trabalhadores com carteira assinada e suas famílias. As mais importantes dessas entidades são o Serviço Social da Indústria (Sesi) e o Serviço Social do Comércio (Sesc).

Em 25 junho de 1946, o Presidente Eurico Gaspar Dutra instituiu, por meio do Decreto-Lei n. 9.403 (Brasil, 1946a), o Sesi, entregando-o à Confederação Nacional da Indústria (CNI).

Esta Instituição tinha como fundamento a melhora na qualidade e no estilo de vida do trabalhador do ramo industrial, evidenciado logo no corpo do artigo 1º do Decreto em questão. A preocupação do Governo com a vida social, econômica e moral do trabalhador constitui fator preponderante no objetivo estratégico que culminou com a criação do SESI.
(Xavier; Almeida, 2012)

Já o Sesc foi criado em setembro do mesmo ano, também pelo Presidente Dutra, que assinou o Decreto-Lei n. 9.853/1946 (Brasil, 1946b), autorizando a Confederação Nacional do Comércio a organizar e a implementar o serviço social em pauta.

> A criação de um serviço especial aos comerciários justificou-se pelo rápido crescimento apresentado por esta classe de trabalhadores, sobretudo na década de 1940. Impulsionado pela pujante onda de industrialização, a necessidade de comercialização dos recentes produtos manufaturados ocasionou uma verdadeira multiplicação de lojas, mercearias, supermercados e diversos outros tipos de prestadoras de produtos e serviços à população brasileira. Assim como na industrialização, o eixo Rio de Janeiro – São Paulo – Minas Gerais – Paraná apresentaram [sic] um abrupto crescimento no número de comerciantes, justificando ser estes 04 (quatro) Estados da Federação a receberem as primeiras unidades do SESC. (Xavier; Almeida, 2012)

Xavier e Almeida (2012) registram que esses serviços sociais ofertavam formação educacional (1º e 2º graus, atuais ensino fundamental e médio) aos filhos dos trabalhadores. Ali, esses jovens também encontravam oportunidades de desfrutar de momentos de lazer e de atividade física. Como eram instalados em centros urbanos (com facilidade de acesso) e tinham estrutura física adequada, os jovens podiam permanecer por longo tempo nessas instituições. Os autores acrescentam que também a população adulta de trabalhadores era atendida em seus momentos de lazer. Em suma, o *Sistema S*, como hoje é conhecido, foi responsável por ofertar um espaço destinado ao esporte e ao lazer dos trabalhadores e suas famílias, e estava voltado também à educação e à sociabilização dos trabalhadores. Dessa forma, as instituições desse sistema assumiram a função, que seria do Estado, de ofertar práticas de lazer aos trabalhadores assalariados com carteira assinada; ou melhor, o Estado incumbiu tais instituições de promover políticas de ação social aos trabalhadores.

Há na literatura registros de diferentes interpretações para a intencionalidade das ações do Sesc e do Sesi. Segundo a visão de Rummert e Ribeiro (2016, p. 113):

> Os documentos da instituição evidenciam que o trabalhador era visto como portador de uma "ignorância natural", com "fraca formação moral" (SESC/DN, 1962, p. 37), consequência de uma insuficiência de recursos

econômicos, sendo fácil alvo para "subversão". Tais afirmações denotavam a recorrência da preocupação com o controle social, visto que a população que migrara para os centros urbanos já na década de 1950 vivenciava outra realidade de valores, hábitos e costumes: "os novos padrões culturais do pós-guerra criavam conflitos entre as novas exigências e padrões tradicionais de comportamento. Esse quadro social não poderia deixar de alterar para um possível desencadeamento de um processo de desorganização social" (SESC/SP, 1970, p. 2).

Já segundo Xavier e Almeida (2012), apesar da estrutura de controle e domínio estatal aplicada, o Sistema S parece ter contribuído para o processo de sindicalização de comerciantes e operários nas décadas de 1940 e 1950, de forma bastante expressiva após um período de ditadura.

Com o passar dos anos, o Sesc e o Sesi modificaram substancialmente sua forma de atuação e seu olhar sobre o lazer do trabalhador, buscando subsídios científicos para sua intervenção. De toda forma, o que nos importa aqui é visualizar, principalmente, que entre os anos 1940 e 1980 o lazer foi reconhecido como direito apenas aos trabalhadores assalariados com carteira de trabalho e, por extensão, a suas famílias. As políticas de lazer, nesse período, foram implementadas por meio de instituições paraestatais de serviço social, como o Sesi e o Sesc. Assim, o Estado tinha, de forma apenas limitada, o controle sobre tais políticas, uma vez que as instituições executoras tinham autonomia relativa para realizar suas atividades.

É coerente pensarmos que, na condição de instituições vinculadas à Confederação Nacional do Comércio (CNC) e à Confederação Nacional da Indústria (CNI), tais políticas no campo do lazer foram influenciadas pelos interesses da indústria e do comércio, notadamente por aqueles que os administravam. Contudo, se por um lado tais instituições promoveram ações de controle e manutenção da força de trabalho da classe trabalhadora, por outro, um efeito colateral da reunião de trabalhadores em clubes do Sesi e do Sesc pode ter sido importante para a crescente consciência de classe dos trabalhadores e sua consequente organização e sindicalização.

3.3 Lazer como direito de todos

Como explicitamos, as políticas públicas de lazer no Brasil foram iniciadas na década de 1940 e ganharam força graças à ação de instituições do Sistema S, sempre com vistas à garantia do direito do trabalhador assalariado com carteira assinada, em conformidade com uma perspectiva de cidadania regulada. Com o passar do tempo, porém, essa perspectiva de direito ao lazer foi ampliada, atendendo a outros grupos sociais além daquele dos trabalhadores assalariados com carteira assinada.

Nessa seção, versaremos sobre a ampliação da atuação do Estado no campo das políticas públicas de lazer que culminaram com o reconhecimento do direito de todos ao lazer na Constituição Federal de 1988, nas constituições estaduais e nas leis orgânicas municipais. Iniciamos essa análise destacando o movimento Esporte para Todos (EPT), instituído pelo Departamento de Educação Física e Desporto do Ministério da Educação e Cultura (MEC) na década de 1970.

Conforme Lopes, Santos e Isayama (2016, p. 346):

> *O EPT iniciou-se em 1977 com uma campanha para a implantação do desporto de massa no Brasil. O programa objetivava promover o esporte na perspectiva da educação permanente (termo utilizado nas propostas) e do desenvolvimento cultural. O discurso instituído nesse projeto era o da melhoria da saúde e o da humanização das cidades e seus habitantes, e afirmava os seguintes valores: o sentimento cívico e de vizinhança, a sociabilidade, o corpo esportivo. A intenção era a de produzir um "lazer verdadeiro" nas cidades e, para tanto, o movimento se concentrava nas proximidades da moradia e do local de trabalho dos participantes.*

Existiam dois tipos de programa no EPT: um nacional, com promoções simultâneas de uma única atividade em diferentes locais do país; e outro local, com vistas a aumentar o número de praticantes dos esportes. Nesse contexto, ganhou relevância a promoção das chamadas **ruas de lazer**, que aconteciam nos finais de semana, orientadas para a participação massiva.

De acordo com Costa (1981), o EPT era composto tanto de atividades coletivas quanto de individuais, pregava a prevalência da recreação e do lazer sobre a competição, buscando o aumento do número de participantes, bem como melhores condições para a seleção de atletas. Para a difusão do EPT, no sentido de reunir um grande contingente populacional, "as atividades amparavam-se pelo recrutamento de voluntários treinados e preparados para difundirem as prescrições da campanha, tendo como recursos, eficientes para a época, fitas cassetes e um texto impresso para dar respaldo aos agentes disseminadores" (Teixeira, 2009, p. 5). A campanha do EPT durou aproximadamente dois anos, recrutou 10.458 voluntários, e atingiu 2.772 municípios e cerca de 9,7 milhões de pessoas.

Mesmo sendo amplamente criticado por parte da intelectualidade brasileira, dado seu suposto caráter alienador de massas, entendemos que o EPT foi uma importante ação do Estado no campo do lazer, uma vez que promovia ações de esporte e lazer voltados à população em geral, não ficando restrito a atletas ou trabalhadores.

Na década seguinte, outro importante passo foi dado no sentido de democratizar o acesso ao lazer no Brasil. Trata-se da inclusão do lazer no *hall* de direitos sociais da Constituição Federal de 1988. Em seu art. 6º, a Constituição define os direitos sociais de todos os cidadãos brasileiros, dentre os quais se encontra o lazer. Assim, esse setor passou a ter o mesmo *status* de importância que a saúde, a educação, o trabalho, a moradia e a segurança, por exemplo, e compõe o conjunto de direitos relacionados à noção de cidadania.

Santos (2011) investigou a trajetória do lazer no processo da Constituinte a fim de entender como e por que o lazer foi incluído na Constituição Federal de 1988. A autora afirma que os direitos sociais são construções decorrentes de conflitos e interesses, conquistas dos trabalhadores e problemas que derivariam do "estado de coisas" – situação que existe, incomoda e gera insatisfações, mas que não mobiliza autoridades governamentais –, os quais se tornam conteúdo político. Nesse sentido, ela analisa se de fato o lazer foi reivindicado como direito social a ponto de ser reconhecido como tal na Constituição Federal de 1988. Santos (2011) constatou que não houve organização popular, grupos de pressão e interesse voltados ao lazer, mas que esse tema ocupava um lugar de destaque na vida dos cidadãos brasileiros, evidenciado pelo *status* de direito conferido pela população e pelas entidades.

Segundo Santos (2014, p. 1323), não houve mobilização e organização que justificassem a definição do lazer como direito social na Carta Magna. "Foi no último momento dos trabalhos da Constituinte, no Plenário, [...] que o lazer apareceu pela primeira vez em uma emenda como direito social. [...] Não há qualquer registro de reivindicação do lazer como direito social nessa etapa dos trabalhos, ou em qualquer outra". Essa constatação permitiu à autora concluir que a inclusão do lazer no artigo que define os direitos sociais foi obra dos constituintes, dos políticos envolvidos na elaboração da Constituição.

A autora alerta para o fato de que houve reivindicações por lazer na elaboração da Constituição Federal de 1988, mas tais mobilizações não partiram de parcela significativa da população, não houve organização popular e movimentos sociais organizados ou lobistas[1] que trouxessem à baila o tema. Tampouco estiveram presentes interesses de setores comerciais ou interesses

---

[1] Segundo a ementa de Projeto de Lei n. 1.713, de 18 de agosto de 2003, que tramitou na Câmara dos Deputados de 2003 a 2005 e que pretendia regulamentar a profissão de lobistas, estes seriam definidos como "agentes de pressão junto à Administração Pública Direta e Indireta de qualquer dos poderes da União, dos Estados, do Distrito Federal e dos Municípios" (Brasil, 2003a).

ideológico-partidários. Parece "que compreensões individuais de lazer, do lugar que ele deveria ocupar prevaleceram e foram responsáveis por sua definição como direito social" (Santos, 2014, p. 1323).

No que se refere a seus significados, o lazer foi discutido em sua relação com a saúde, o esporte, o turismo, as atividades culturais e a cultura. Sobre isso, Santos (2014, p. 1324) registra:

> O lazer foi entendido como simples "atividade" por alguns, como "direito fundamental" por muitos, como importante à "realização integral do ser humano" e "possibilitador de novas aprendizagens" por outros, e como uma das "necessidades básicas" dos cidadãos por muitos outros.

O que Santos (2011, 2014) fez foi analisar a dimensão política *politics*, que gerou uma *polity* [2] relacionada ao lazer, mesmo sem mencionar tais termos ou referenciais da ciência política. Em seus trabalhos, a autora observou a dimensão conflituosa dos processos políticos, os atores e interesses envolvidos, os significados e compreensões de lazer presentes no processo de construção da Constituição Federal de 1988. A nosso ver, a estudiosa conseguiu desconstruir o argumento amplamente difundido de que os direitos sociais são conquistas dos trabalhadores, resultados da luta política entre capital e trabalho, ou construções decorrentes de múltiplos conflitos e interesses.

Em complemento, reflexões recentes têm mostrado ser possível que a incidência do lazer como direito na Constituição Federal de 1988 tenha se dado mais por influência jus-positivista de constituições de outros Estados e de documentos internacionais do que por uma ideia clara sobre o que viria a ser o direito ao lazer e de que forma poderia ser concretizado.

---

[2] Os conceitos de *polity, politics* e *policies* podem ser revisitados na Seção 1.2 deste livro.

As constituições dos estados da Federação, bem como as leis orgânicas dos municípios[3], sofreram adequações após a promulgação da Constituição Federal de 1988, ocasionando um efeito cascata, ou seja, para não confrontarem a Carta Magna da nação, as leis estaduais e municipais foram alteradas. Isso se deu inclusive no âmbito do lazer, reproduzindo-se em grande escala o art. 6º da Constituição Federal (Araujo; Dominici; Cardoso, 2009). O problema é que, mais uma vez, provavelmente a inclusão do lazer como direito nas leis maiores de estados e municípios não foi fruto de mobilização, demanda ou pressão popular. Via de regra, o lazer somente figura nesses dispositivos como respeito à norma jurídica de subordinação à Constituição Federal.

3.4 O (não) lugar do lazer nas políticas públicas

Como registramos na seção anterior, o lazer passou a figurar como direito social de todos no Brasil a partir da promulgação da Constituição Federal de 1988. Todavia, a mera menção na Lei Maior não garantiu que o direito ao lazer pudesse ser usufruído por todos. Aliás, se a presença na Constituição Federal fosse garantia da efetivação de direitos, não teríamos problemas no Brasil no tocante à educação, à saúde e ao emprego, por exemplo, já que estes também estão elencados como direitos sociais na Lei Maior. Como sabemos, enfrentamos graves dificuldades nessas áreas, porém o caso do lazer é um pouco mais complexo. Mesmo com todos os evidentes problemas na educação e na saúde pública, por exemplo, sabe-se que o Estado brasileiro promove, de maneira

---

[3] A lei orgânica trata-se de uma espécie de constituição municipal, sendo considerada a lei mais importante que rege os municípios e o Distrito Federal. Cada município brasileiro pode determinar suas leis orgânicas, contanto que estas não infrinjam a ConstituiçãoFederal, a Constituição Estadual e as demais leis da Federação ou dos estados.

efetiva, muitas políticas públicas para essas áreas, como construção de escolas, hospitais, unidades básicas de saúde, contratação de médicos e de professores. Já no caso do lazer, apesar de existirem algumas políticas públicas, estas são incipientes, desconexas e insuficientes. Considerando esse panorama, problematizaremos a ausência de legislação que regulamente as políticas de lazer e a pequena intervenção pública nesse campo.

Com base no que expusemos até este ponto do texto e na compreensão do campo político-burocrático como espaço de disputas e imposição de demandas, parece coerente relacionar a ausência de políticas públicas de lazer no Brasil à insuficiência de demandas organizadas em prol do lazer. Isso provavelmente ocorre porque, para o Estado, as exigências sempre são maiores que sua capacidade de concretizar políticas públicas. Logo, entendendo a gestão como a arte de dar prioridade, as áreas nas quais há mais demandas acabam sendo priorizadas. Assim, verificam-se mais políticas públicas na área de educação ou de saúde do que na área do lazer, por exemplo.

Além disso, a ausência de demanda no campo do lazer pode ser observada inclusive na dimensão jurídico-institucional pós-Constituição de 1988, uma vez que nenhum tipo de legislação em nível federal detalhou o que seria o direito de todos ao lazer e qual a forma de concretizá-lo. Entendendo que a Constituição é uma lei genérica que estabelece princípios e valores, o período após a promulgação de uma constituição deve ser seguido de sua regulamentação por meio de leis infraconstitucionais. No caso do lazer, nenhuma lei foi debatida ou entrou em vigor. Isso gera um círculo vicioso: o lazer não é demandado porque não é detalhado por lei complementar e a lei complementar não é criada por falta de demanda. De tal modo, não observamos elementos que incitem o processo conflituoso em torno de uma política pública de lazer, não existindo a constituição de políticas públicas relevantes nessa área, salvo raras exceções.

Em virtude dessa presença ausente – presente sem reconhecimento ou detalhamento – do lazer como direito social na ordem do sistema político, delineada pelo sistema jurídico, outra ausência se faz observar, qual seja: a ausência do lazer na estrutura institucional do sistema político administrativo em municípios, estados e União. No governo federal, por exemplo, dos 39 ministérios (ou órgão equivalente com *status* de primeiro escalão) em 2015, nenhum se referia, em seu nome ou sua missão, ao desenvolvimento de políticas públicas de lazer. No âmbito municipal, em pesquisa[4] recente por nós realizada em 79 municípios do estado do Paraná, observamos que nenhum deles conta com pasta específica voltada ao lazer, e que este, em geral, é de responsabilidade das secretarias ou dos departamentos municipais de esporte, mostrando claramente uma subordinação do lazer a apenas uma de suas possibilidades, a dimensão física.

> A ausência de demanda no campo do lazer pode ser observada inclusive na dimensão jurídico-institucional pós-Constituição de 1988, uma vez que nenhum tipo de legislação em nível federal detalhou o que seria o direito de todos ao lazer e qual a forma de concretizá-lo.

Em uma abordagem neoinstitucionalista[5], encontramos a visão de Marques (1997, p. 82) a respeito das influências das instituições, que, segundo o autor, se desenrola de três formas:

> *Em primeiro lugar, a própria formulação das representações sobre a política e a possibilidade de sucesso nas demandas são mediadas pela formação histórica daquele Estado e suas instituições políticas.*
>
> [...]

---

[4] Pesquisa "Análise dos agentes públicos do Sistema Nacional de Esporte", realizada entre 2013 e 2015 pelo Grupo de Estudos e Pesquisa em Políticas Públicas de Esporte e Lazer (GEPPOL) da Universidade Estadual de Maringá (UEM) e financiada pelo Ministério do Esporte e CNPq a partir da Chamada n. 091/2013 – Seleção pública de projetos de pesquisa científica, tecnológica e de inovação, voltados para o desenvolvimento do esporte em suas diferentes dimensões.

[5] De maneira simplificada, o neoinstitucionalismo busca "elucidar o papel desempenhado pelas instituições na determinação de resultados sociais e políticos" (Hall; Taylor, 2003, p. 194).

> Em segundo lugar, os grupos de interesse se formam e produzem suas agendas em diálogo com a reprodução de suas questões em estruturas organizacionais e agências estatais existentes. Nesse sentido, a criação de uma agência [ou outro tipo de estrutura burocrática na estrutura institucional do sistema político administrativo] responsável por determinado tema ou política gera, por si só, um potencial aumento de demandas por aquele tema, provocando uma possível alteração na agenda de questões que são levadas ao Estado. [...]
>
> [...] a formação de preferências não é externa aos acontecimentos políticos, mas, em grande parte, por eles produzida.
>
> Em terceiro lugar, as instituições políticas medeiam a relação entre as estratégias dos agentes e a implantação de determinadas políticas públicas. A existência e o desenho das instituições permitem que demandas expressas de formas similares por atores de poder equivalente tenham resultados totalmente diversos [...].

Assim, a presença ausente do lazer na estrutura institucional do sistema político-administrativo em municípios, estados e governo federal e como direito social na ordem do sistema político delineada pelo sistema jurídico impacta fortemente a demanda política nessa área.

De toda forma, o que observamos hoje no Brasil são políticas públicas para o lazer desenvolvidas no Ministério do Esporte, em secretarias ou departamentos de esporte, ocupando, em geral, apenas um pequeno espaço perante suas múltiplas possibilidades. Nos municípios, é comum que o lazer seja reduzido à recreação[6]. Os gestores municipais promovem ações como ruas de lazer ou ônibus de recreação com atividades recreativas voltadas apenas às crianças. Isso restringe muito a ação do Poder Público no que diz respeito à faixa etária; afinal, o lazer é um direito de todos, e não apenas de uma pequena parcela (no caso, a população de crianças). Sua ação também fica restrita quanto às múltiplas

---

[6] Por vezes, a recreação é entendida apenas como atividade, difundida por meio de "'manuais práticos', como 'receitas' de atividades recreativas" (Gomes, 2003, p.36).

possibilidades de atividades de lazer, que vão muito além de atividades recreativas, podendo envolver atividades artísticas, culturais, manuais, físicas, turísticas, entre tantas outras. Com esse tipo de intervenção pública, pouco se conquista no que diz respeito, por exemplo, à capacidade de transformação social por meio do lazer, tampouco se contempla os pilares da disponibilidade, da acessibilidade e da educação, discutidas na Seção 3.1.

Uma das poucas exceções de políticas públicas de lazer mais complexas e efetivas é o Programa Esporte e Lazer da Cidade (Pelc), ação do Ministério do Esporte sobre a qual versaremos na seção que segue.

3.4.1 Programa Esporte e Lazer da Cidade (Pelc)[7]

Sinteticamente, o Pelc objetiva "suprir a carência de políticas públicas e sociais que atendam às crescentes necessidades e demandas da população por esporte recreativo e lazer, sobretudo daquelas em situações de vulnerabilidade social e econômica, reforçadoras das condições de injustiça e exclusão social a que estão submetidas" (Brasil, 2010g).

O Pelc surgiu em 2003 e até o ano de 2016 foi continuado pelas diferentes administrações que assumiram o governo federal. As ações propostas por esse programa contemplam o esporte recreativo, entre outras atividades de lazer. Os termos *esporte* e *lazer*, que figuram no nome do programa, constituem, nas palavras de Castellani Filho (2007, p. 5), "fenômenos distintos, mas de certa forma, confluentes, à medida que o primeiro, em sua dimensão recreativa, dissociada da busca do rendimento, encontra no lazer a possibilidade concreta de expressão".

---

[7] O texto que integra esta seção é uma síntese de artigo que publicamos anteriormente em parceria com Wanderlei Marchi Júnior. Para saber mais, consulte Starepravo e Marchi Júnior (2013).

Os objetivos do programa são ampliar, democratizar e universalizar o acesso à prática e ao conhecimento do esporte recreativo e de lazer, integrando suas ações às demais políticas públicas, favorecendo o desenvolvimento humano e a inclusão social. Para tanto, o Pelc apresenta três eixos centrais que foram operacionalizados por meio de quatro estratégias, que, por sua vez, desdobram-se em ações específicas, com conotação realmente finalística. Cabe registrarmos, entretanto, que o Pelc foi criado como uma espécie de programa guarda-chuva da então Secretaria Nacional de Desenvolvimento do Esporte e Lazer, que abrange várias ações, dentre elas o Funcionamento de Núcleos do Pelc, que será referenciado aqui como "Pelc Projeto Social".

O Pelc é uma ação que atende à população por meio da atuação sistemática em núcleos do programa. Desde sua criação, esteve amparado nas experiências de gestões municipais do Partido dos Trabalhadores (PT), com o objetivo de proporcionar ao cidadão a efetivação dos direitos ao esporte e ao lazer.

A concretização do programa se dá mediante convênios entre o Ministério do Esporte e instituições estatais estaduais, municipais e federais, além de entidades privadas sem fins lucrativos. Está previsto no programa o funcionamento de núcleos com atividades esportivas e de lazer numa perspectiva intergeracional (Núcleos do Pelc para todas as idades) ou voltadas a grupos específicos (Núcleos do Pelc Vida Ativa e Núcleos Pelc/Pronasci). O Pelc pode, ainda, promover a construção e/ou a manutenção de espaços para o funcionamento dos núcleos. Além disso, promove o processo de formação das pessoas que trabalharão nos núcleos e exige alguns procedimentos com vistas à consolidação da política pública, como participação popular e universalização do acesso ao esporte e ao lazer.

Apesar de dificuldades financeiras no decorrer de sua história, graças a emendas parlamentares, o Pelc conquistou certa expressão, mas ficou longe de alcançar a escala almejada e de atender à necessidade evidenciada. Consta no relatório do Plano de avaliação do Plurianual 2004-2007 (Brasil, 2008), por exemplo, que no ano de 2007, 2 milhões de pessoas foram atendidas de forma sistemática pelo Pelc. Somando-se os eventos promovidos, esse número chegaria a quase 3 milhões de pessoas (menos de 15% de taxa de atendimento da demanda de esporte recreativo e de lazer às pessoas em situação de vulnerabilidade social). No mesmo relatório consta como uma das principais realizações do Pelc: "Ações educativas: com o funcionamento de 548 núcleos Pelc/Vida Saudável, e chamada pública com 1.624 pleitos, sendo 172 encaminhados para conveniamento, pelos limites orçamentários das ações, e seleção pública e formação de multiplicadores do Programa" (Brasil, 2008, p. 28).

As justificativas para a pequena escala de atendimento do programa no relatório do PPA estão relacionadas a baixo orçamento, falta de recursos humanos e incapacidade das entidades proponentes para efetivação dos convênios. Com relação ao orçamento:

> Tem havido dificuldade na obtenção de créditos orçamentários adicionais, uma vez que ações que receberam uma demanda, na chamada pública, de mais de R$ 300 milhões para um orçamento de R$ 21 milhões, e não foi possível obter suplementação orçamentária. Em alguns momentos, a falta de limite financeiro do Ministério prejudicou o andamento dos pleitos Emendas parlamentares liberadas quando se aproximava o final do exercício também prejudicaram a execução. (Brasil, 2008, p. 30)

Os recursos humanos foram uma dificuldade tanto dentro da equipe do Ministério quanto nas entidades conveniadas: "Em relação aos recursos humanos, a equipe é restrita para a grande demanda. A maior parte dos funcionários possui pouca qualificação profissional na área de atuação" (Brasil, 2008, p. 30). Além disso, foram observadas "dificuldades das entidades para organizar os projetos e documentos, de acordo com as exigências legais" (Brasil, 2008, p. 29). Apesar de tais dificuldades e entraves, o Pelc, que em sua gênese objetivava atender à população em seu direito de acesso ao esporte e lazer, mesmo tendo uma pequena escala de atendimentos, foi de grande contribuição como o modelo conceitual que rompeu com o que vinha sendo realizado no subcampo político-burocrático de esporte e lazer.

Resgatando nosso objetivo na exposição feita na Seção 3.4, observamos que o lazer como direito social, que não foi fruto de mobilização e reivindicação social, consta na Constituição Federal de 1988, mas não é objeto de intervenções do Estado brasileiro por meio de políticas públicas. Ao figurar como direito social na Constituição, esperava-se ao menos que o Estado brasileiro tivesse a iniciativa de propor uma legislação complementar para detalhar o direito ao lazer, os limites do Poder Público e as responsabilidades de cada ente federado (União, estados e municípios). Isso não ocorreu, gerando uma situação de desresponsabilização do Estado perante o lazer. No que concerne a estruturas burocráticas, o lazer, em geral, é negligenciado e, quando tratado, está subordinado à pasta do Esporte. As políticas públicas são incipientes, limitadas e focalizadas, não dando conta da complexidade e da abrangência do tema.

O Pelc foi uma exceção nesse cenário, ao propor uma intervenção que busca contemplar as múltiplas possibilidades do lazer, envolvendo a comunidade, formando recursos humanos e buscando a autonomia e a formação por meio do lazer. Apesar das qualidades apresentadas, o programa sofreu restrições orçamentárias e barreiras burocráticas, como dificuldades em conveniamentos e falta de recursos humanos. De toda forma, o programa aponta para uma realidade possível de intervenção pública no campo do esporte com qualidade e com vistas à transformação social. Porém, de maneira geral, podemos dizer que não há um espaço para o lazer na agenda pública brasileira e que, diante de sua importância, descortina-se a necessidade de defesa do direito ao lazer e sua efetiva garantia por meio de políticas públicas.

3.5 Lazer, política e atuação profissional

Como destacado no decorrer deste capítulo, o lazer, além de suas acepções relacionadas a tempo livre, prazer e mercadoria, apresenta características de participação, autonomia e democracia que desafiam agentes públicos na efetivação de políticas para o setor. Trata-se de uma área complexa, que não admite uma atuação simplista.

Pudemos notar que o Estado tem atuado de maneira apenas limitada no que diz respeito às demandas do lazer da população brasileira. O avanço para políticas públicas mais efetivas nesse campo depende de uma série de fatores, como financiamento, espaço na agenda pública e educação para o lazer. Uma parte da responsabilidade recai também sobre os profissionais, do setor público e privado, que atuam nessa área. Mesmo não sendo uma demanda exclusiva do campo de educação física, sabemos que esta é a área que prioritariamente trabalha com o lazer. Assim, explicaremos a relação entre política, lazer e atuação profissional.

Nas palavras de Isayama (2009, p. 408):

> *A ampliação de ofertas de trabalho para o profissional da Educação Física no âmbito do lazer tem resultado no aparecimento de uma diversidade de funções, que se podem assumir desde a administração até a organização e execução das vivências. Pode-se observar o aparecimento de um promissor mercado de trabalho em lazer, o que permite destacar a presença desses profissionais em diferentes instituições privadas (acampamentos, clubes, colônias de férias, hotéis, empresas de eventos e academias de ginástica, dentre outras) e públicas (prefeituras, centros comunitários, parques, universidades, secretarias, museus, entre outras).*

O profissional que atua no campo das políticas públicas para o lazer pode desempenhar uma diversidade de funções, entre elas administração, organização, coordenação, planejamento e execução de vivências (Marcellino et al., 2007). Nesse sentido, aumenta-se a exigência por um profissional com boa formação, atento à sociedade em que vive, apto a atuar nos diferentes espaços, com pessoas e grupos diferenciados, ciente de que a intervenção exige conhecimentos específicos sobre o lazer ou relacionadas a ele, como a recreação, o lúdico, o prazer, entre outros.

Segundo Isayama (2009, p. 408-409):

> Na área da Educação Física, ainda prevalece um entendimento de que o profissional que atua com lazer deve levar as pessoas a esquecer os seus problemas cotidianos, de modo a auxiliá-las no trabalho do dia seguinte ou da próxima semana. Nesse contexto, sua ação se restringe à organização de jogos e brincadeiras que incentivem o agrupamento das pessoas, ou na animação de festas e bailes. [...] Nessa perspectiva, não há qualquer possibilidade de reconhecimento dos problemas ou limites encontrados em nossa realidade que possam ser abordados criticamente e enfrentados através da expressão cultural.

Isso vai na contramão de tudo aquilo que comentamos sobre o potencial formador e transformador do lazer. Faz-se necessário, nesse contexto, repensar a formação e a atuação profissional no campo do lazer, que pode ser base para o empreendimento de ações politicamente engajadas e comprometidas com a mudança das realidades de injustiça e exclusão social.

Ainda de acordo com Isayama (2009, p. 411):

> A animação sociocultural [ou a atuação profissional no lazer], assim, busca se alicerçar na vontade social e no compromisso político-pedagógico de promover mudanças nos planos cultural e social. Portanto, uma ação preocupada com essas questões pode contribuir com o efetivo exercício de cidadania e com a melhoria da qualidade de vida, buscando a transformação social, no sentido de tornar a nossa sociedade mais justa e humanizada.

O profissional que atua no campo das políticas públicas de lazer tem de assumir suas responsabilidades pedagógicas e políticas – muito distante de uma atuação meramente voltada ao divertimento e à distração dos sujeitos –, engajadas nas possibilidades de desenvolvimento social e educacional para e pelo lazer, qualificando a demanda por serviços públicos, inexistente para determinadas parcelas da população.

Tais profissionais devem ainda estar atentos ao significado do serviço público, do bem comum, e da atuação do Estado no campo das políticas sociais. O que vemos hoje, em geral, é que gestores públicos, normalmente sem formação em Educação Física ou área correlata, concebem o lazer como redentor de problemas sociais. Entendem que a simples oferta de políticas de lazer levará o sujeito a afastar-se das drogas, da violência e de outros graves problemas sociais. Essa é uma visão simplista e limitada do lazer e de suas potencialidades.

Falta a gestores e profissionais que atuam com políticas públicas de lazer uma sólida formação cultural, social e política. Também se faz desejável que os profissionais adquiram competências profissionais, como as mencionadas na Seção 2.5, quando nos referimos ao campo de atuação da Educação Física nas políticas públicas de esporte.

Espera-se, então, que os profissionais de educação física envolvidos com as políticas públicas de lazer, em cargos técnicos ou de gestão, busquem constantemente a formação necessária para uma intervenção qualificada no meio social. Atuar no campo das políticas públicas de lazer vai muito além de proporcionar divertimento, alegria e satisfação às pessoas. Pressupõe uma atuação crítica e consciente das possibilidades transformadoras do lazer por meio de ações que disponibilizem o acesso e eduquem as pessoas para e pelo lazer.

Considerando que o lazer é um direito social no Brasil, e que cabe ao Estado – por meio de governo federal, governos estaduais e prefeituras – promover políticas nessa área, abre-se um amplo campo de atuação profissional para os que se dedicam à educação física. É possível trabalhar com políticas públicas de lazer estando em cargos de gestão ou em cargos técnicos no Poder Público;

> *Espera-se que os profissionais de educação física envolvidos com as políticas públicas de lazer, em cargos técnicos ou de gestão, busquem constantemente a formação necessária para uma intervenção qualificada no meio social.*

também se pode atuar em instituições da iniciativa privada que se unem aos entes estatais para oferecer possibilidades de lazer à população. O conhecimento aprofundado do lazer, de suas características e possibilidades, de seu desenvolvimento histórico na articulação com o Estado (incluindo as características deste e sua ação) podem qualificar sobremaneira a atuação profissional na área, gerando, em última instância, um melhor atendimento à população em seu direito ao lazer.

Síntese

Neste capítulo, tratamos das possíveis relações entre lazer e política, destacando que, além da tradicional conceituação do lazer como tempo e atitude, este pode ser um tempo/espaço de formação, desenvolvimento e transformação da sociedade.

O lazer, no Brasil, passou a fazer parte da pauta estatal, assim como o esporte, durante o Estado Novo, quando o Estado brasileiro reconheceu o direito ao lazer aos trabalhadores assalariados com carteira assinada. Esse grupo social, por décadas, foi aquele que gozou de direitos no Brasil, o que mostra o caráter restrito de atuação do Estado, inclusive na área de lazer.

Na Constituição Federal de 1988, tal quadro se alterou quando o lazer foi reconhecido como direito social, assim como a educação e a saúde. A partir daquele momento, todo brasileiro, independentemente de sua condição de trabalhador ou não, passou a ter garantido legalmente o direito ao lazer. Porém, como demonstramos, não houve, após a promulgação da Constituição, movimentação política com o propósito de garantir a efetividade desse direito social. De tal modo, não há uma legislação infraconstitucional que trate do lazer, cujo espaço no Poder Público normalmente está atrelado à área de esporte. Assim, restringe-se o lazer a uma das suas manifestações, o lazer físico-esportivo.

De toda forma, constatamos que o lazer, na interface com as políticas públicas, é um espaço privilegiado de atuação do profissional de Educação Física, que deve ter uma formação ampla e crítica sobre as possibilidades do lazer também como um direito e espaço de formação do ser humano.

Indicações culturais

Programa de TV

PROFISSÃO Repórter. Lazer nas periferias. GloboPlay, 11 out. 2017. Disponível em: <https://globoplay.globo.com/v/6211797/>. Acesso em: 11 jun. 2018.

Programa exibido na Rede Globo de televisão que aborda conteúdos socialmente relevantes dos bastidores da política. Esse episódio desvenda algumas questões sobre o lazer em periferias de cidades brasileiras.

Vídeo

RENATO Janine Ribeiro. Trabalho, lazer e televisão. Disponível em: <https://www.youtube.com/watch?v=LqI6V9sJb6Y>. Acesso em: 11 jun. 2018.

Nesse vídeo, o professor e pensador brasileiro Renato Janine Ribeiro reflete sobre o espaço do lazer na sociedade contemporânea.

Atividades de autoavaliação

1. Sobre a ampliação do entendimento do lazer, é correto afirmar:

    a) Podemos pensar o lazer como espaço de participação, autonomia e democracia, deixando de ser monopólio ou instrumento daqueles que concentram o poder econômico, constituindo-se instrumento político e pedagógico de transformação social.

b) Se compreendermos o Estado como ente responsável por garantir certa equidade social no que diz respeito ao acesso aos recursos econômicos e aos bens culturais, descarta-se a necessidade de políticas públicas que permitam às pessoas ter contato com as múltiplas possibilidades de vivência no lazer.

c) Uma política pública atuante e comprometida com a realidade do lazer no país deveria se concretizar fundamentalmente em três vias: disponibilização, acessibilidade e diversão.

d) Grande maioria da população de nosso país vive no contexto rural, o que diminui o impacto de problemas sociais como falta de segurança, ineficiência dos serviços públicos ou a cultura do medo, proporcionando maiores possibilidades de usufruto do lazer.

2. Assinale a alternativa **incorreta** no que diz respeito à garantia do lazer aos trabalhadores no Brasil:

a) O Decreto-Lei n. 5.452, de 1º de maio de 1943, que aprovou a Consolidação das Leis de Trabalho (CLT), reconheceu ao trabalhador com carteira assinada tempo livre do trabalho representado pelos intervalos obrigatórios entre jornadas, descanso semanal remunerado e férias anuais.

b) O Serviço de Recreação Operária (SRO) foi criado na década de 1940 e, em parceria com os sindicatos, encarregou-se de organizar e coordenar as diversas atividades culturais e esportivas para os trabalhadores sindicalizados e suas famílias.

c) Nesse período inicial de intervenção do Estado no campo do lazer, houve uma nítida intenção de usá-lo como um instrumento para prazer e emancipação.

d) O Sistema S foi responsável por ofertar espaços destinados ao esporte e lazer dos trabalhadores e suas famílias, voltados também à educação e à sociabilização dos trabalhadores.

3. É **incorreto** afirmar sobre o movimento pela constitucionalização do lazer no Brasil:

   a) O EPT, importante ação que influenciou a constitucionalização do lazer no Brasil, foi uma campanha para a massificação do esporte no país e objetivava produzir um "lazer verdadeiro" nas cidades; para tanto, concentrava-se nas proximidades da moradia e do local de trabalho dos participantes.

   b) A Constituição Federal de 1988 define os direitos sociais de todos os cidadãos brasileiros, dentre os quais se encontra o lazer.

   c) O lazer foi amplamente reivindicado como direito social no processo constituinte.

   d) As constituições dos estados da Federação, bem como as leis orgânicas dos municípios, sofreram adequações após a promulgação da Constituição Federal de 1988, garantindo o lazer como direito social também no nível local.

4. Sobre o lazer após a Constituição Federal de 1988, é correto afirmar:

   a) A ausência de demanda em torno do lazer pode ser observada inclusive na dimensão jurídico-institucional pós-Constituição de 1988, uma vez que nenhum tipo de legislação em nível federal detalhou o que seria o direito de todos ao lazer e qual a forma de concretizá-lo.

b) Se referir a uma presença ausente do lazer na estrutura institucional do sistema político administrativo em municípios, estados e governo federal equivale a dizer que o lazer tem atenção prioritária do Estado brasileiro, mas que o cidadão é ausente nessas ações.

c) Os gestores municipais, em geral, promovem ações que atendem a todas as manifestações do lazer.

d) O Pelc tem como objetivos centrais ampliar, democratizar e universalizar o acesso à prática e ao conhecimento do esporte de rendimento, visando à preparação de equipes que representarão o Brasil em competições internacionais.

5. Assinale a afirmativa **incorreta** sobre lazer, política e profissão:

a) Há um promissor mercado de trabalho em lazer, em instituições privadas (acampamentos, clubes, colônias de férias, hotéis, empresas de eventos e academias de ginástica, entre outras) e públicas (prefeituras, centros comunitários, parques, universidades, secretarias, museus, entre outras).

b) Busca-se um profissional com boa formação, atento à sociedade em que vive, apto a atuar nos diferentes espaços, com pessoas e grupos diferenciados, ciente de que a intervenção exige conhecimentos específicos sobre o lazer ou relacionadas a ele, como a recreação, o lúdico e o prazer.

c) O profissional que atua no campo das políticas públicas de lazer tem de assumir uma atuação meramente voltada ao divertimento e à distração dos sujeitos, qualificando a demanda por serviços públicos, inexistente para determinadas parcelas da população.

d) Considerando-se que o lazer é um direito social no Brasil e que cabe ao Estado, por meio de governo federal, governos estaduais e prefeituras, promover políticas nessa área, abre-se um amplo campo de atuação profissional para os profissionais de educação física.

■ Atividades de aprendizagem

Questões para reflexão

1. Como as condições de emergência do lazer como direito social no Brasil reflete nas poucas ações do Poder Público nessa área?

2. Você considera que o lazer em sua amplitude é uma demanda profissional exclusiva do profissional ou professor de Educação Física? Por quê? Quais as competências esperadas de um profissional ou professor de Educação Física que atua com políticas de lazer?

Atividades aplicadas: prática

1. Discuta com colegas e familiares quais as principais práticas de lazer das pessoas e como o Estado poderia intervir para ampliar a oferta de atividades voltadas a essa área.

2. Examine seu bairro ou cidade atentando para possibilidades públicas de lazer, refletindo se tais espaços e/ou atividades contemplam os três pilares apontados como importantes para as políticas públicas da área: acessibilidade, disponibilidade e educação.

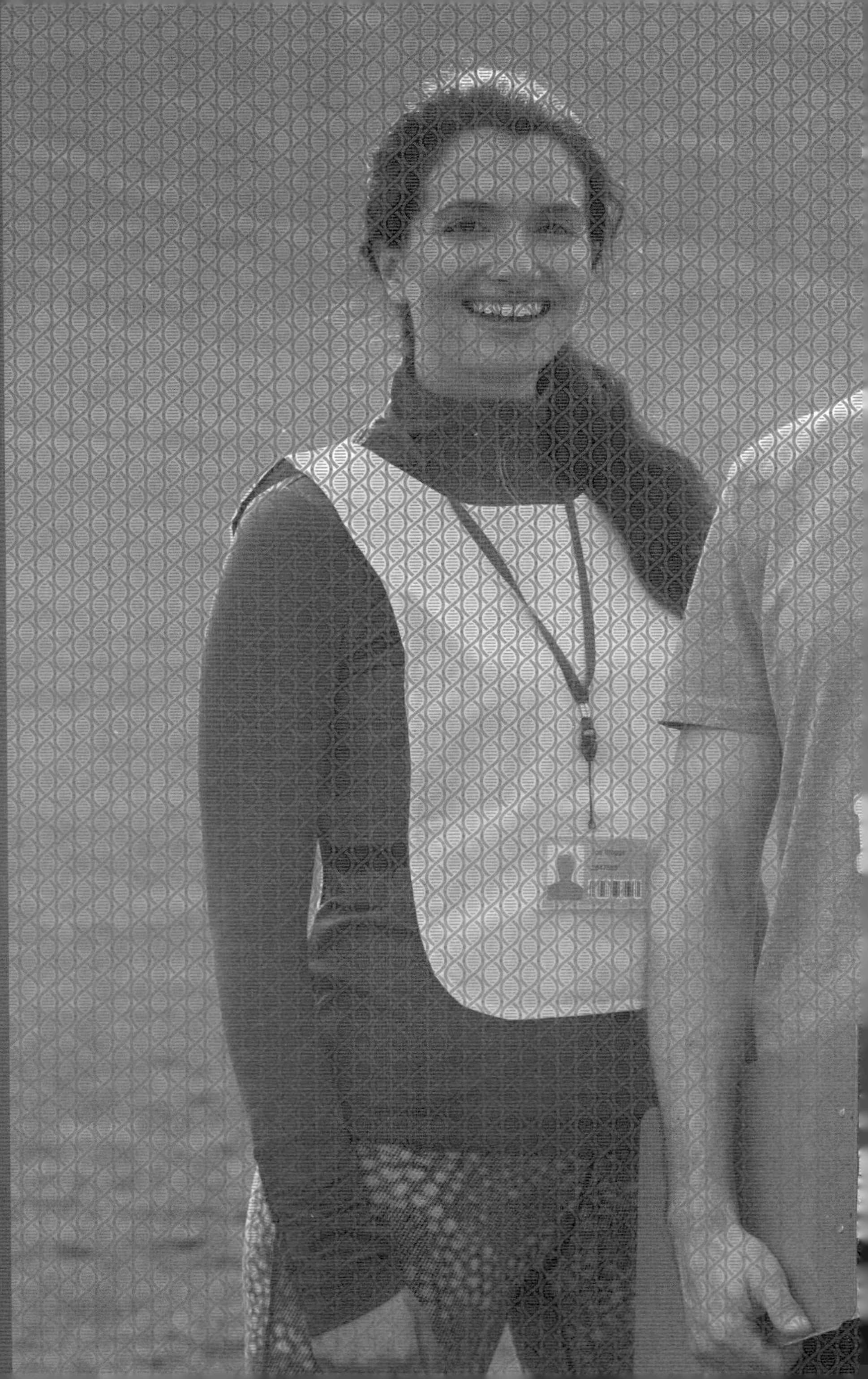

Capítulo 4

Educação física e política

Vânia de Fátima Matias de Souza

Discutir sobre política e sua relação com a área da educação física no contexto escolar tem constituído uma ação necessária para o fazer docente; afinal, refletir sobre o trabalho do professor ou educador físico torna-se uma dinâmica de compreensão e busca pelo entendimento acerca das mudanças conjunturais e estruturais pelas quais a sociedade brasileira tem passado, em especial nas últimas décadas, já que estas influenciam o campo de atuação desse profissional.

É provável que você já tenha se questionado sobre quais as implicações das ações político-governamentais e das políticas públicas para o exercício da sua atuação profissional como educador, mesmo antes de ler este livro. Caso ainda não tenha sido tomado por essa inquietude, este é um bom momento; afinal, todas as nossas ações no campo do labor profissional estão vinculadas a essas ações políticas, como observamos nos capítulos precedentes. Para ajudá-lo a refletir sobre essas questões, continuaremos a análise acerca da relação entre política e educação física para que você seja capaz de compreendê-la e problematizá-la, agora tratando especificamente do ambiente escolar.

4.1 Política e a área de educação física

Os caminhos e as ações educativas no ambiente escolar são influenciados pelas relações sociais e políticas tecidas na sociedade. Assim como outros espaços de intervenção da educação física, a prática educativa – da educação física escolar, do esporte educacional e do treinamento, por exemplo – é estruturada e organizada conforme as necessidades e realidades sociais apresentadas em cada contexto, ou seja, de acordo com a realidade de cada grupo atendido.

Tendo esse olhar, entendemos a educação física como uma área de conhecimento que integra e dialoga com outras áreas e campos de intervenção profissional e acadêmica, desenvolve sua ação educativa no contexto escolar e integra os saberes e conhecimentos produzidos ao longo da história da sociedade. Por essa razão, entender os conceitos e a estrutura das políticas públicas é imprescindível para a atuação docente, de modo que a intervenção aconteça tanto nos espaços de educação formal quanto nos espaços não formais de ensino.

É importante destacar que as políticas públicas são marcadas por questões ideológicas dos grupos político-partidários que ocupam as pastas governamentais. Por isso, o processo democrático de escolha dos governantes é um ato essencial numa sociedade que busca a garantia de seus direitos; afinal, de acordo com Souza (2006, p. 36),

- *A política pública permite distinguir entre o que o governo pretende fazer e o que, de fato, faz.*
- *[...]*
- *A política pública é abrangente e não se limita a leis e regras.*
- *A política pública é uma ação intencional, com objetivos a serem alcançados.*
- *A política pública, embora tenha impactos no curto prazo, é uma política de longo prazo.*

Portanto, as políticas públicas se apresentam de formas diferenciadas de acordo com cada período de governo, seguindo suas intenções político-partidárias, mas, em geral, estão voltadas aos temas e interesses das áreas de saúde, transporte, segurança, moradia, educação, cultura, entre outras. Tendo essa compreensão, daremos destaque às políticas públicas que influenciaram e influenciam de maneira efetiva a área de atuação da educação física, ou seja, as políticas sociais e educacionais que têm se efetivado como ações governamentais que direcionam e regem desde a regulamentação profissional até a ação curricular exercida pelo professor de Educação Física que atua no contexto escolar.

As políticas sociais são descritas como conjuntos de diretrizes, orientações e ações que promovem na sociedade ações de governo que colaboram para a formação humana e para a

> *Entendemos a educação física como uma área de conhecimento que integra e dialoga com outras áreas e campos de intervenção profissional e acadêmica, desenvolve sua ação educativa no contexto escolar e integra os saberes e conhecimentos produzidos ao longo da história da sociedade.*

manutenção social. Enfim, é por meio das políticas sociais que o governo atua de forma efetiva na sociedade civil. Vieira (1992, p. 21-22) compõe uma definição clara acerca das políticas sociais:

> A política social consiste em estratégia governamental e normalmente se exibe sob a forma de relações jurídicas e políticas, não podendo ser compreendida por si mesma. Não se definindo a si, nem resultando apenas do desabrochar do espírito humano, a política social é uma maneira de expressar as relações sociais, cujas raízes se localizam no mundo da produção. Portanto, os planos, os projetos, os programas, os documentos referentes em certo momento à Educação, à Habitação Popular, às Condições de Trabalho e de Lazer, à Saúde Pública, à Previdência Social e à Assistência Social não se colocam como totalidades absolutas.

A compreensão do caminho das políticas sociais e educacionais de certa maneira nos auxilia a entender como se dá o desenvolvimento e a implementação dos projetos na educação física escolar, no lazer e nos esportes. A esse respeito, já dizia Marinho (2005, p. 35): "a educação física sempre constituía elemento indissociável da educação em todos os planos dos principais filósofos, pedagogos ou legisladores". Essa afirmação de Marinho (2005) se justifica pelo fato de que a área de educação física sempre esteve, ao longo da história, atrelada a determinadas concepções ideológicas e político-governamentais na sociedade.

Ao realizar questionamentos acerca de como essas ações efetivadas por meio de políticas sociais e educacionais têm influenciado o campo de atuação e intervenção da educação física, podemos citar exemplos da construção da própria história da área, uma vez que essa foi e é demarcada por ações e fatos ligados à construção ideológica e política da sociedade brasileira.

Um desses exemplos é dado por Custódio e Hilsdorf (1995), para quem a construção do modelo de educação física no Brasil data do período entre 1559 e 1759, por meio do trabalho dos jesuítas. Segundo os autores, o trabalho realizado à época seguia uma orientação jesuítica, fazendo-se o atendimento e a catequização das crianças nas aldeias, onde surgiu a organização dos primeiros núcleos de educação escolar do país. Para os autores, nesse processo de catequizar, embora não houvesse registro de aulas de Educação Física, as ações incluíam atividades ligadas ao movimento corporal, como prática de peteca, arco e flecha e atividades recreativas.

No Brasil Império, a educação começou a ser organizada. De acordo com Cardoso (2003), a preocupação com a educação passou a ser registrada nos documentos oficiais legislativos do governo brasileiro vinculados ao processo educativo em 1824, quando a Constituição do Império recomendou formalmente a escolarização aos brasileiros, tendo destaque no documento legislativo a orientação de que deveria haver a gratuidade da instrução primária.

No entanto, de acordo com Arantes (2002), essa escolarização não eram ainda para toda a sociedade brasileira; estava restrita a uma parcela da população, ou seja, era destinada à escolarização dos filhos de proprietários, que eram os detentores de direitos políticos e civis. Segundo Cunha Junior (2008, p. 60, grifo nosso) "a *educação physica* naquele período, articulava-se à alimentação, ao vestuário, ao exercício corporal e a degenerescência física, sendo que as atividades corporais gymnásticas foram efetivamente praticadas a partir de 1841", sendo os primeiros professores pessoas com patentes militares.

De acordo com Souza (2000), no século XIX, o debate no campo educacional foi caracterizado pela questão da educação popular. Havia o entendimento e a crença no poder da escola como fator de modernização, progresso e mudança social. A escola deveria atender a uma nova reconfiguração social e econômica do país, sendo, para tanto, necessário que acompanhasse o processo de urbanização e de industrialização que estava transformando o contexto familiar e social.

Como consequência dessas mudanças socais e econômicas na estrutura do país, segundo Souza (2000), a organização escolar foi modificada, o que se refletiu em especial nos métodos de ensino, nos livros e manuais didáticos, na estrutura física da escola e no processo de formação docente. As mudanças também se revelaram na inclusão de disciplinas como Ciências, Desenho e Educação Física (ou a *Ginástica* – como era inicialmente chamada), consolidando na escola esse modelo ideológico e político que passava a gerir a sociedade.

> *É, portanto, neste período que a escola passa a ser vista como a instituição responsável pela formação do sentimento de cidadania necessário para colocar o País rumo ao progresso e à consolidação da democracia, nos moldes dos países civilizados. Pois, se antes, numa visão quase que consensual dos homens da época, o atraso em que o País se encontrava era atribuído à escravidão, com a sua abolição definitiva, esse passa a ser atribuído à educação, por não cumprir ou cumprir precariamente seu papel social.* (Schelbauer, 1998, p. 64)

Segundo Pereira (2006), a história das políticas educacionais com foco na implementação da educação física no ambiente escolar ocorreu com a Reforma Couto Ferraz – Decreto n. 1.331, de 17 de fevereiro de 1854 (Brasil, 1854) –, tendo sua primeira inserção com a obrigatoriedade da ginástica e da dança, respectivamente nos ensinos primário e secundário. De acordo com Souza (2000), no século XIX iniciou-se a inserção da educação física no contexto escolar, em especial graças à figura política de Rui Barbosa – político, intelectual e educador que defendia um ensino menos verbalista, repetitivo e lotado de abstrações. Para ele, o ensino deveria partir de lições com significado para o aluno, de modo que este pudesse participar ativamente.

> *De acordo com Rui Barbosa, a educação física havia sido introduzida nos programas de ensino de vários países, tendo em vista sua função moralizadora, higiênica e patriótica. O substitutivo enumerava as finalidades morais e sociais da ginástica: agente de prevenção de hábitos perigosos*

> da infância; meio de constituição de corpos saudáveis, fortes e vigorosos; instrumento contra a degeneração da raça; ação disciplinar moralizadora dos hábitos e costumes; responsável pelo cultivo dos valores cívicos e patrióticos imprescindíveis à defesa da pátria.
>
> [...]
>
> A música e o canto também aparecem como componentes da educação física, conhecimentos considerados de grande relevância devido às suas particularidades, e contribuiriam para a formação do homem moderno. (Mormul; Machado, 2011, p. 272-273)

De acordo com Oliveira (1989, p. 87), em 1872, o movimento liderado por Rui Barbosa teve como propósito

> a paridade das aulas de Educação Física às demais disciplinas oferecidas pela escola elementar. [...] solicitou melhores condições físicas para as aulas, a prática da gymnastica segundo preceitos médicos e recomendações guiadas pela concepção de gênero, pedia também remuneração adequada aos docentes.

Segundo Arantes (2002, p. 102), há que se destacar o fato de a educação no contexto escolar ter sua presença marcada no

> século XIX pela utilização da Educação Física enquanto métodos ginásticos, ora sendo realizados pelos alunos em sala de aula, em que eram realizados exercícios localizados visando melhoria da saúde e, pela chamada ginástica alemã, que objetivava o condicionamento físico dos alunos do sexo masculino pela utilização de exercícios acrobáticos, exigindo disciplina e certo grau de hipertrofia muscular.

Ainda sobre o século XIX, Paiva e Paiva (2001, p. 78, citados por Arantes, 2008) destacam que, naquele momento, "a Educação Física oferecida nas escolas estava vinculada a realização da prática de exercícios elementares; movimentos parciais (analíticos), e de flexões, marchas, corridas, saltos simples, equilíbrios em terra firme". De acordo com Soares (2004, p. 71), o século XIX foi um século em que as publicações voltadas à

Educação Física, particularmente a escolar, privilegiam em suas propostas pedagógicas aquela de base anatomofisiológica retirada do interior do pensamento médico higienista. Consideram-na um valioso componente curricular com acentuado caráter higiênico, eugênico e moral, caráter este desenvolvido segundo os pressupostos da moralidade sanitária, que se instaura no Brasil a partir da segunda metade do século XIX.

Com a promulgação da primeira Lei de Diretrizes e Bases da Educação Nacional (LDBEN), a Lei n. 4.024, de 20 de dezembro de 1961 (Brasil, 1961), a disciplina Educação Física passou a estar relacionada às aulas para a juventude, as quais consistiam em ensinar a ginástica formativa e os fundamentos de jogo (modalidades esportivas coletivas).

Na Lei n. 5.692, de 11 de agosto de 1971 (Brasil, 1971) – a segunda LDBEN – deu-se destaque à educação física na sua inserção como atividade, uma vez que, segundo a referida lei, "nomeavam-se *Disciplina* aquelas com orientação teórica e por *Atividade* as de cunho prático sem reprovação exceto por faltas: Educação Artística, Inglês e Educação Física".

Especificamente, foi possível notar que a influência liberalista presente na Lei n. 4.024/1961 se efetivou por meio da afirmação tecnicista imposta à área nas leis subsequentes – Lei n. 5.540, de 28 de novembro de 1968 (Brasil, 1968), e Lei n. 5.692/1971. Como afirma Castellani Filho (1991, p. 108-109):

A compreensão da Educação Física enquanto "matéria curricular" incorporada aos currículos sob a forma de atividade – ação não expressiva de uma reflexão teórica, caracterizando-se, dessa forma, no "fazer pelo fazer" – explica e acaba por justificar sua presença na instituição escola, não como um campo do conhecimento dotado de um saber que lhe é próprio, específico – cuja apreensão por parte dos alunos refletiria parte essencial da formação integral dos mesmos, sem a qual, esta não se daria – mas sim enquanto mera experiência limitada em si mesma, destituída do exercício da sistematização e compreensão do conhecimento, existente apenas empiricamente. Como tal, faz reforçar a percepção da Educação Física acoplada, mecanicamente, à "Educação do físico", pautada numa compreensão de saúde de índole biofisiológica, distante daquela observada pela Organização Mundial de Saúde, compreensão essa, sustentadora do preceituado no § 1.º do art. 3º do Decreto n. 69.450/71, que diz constituir a aptidão física, "[...] a referência fundamental para orientar o planejamento, controle e avaliação da Educação física, desportiva e recreativa, no nível dos estabelecimentos de ensino".

No período da ditadura, a Educação Física foi tida pelos militares como a fonte de espetáculo e prática do esporte de rendimento. Segundo Darido e Rangel (2005, p. 4), os

> governos militares que assumiram o poder em março de 1964 passam a investir pesado no esporte, na tentativa de fazer da Educação Física um sustentáculo ideológico, na medida em que ela participaria na promoção do País através do êxito em competições de alto nível. Nesse período, a ideia central girava em torno do Brasil-Potência, no qual era fundamental eliminar as críticas internas e deixar transparecer um clima de prosperidade e desenvolvimento.

Em 1996, após passar por um período de redemocratização, o país teve sua reconfiguração política e social refletida também na deliberação de uma nova Lei de Diretrizes e Bases para a Educação. Em substituição à Lei n 5.692/1971, passou a vigorar a Lei n. 9.394, de 20 de dezembro de 1996 (Brasil, 1996), na qual a educação física passou a ser entendida como um **componente curricular**, inserida no contexto escolar como obrigatoriedade. Isso permitiu à área tornar-se efetivamente integrada de forma obrigatória na educação básica, passando a ser considerada uma importante área na constituição da formação do sujeito inserido no contexto escolar.

4.2 Políticas de inserção da educação física na escola

Entendemos que as políticas, na qualidade de ações governamentais, estruturam e normatizam a sociedade, exercendo influência direta na concepção ideológica nos campos da educação, da cultura, do lazer e do esporte no caso das ações políticas diretamente ligadas à educação física. Com base nessa compreensão, buscamos apresentar os marcos legais relacionados a legislações educacionais que recaíram sobre a educação física no contexto escolar ao longo da história. Assim o fizemos para que fique claro que as políticas educacionais estão relacionadas à inserção da educação física nas escolas; afinal, como afirma Libâneo (1998), as transformações do papel da escola e dos professores na sociedade pós-industrial sofreram grande influência das várias esferas da vida social, econômica, política e cultural, afetando também as escolas e o exercício profissional da docência.

Conhecer as dimensões política e histórica da educação física no contexto escolar é também um exercício de reflexão acerca das relações sociais, dos espaços de produção de conhecimento, da concepção ideológica que tem marcado os caminhos da sociedade e que exercem grande influência na formação profissional que se oferta e no modo como o processo educativo é delineado. De acordo com Sacristán (1999, p. 97), "a transformação da sociedade repercute de forma significativa na educação, nas escolas e na organização do trabalho dos docentes".

Essa relação político-governamental pode ser descrita com base nas perspectivas e orientações para o campo de atuação e intervenção em cada momento da história da educação física. De acordo com Libâneo (1998), a partir dos anos 1980, inúmeras mudanças de ordem política, econômica e social que sucederam o processo de redemocratização do país inscreveram uma ideia de escola como espaço de direito público – ou seja, de todos –, mesmo que inicialmente, segundo o autor, essa tenha sido uma realidade utópica e ideológica.

A educação formal é uma ação que acontece prioritariamente no contexto escolar, tendo na figura do professor a ação central para o desenvolvimento e a efetivação dos objetivos educacionais esperados e projetados pela legislação educacional. No entanto, de acordo com Aranha (1996, p. 218), para que o processo educativo se efetive de maneira significativa, alcançando os resultados esperados, há "a necessidade da valorização do magistério", e também de se repensar a escola.

Nas décadas de 1980 e 1990, explica Moraes (2003, p. 22), as discussões em torno da educação apresentaram duas questões principais: "a democratização do ensino e a reorganização da escola, segundo as novas exigências econômicas e tecnológicas de produção"; as quais estavam essencialmente ligadas à consolidação da Constituição Federal de 1988 e à determinação desta para a construção de uma Lei de Diretrizes e Bases para a Educação que suprisse as necessidades e expectativas do novo cenário político, econômico e social da sociedade brasileira. Afinal, como declara Alarcão (2001, p. 12), a escola deve ser um espaço "onde se realize com êxito a interligação entre três dimensões da realização humana: a pessoal, a profissional e a social. E onde se gerem relações, comprometimentos e afetos".

A escola é uma instituição na qual se tem a oportunidade de efetivar a transformação do sujeito; para tanto, faz-se necessário que o agente dessa transformação – o professor – tenha uma qualificação, uma formação que lhe permita olhar para o mundo, dando ao aluno a oportunidade do conhecer ideológico e político que lhe permitam transformar e se transformar. Afinal, como deve ser a formação do professor que atua no ambiente escolar?

> *No sentido rigoroso da expressão, formar alguém não é apenas transmitir informações e habilidades ou socializar técnicas e modelos. Acima de tudo, é fixar uma perspectiva, ou seja, estabelecer parâmetros intelectuais, éticos e políticos. Trata-se de um processo de preparação para a vida, de articulação e de totalização dos saberes, de diálogo com a história e a cultura. Desse ponto de vista, o formar inclui a capacitação, ou seja, a instrumentalização de pessoas para uma melhor inserção numa dada área profissional ou no mercado de trabalho. (Nogueira, 2005, p. 177)*

De acordo com a legislação vigente, a Lei n. 9.394/1996 define que:

> Art. 62. *A formação de docentes para atuar na educação básica far-se-á em nível superior, em curso de licenciatura plena, admitida, como formação mínima para o exercício do magistério na educação infantil e nos cinco primeiros anos do ensino fundamental, a oferecida em nível médio, na modalidade normal.* (Brasil, 1996)

Em geral, ainda existe a discussão sobre a necessidade de uma formação com qualidade, seguida por capacitações que permitam ao professor refletir acerca de sua prática cotidiana, repensando os pressupostos políticos e pedagógicos que envolvem o contexto escolar. De acordo com Morin (2002), nesse debate, é preciso entender que, ao tratarmos da capacitação docente, estamos nos referindo ao trabalho com disciplinas e saberes que podem ser tratados de forma separada ou fragmentada. Assim, a formação está relacionada à busca por promoção, interação e articulação entre os conhecimentos e saberes da prática cotidiana e a produção cientifica.

Para Nóvoa (1995), as discussões acerca da formação docente profissional também estão vinculadas à construção de pertencimento a determinado campo de trabalho; em geral, vai sendo construída por meio das singularidades de ação, reação e interação enriquecidas pelas trocas de experiências e de aprendizagens e pelas interações sociais que vão mobilizando nossos percursos profissionais e compondo nossas maneiras de ser e de estar na profissão.

Com base nessa concepção, é possível compreender que a identidade profissional do professor de educação física se constrói nas experiências que ele tem no campo do estágio curricular obrigatório da formação inicial e se consolida e se efetiva no trabalho docente. Isso acontece quando o profissional acolhe a diversidade de possibilidades de atuação, haja vista que o trabalho docente, segundo Oliveira (2010),

Trata-se de uma categoria que abarca tanto os sujeitos que atuam no processo educativo nas escolas e em outras instituições de educação, nas suas diversas caracterizações de cargos, funções, tarefas, especialidades e responsabilidades, determinando suas experiências e identidades, quanto as atividades laborais realizadas. Compreende, portanto, as atividades e relações presentes nas instituições educativas, extrapolando a regência de classe. Pode-se, assim, considerar sujeitos docentes os professores, educadores, monitores, estagiários, diretores, coordenadores, supervisores, orientadores, atendentes, auxiliares, dentre outros. O trabalho docente não se refere apenas à sala de aula ou ao processo de ensino formal, pois compreende a atenção e o cuidado, além de outras atividades inerentes à educação. De forma genérica, é possível definir o trabalho docente como todo ato de realização no processo educativo [...].

Então, se o trabalho docente é algo regulamentado e regulado pelas normativas das políticas educacionais, quais pressupostos orientam a atuação do professor de Educação Física e sua intervenção no contexto escolar?

Para responder a essa pergunta, é preciso fazer uma análise das ações políticas que têm influenciado o caminho da educação física escolar, que somente foi oficializada, de acordo com Betti (1992), em documentos direcionados ao campo da educação em 1851, quando foram apresentadas as bases para a reforma do ensino primário e secundário. Em 1854, na Reforma Couto Ferraz – Decreto n. 1.331, de 17 de fevereiro de 1854 (Brasil, 1854) –, a educação física foi regulamentada entre as matérias a serem obrigatoriamente ministradas, devendo estar presente no primário a ginástica, e no secundário, a dança, conforme comentamos na Seção 4.1.

A legalidade da inserção da Educação Física no contexto escolar ocorreu no ano de 1851, por meio da Lei n. 630, de 17 de setembro. Na referida lei, apontava-se a Educação Física como "ginastica", estando esta incorporada nas atividades das escolas primárias do Rio de Janeiro. A formação para esse trabalho naquele momento se dava essencialmente pela atuação de militares de patente. Desde a Reforma Couto Ferraz até a difusão dos ideais da Escola Nova, viu-se a ideologia política influenciar o campo da educação principalmente fundamentada no pensamento de Anísio Teixeira.

A educação física também estava presente na Constituição dos Estados Unidos do Brasil (Carta Magna do Estado Novo), de 10 de novembro de 1937, em seu art. 131:

> Art. 131 – A educação física, o ensino cívico e o de trabalhos manuais, serão obrigatórios em todas as escolas primárias, normais e secundárias, não podendo nenhuma escola de qualquer desses graus ser autorizada ou reconhecida sem que satisfaça àquela exigência. (Brasil, 1937)

A educação física também foi tratada na legislação educacional na Lei n. 4.024/1961, sendo considerada obrigatória nos cursos de graus primário e médio até a idade de 18 anos (Brasil, 1961). De acordo com Castellani Filho (1998, p. 5-6),

> a Educação Física na Lei n. 4.024/1961, tem como destaque Art. 22, mencionando que será obrigatória a prática da Educação Física nos cursos primários e médio até a idade de 18 anos. No período da Ditadura Militar, o Decreto-lei n. 705 alterou essa redação determinando que será obrigatória a prática da Educação Física em todos os níveis e ramos de escolarização, com predominância desportiva no ensino superior.

Entretanto, Silva e Venâncio (2005), ao pesquisarem o tratamento dado à educação física na Lei n. 4.024/1961, encontraram indicativos de que a preocupação central era com a preparação física dos jovens para o ingresso no mercado de trabalho de forma produtiva.

De acordo com Marinho (2005, p. 46-47), a educação física, naquele momento, deveria acontecer:

> No ensino pré-primário: numa permanência de quatro horas nos jardins de infância, a criança deve ter pelo menos uma hora consagrada a atividade física, que deverá ser tão livre quanto possível. Assim, a orientação da educação deverá ser essencialmente recreativa. No ensino primário: a orientação da educação física deverá ser recreativa e utilitária.

No ensino secundário: a orientação para a educação física deverá ser utilitária e estética para os alunos do sexo feminino e utilitária para os do sexo masculino.

Nos anos 1970, o setor educacional passou por nova reforma, resultando na Lei n. 5.692/1971. Nessa legislação, estabeleceu-se a obrigatoriedade da educação física em todos os níveis e ramos de escolarização. Tendo ainda uma defasagem referente à formação dos docentes da área, essa lei demonstrava haver a associação entre a educação física e a preparação física de trabalhadores. Nesse momento da legislação educacional, apareceram oficialmente as primeiras restrições ou possibilidades de dispensa: a educação física seria facultativa caso o aluno estudasse em período noturno e trabalhasse mais de seis horas diárias; tivesse mais de 30 anos de idade; estivesse prestando serviço militar ou estivesse fisicamente incapacitado (Brasil, 1971).

Salientamos que a referida lei serviu como sustentação para o art.22 da Lei n. 4.024/1961, e para o artigo 6º da Lei n. 5.692/71, em especial ao art. 7º, em que passaram a ser obrigatórias as disciplinas de Educação Moral e Cívica, Educação Física, Educação Artística e Programas de Saúde nos currículos plenos dos estabelecimentos de 1º e 2º graus, sendo o grande diferencial a ampliação da Educação Física para além do ensino primário.

No ano de 1975, a Lei n. 6.251, de 8 de outubro, estabeleceu a Política Nacional de Educação Física e Desportos, com destaque para seus arts. 5º e 6º:

> Art. 5º *O Poder Executivo definirá a Política Nacional de Educação Física e Desportos, com os seguintes objetivos básicos:*
>
> I - *Aprimoramento da aptidão física da população;*
> II - *Elevação do nível dos desportos em todas as áreas;*
> III - *Implantação e intensificação da prática dos desportos de massa;*
> IV - *Elevação do nível técnico-desportivo das representações nacionais;*
> V - *Difusão dos desportos como forma de utilização do tempo de lazer.*

Do Plano Nacional de Educação Física e Desportos

Art. 6º Caberá ao Ministério da Educação e Cultura elaborar o Plano Nacional de Educação Física e Desportos (PNED), observadas as diretrizes da Política Nacional de Educação Física e Desportos.

Parágrafo único. O PNED atribuirá prioridade a programas de estímulo à educação física e desporto estudantil, à prática desportiva de massa e ao desporto de alto nível. (Brasil, 1975a)

Nos anos 1990, conforme mencionamos na Seção 4.1, após o período de redemocratização do país e da promulgação da Constituição de 1988, houve a necessidade de formação e implementação de uma nova Lei de Diretrizes e Bases da Educação, que foi efetivada por meio da Lei n. 9.394/1996. Nessa lei, a educação física foi tratada com destaque no parágrafo 3º do art. 26, passando a ser considerada um componente curricular obrigatório. Assim, a educação física foi entendida como corresponsável pela elaboração e pela construção da proposta pedagógica da escola, "ajustando-se às faixas etárias e às condições da população escolar, sendo facultativa nos cursos noturnos" (Brasil, 1996). Como componente curricular, a Educação Física seria

> não apenas um constituinte do rol de disciplinas escolares, mas um elemento da organização curricular da escola que, em sua especificidade de conteúdos, traz uma seleção de conhecimentos que, organizados e sistematizados, devem proporcionar ao aluno uma reflexão acerca de uma dimensão da cultura e que, aliado a outros elementos dessa organização curricular, visa a contribuir com a formação cultural do aluno. (Souza Júnior, 2001, p. 83)

Entretanto, na Lei n. 10.793, de 1º de dezembro de 2003 (Brasil, 2003c), a educação física tornou-se facultativa não apenas às pessoas que estudam em período noturno, mas também àquelas que, independentemente do período de estudo, se enquadram nas seguintes condições: mulheres com prole, trabalhadores, militares e pessoas com mais de 30 anos.

No ano de 2017, o cenário da educação brasileira sofreu uma reconfiguração com a reestruturação do ensino médio, oficializada na Lei n. 13.415, de 16 de fevereiro de 2017 (Brasil, 2017a). Esse dispositivo legal, em seu art. 3º, altera o art. 35 da Lei n. 9.394/1996, passando a vigorar:

> Art. 35-A. *A Base Nacional Comum Curricular definirá direitos e objetivos de aprendizagem do ensino médio, conforme diretrizes do Conselho Nacional de Educação, nas seguintes áreas do conhecimento:*
>
> I- *linguagens e suas tecnologias;*
> II- *matemática e suas tecnologias;*
> III- *ciências da natureza e suas tecnologias;*
> IV- *ciências humanas e sociais aplicadas.* (Brasil, 2017a)

No campo da educação física, destacamos o parágrafo 2º do mesmo artigo: "A Base Nacional Comum Curricular referente ao ensino médio incluirá obrigatoriamente estudos e práticas de educação física, arte, sociologia e filosofia" (Brasil, 2017a).

Apesar desse registro, a mudança no ensino médio traz grandes preocupações ao campo da educação física, uma vez que o texto legal se refere a "estudos e práticas" e não a "disciplina". Assim, em verdade, a legislação a torna não obrigatória, já que pode estar diluída em outras disciplinas.

Historicamente, a educação física esteve presente no projeto educacional do país, conforme assinala Marinho (2005, p. 43): "a educação física sempre possuiu o seu lugar em todos os grandes planos educacionais". Entretanto, seus pressupostos conceituais e ideológicos foram se alterando de acordo com as especificidades político-ideológicas de cada momento da sociedade, possibilitando ao trabalho docente no ambiente escolar diferentes perspectivas de atuação, em especial a partir da Lei n. 9.394/1996.

4.3 Políticas de desmembramento da profissão: o surgimento do bacharel em Educação Física

A compreensão do campo político nas relações de construção da área da educação física tem se efetivado em cada momento da sociedade, de acordo com as perspectivas e os princípios ideológicos dos governos que estruturam a legalidade da área. Tendo essa compreensão, nesta seção faremos apontamentos sobre como se deu o desmembramento da profissão, possibilitando a formação de licenciados e bacharéis.

De acordo com Soares (2004), a construção, a efetivação e a sistematização da educação física teve seu início no século XIX, momento em que inúmeras transformações sociais e econômicas estavam acontecendo e influenciando as relações estabelecidas na sociedade.

> *A Educação Física integra, portanto, de modo orgânico, o nascimento e a construção da nova sociedade, na qual os privilégios conquistados e a ordem estabelecida com a Revolução burguesa não deveriam mais ser questionados. Estava sendo criada pelo homem, sujeito que conhece, uma sociedade calcada nos ideais de liberdade, igualdade e fraternidade, uma sociedade na qual haveria um mercado livre, uma venda livre da força de trabalho.* (Soares, 2004, p. 6)

De acordo com Ventura (2010, p. 14):

> *Nas sociedades capitalistas ocidentais, aos trabalhadores foram arrogadas qualidades pelo corpo, objeto de exploração mercantil e instrumento para o novo modo de produção. A Ginástica ganhou sua importância nesse processo pela funcionalidade com que desenvolvia suas atividades na busca de um corpo máquina, corpo objeto.*

Para compreender o campo de atuação da educação física, faz-se necessário, primeiramente, assimilar o conceito e o significado da área. Alguns conceitos relacionam-se à prática. De acordo com Castellani Filho et al. (2009), a educação física tem sido construída sem contribuir para a superação da prática conservadora existente, ou seja, suas raízes no campo do esporte, da competição e do rendimento ainda se estruturam com influências significativas.

Portanto, ao tratarmos das questões conceituais e ideológicas da área, identificamos que a educação física tem sido associada a atividades corporais como: educação do/sobre/pelo movimento; esporte de rendimento e *performance*; prática voltada à saúde e à estética. Quando considerado o campo educacional, relaciona-se a saberes e a conteúdos da cultura corporal do movimento, tendo os esportes, as lutas, a ginástica e a dança como expressões culturais ligadas à área.

> Nesse embate, em que vários outros aspectos são destacados, são contundentes as críticas à formação acrítica dos professores de educação física, ao despreparo técnico desses profissionais para atuar no mercado de trabalho e aos currículos dos cursos superiores de educação física, fragmentados e desvinculados da realidade. (Borges, 1998, p. 32)

Efetivamente, a educação física brasileira se organizou e se estruturou entre os séculos XIX e XX, constituindo uma atividade essencial para a formação do homem em uma nova conjuntura da sociedade brasileira. Assim, assumiu como característica essencial o higienismo, sendo defendida no meio escolar como fonte para se assegurar a saúde das novas gerações.

Segundo Azevedo e Malina (2004, p. 131):

> Em 9 de outubro de 1933, através do decreto n. 23.232, foi criada a Escola de Educação Física do Exército (EsEFEx) no Rio de Janeiro, que formou além de oficiais e sargentos, alguns civis como monitores. No estado de São Paulo foi também regulamentada a Escola de Educação Física da Força Pública de São Paulo, em 28 de maio de 1936, pelo decreto n. 7.688.
>
> Já em ambiente civil, até ser criada, em 1939, a Escola Nacional de Educação Física e Desportos (ENEFD), na então Universidade do Brasil, registram-se durante a década de 1930, cursos de formação em educação física nos estados do Espírito Santo, Pará, Pernambuco, São Paulo,

funcionando sem regulamentação e pautados no modelo dos cursos militares, que por sua vez utilizavam o chamado método francês para o ensino de atividades ministradas. Além desses cursos, destaca-se a criação em 1938, de um chamado curso de emergência, promovido pelo Departamento de Educação Física e orientado didaticamente pela EsEFEx.

[...]

Dos cursos oferecidos pela ENEFD, o de licenciatura tinha duração de dois anos – um a menos em relação às outras licenciaturas – sendo exigido dos candidatos o nível escolar correspondente ao ensino fundamental, além de não conter em sua grade curricular, disciplinas pedagógicas.

Segundo Mello (1996), após a implantação da educação física nas instituições escolares, tornou-se necessário refletir sobre o perfil ou a identidade para a formação do profissional, cuja ação interventiva passou a acontecer no contexto escolar. Isso aconteceu em 1934, quando oficialmente foi criada a Escola de Educação Física do Estado de São Paulo. O curso baseava-se em disciplinas práticas de esportes, jogos e danças, tendo como intuito primordial o aprendizado da técnica correta para poder ensinar bem. Em 1937, houve a criação da Divisão de Educação Física (DEF), do Ministério de Educação e Saúde, destacando o fato de que a educação deveria estar servindo à melhora do estado geral de saúde da população brasileira.

Segundo Melo (1996), a Divisão de Educação Física (DEF) do Ministério de Educação e Saúde se tornou primordial para a criação da Escola Nacional de Educação Física e Desportos em 1939, por meio do Decreto-Lei n. 1.212. Esse foi o primeiro passo que diferenciou a Educação Física de outras licenciaturas, quando dirigentes e legisladores da época já percebiam as peculiaridades da formação nessa área, a qual não poderia se dissociar nem da educação nem da saúde.

A reforma universitária, desencadeada no final da década de 1960, veio promover uma mudança curricular substancial no curso de educação física, por imposição do currículo mínimo pela resolução n. 9/69, do antigo CFE. Entretanto, as rupturas e disjunturas que houve ocorreram na composição de disciplinas, no sentido de incluir as disciplinas obrigatórias pela legislação que não faziam parte do currículo, como as de cunho pedagógico, e eleger aquelas que deveriam compor esse núcleo obrigatório. Permanece a continuidade da preponderância das disciplinas técnico-biológicas e desportivas na prescrição teórica do currículo do curso de educação física, apesar da introdução de disciplinas pedagógicas.

[...] Essa resolução [a resolução n. 3/87] promoveu um avanço pioneiro em termos curriculares, devido à proposta de currículo por áreas de conhecimento, que dava autonomia às IES para estabelecer seus currículos de acordo com as peculiaridades regionais. No entanto, apesar da abertura, na prática o currículo modificou-se essencialmente na organização das disciplinas para cumprir a exigência da reforma, sendo algumas disciplinas excluídas e/ou fundidas e outras incluídas, mantendo a continuidade de ênfase no enfoque técnico-biológico e esportivo, com contribuição da própria carga horária exigida pela resolução. (Azevedo; Malina, 2004, p. 139-140)

De acordo com Andrade (2001), o principal destaque se registrou com a Resolução n. 3, de 16 de junho de 1987 (Brasil, 1987b), que trouxe a proposta de separação da área, ficando sugeridos a licenciatura e o bacharelado. Nessa resolução, por ocasião da criação do bacharelado e da manutenção da licenciatura, embora a justificativa fosse o mercado de trabalho, o que de fato estava em jogo era a introdução de um novo modelo curricular, denominado *técnico-científico*, como proposta de superação de um currículo centrado mais nos conteúdos gímnico-desportivos. Com isso, pretendia-se dar um corpo de conhecimentos teóricos para a educação física.

Um marco importante ocorrido no ano de 1998 foi a regulamentação da profissão e a criação, pela Resolução n. 7, de 31 de março de 2004 (Brasil, 2004a), do Conselho Federal de Educação Física (Confef), que teria o objetivo de regular e fiscalizar a ação do profissional de Educação Física. Vale destacar que, de acordo com o Confef, a licenciatura teria como campo específico de atuação o contexto escolar, e o bacharelado, outros espaços de atuação que não o universo escolar.

> Não se deve associar o bacharel em Educação Física com o especialista e o licenciado com o generalista. Uma leitura, que curiosamente nunca é feita pelos críticos do bacharelado, embora profundamente vinculada à tradição educacional brasileira, é a de que o licenciado é um especialista; um especialista em escolas de 1º e 2º graus. É também da nossa tradição, infelizmente, que a licenciatura seja um curso pro forma, um bacharelado revestido da tintura pedagógica de algumas poucas disciplinas. O problema das áreas que há muito tempo distinguem o bacharel do licenciado está na licenciatura e não no bacharelado. (Faria Júnior, 1987, p. 249)

Essa segmentação estabelecida pela Resolução n. 7/2004 causou grandes divisões no mundo do trabalho e no mundo acadêmico, tendo recebido críticas positivas e negativas. Aqueles que eram contrários a ela entendiam que poderia fragmentar o processo formativo e a atuação profissional. Como desdobramento dessa resolução, passou-se a separar os cursos usando o critério do ano de início de seu funcionamento: num grupo, ficariam aqueles iniciados até 2004, no outro, os que sucederam esse ano.

A Resolução n. 7/2004 delimitou o campo de atuação tanto do licenciado quanto do bacharel. Como já apontamos, o curso de bacharelado em Educação Física está previsto na legislação brasileira desde 1987, com a promulgação do Parecer n. 215, de 11 de março (Brasil, 1987a), e da Resolução n. 3, de 16 de junho (1987b), que criou o bacharelado em educação física. Este último instrumento legal resultou em uma grande discussão sobre o papel da licenciatura e o do bacharelado, ou, mais amplamente, sobre uma formação generalista e uma formação especialista.

A Resolução n. 7/2004, em seu art. 4º, parágrafo 2º, define:

Art. 4º [...]

§ 2º O Professor da Educação Básica, licenciatura plena em Educação Física, deverá estar qualificado para a docência deste componente curricular da educação básica, tendo como referência a legislação própria do Conselho Nacional de Educação, bem como as orientações específicas para esta formação tratadas nesta Resolução. (Brasil, 2004a)

Segundo Betti (1992, p. 98), "a discussão passou a ser a formação do 'especialista' versus 'generalista'". Embora a licenciatura tenha sua especificidade na escola, ela acaba se perdendo num rol de determinados conteúdos explorados inadequadamente, uma vez que,

> Equivocadamente, alguns de nós julgam que valorizam a licenciatura transformando-a numa imensa coleção de disciplinas ligadas a recreação, dança, esporte etc., de conteúdos necessariamente superficiais em função dos limites da carga horária. Licenciatura em Educação Física têm fracassado, fundamentalmente, porque seu foco prioritário de estudo não está na pré-escola e nas escolas de 1º e 2º graus, e na utilização das atividades físicas dentro delas, mas em outra parte qualquer onde o aluno possa futuramente encontrar emprego. (Faria Júnior, 1987, p. 249-250)

Embora haja diferentes abordagens sobre as profissões e críticas à visão funcionalista destas (Faria Júnior, 1987, 1992; Castellani Filho, 1998), Bonelli (1999, p. 315) reconhece que "foram pouco exploradas as abordagens sobre as relações entre profissionalismo, Estado e sociedade, principalmente, no veio investigativo do papel que as profissões desempenharam, para além dos benefícios próprios".

4.4 Regulamentação da profissão

Ao tratarmos da regulamentação profissional da área da educação física, não podemos descontextualizar a discussão das questões sociais, políticas e econômicas no contexto em que está inserida. Essa influência do social no campo da formação de educação física se revela na análise social das transformações da sociedade nos anos 1990, tendo a ascensão das políticas neoliberais, marcadas por ações alicerçadas na ausência do Estado, como fonte de garantia e manutenção dos direitos sociais da saúde, da educação, da segurança e nas demais áreas de bem-estar social, ou seja, há uma prevalência do Estado mínimo para a promoção de políticas no campo social de desenvolvimento da sociedade.

Com a compreensão de que a constituição da identidade e a regulamentação da área da Educação Física se erguem sobre questões político-governamentais e ações ideológicas no campo da formação na área, discutiremos como ocorreu a regulamentação da profissão e qual a implicação política da atuação dos conselhos regionais e do Conselho Federal de Educação Física, ou sistema Cref/Confef.

Discutir a regulamentação da área significa, também, trazer à tona discussões acerca da própria legitimidade desta, haja vista que, de acordo com Bracht (1992), tratar da legitimidade da área só se torna um exercício possível por meio da efetivação de um regime democrático que parte do consenso popular extraído do debate político. Para o autor, outro ponto central da discussão consiste no fato de a educação física ser vista como um espaço de trabalho no mercado, passando a atender às necessidades e demandas desse mercado em cada momento da história da sociedade.

Assim, essa transformação do pensamento sobre a profissionalização em educação física tem tido destaque nas discussões sobre o tema desde 1969, ano da Resolução n. 69, de 2 de dezembro de 1969 (Brasil, 1969), quando o currículo de formação em Educação Física adquiriu o *status* de nível superior, contando, para tanto, com carga horária de 1.800 horas em três anos, o que lhe daria o título de *Licenciatura Plena* – caso houvesse necessidade, era possível, de acordo com a resolução, que o profissional em formação fizesse uma complementação de duas disciplinas para a obtenção do título de *técnico desportivo*.

Ainda contribuindo com essa discussão, Tojal (2005) aponta que outra ação a ser considerada é o Parecer n. 672, de 1969, que efetivou o currículo mínimo para a formação docente, inscrevendo como obrigatórias matérias pedagógicas para o processo formativo. O autor destaca que esse modelo sofreu muitas críticas, pois sua grande fragilidade se dava pela não consideração das características e necessidades regionais. No entanto, deve estar claro que esse parecer foi uma primeira tentativa de se estruturar um currículo para a formação, e que foi reformulado apenas por meio da Resolução n. 3/1987. Kunz (1998) afirma que essa resolução se destacou pela criação do bacharelado em Educação Física, já trazendo em sua redação a discussão do campo de trabalho, mencionando a necessidade de adequação da formação para atender as demandas postas pela realidade da sociedade.

Para Tojal (2005), a mudança significativa na Resolução n. 3/1987 foi a inserção das áreas de conhecimento nos cursos de formação, além da ampliação da carga horária mínima para 2.880 horas, resultando na especificação de um curso que deveria passar a ter um tempo mínimo de integralização de quatro anos.

Outra ação política relevante é a que se desenrolou no final dos anos 1990, com a aprovação da Lei n. 9.696, de 1º de setembro de 1998 (Brasil, 1998c), que passou a regulamentar a profissão de educação física e criou o Confef e os conselhos regionais. A referida lei definiu em seu art. 3º as competências exigidas do profissional da área:

> *Art. 3º Compete ao profissional de Educação Física coordenar, planejar, programar, supervisionar, dinamizar, dirigir, organizar, avaliar e executar trabalhos, programas, planos e projetos, prestar serviços de auditoria, consultoria e assessoria, realizar treinamentos, participar de equipes multidisciplinares e interdisciplinares e elaborar informes técnicos, científicos e pedagógicos, todos nas áreas de atividades físicas e do desporto.* (Brasil, 1998c)

De acordo com Barros (2002), as mudanças no modelo de sociedade e nas necessidades apresentadas por ela demandaram a adequação da profissão, uma vez que é preciso, na atualidade, o profissional atender a exigências do mercado, estando intelectualmente preparado para prestar os serviços que lhe forem solicitados. Nessa perspectiva, a Lei n. 9.696/1998, determina:

> Art. 1º O exercício das atividades de Educação Física e a designação de Profissional de Educação Física é prerrogativa dos profissionais regularmente registrados nos Conselhos Regionais de Educação Física.
>
> Art. 2º Apenas serão inscritos nos quadros dos Conselhos Regionais de Educação Física os seguintes profissionais:
>
> I - os possuidores de diploma obtido em curso de Educação Física, oficialmente autorizado ou reconhecido;
>
> II - os possuidores de diploma em Educação Física expedido por instituição de ensino superior estrangeira, revalidado na forma da legislação em vigor;
>
> III - os que, até a data do início da vigência desta Lei, tenham comprovadamente exercido atividades próprias dos Profissionais de Educação Física, nos termos a serem estabelecidos pelo Conselho Federal de Educação Física. (Brasil, 1998c)

Atendendo a essa demanda, a Resolução n. 46, de 18 de fevereiro de 2002 (Confef, 2002), que trata da docência na Educação Física, determina que o profissional qualificado para a atuação na área deve ser capaz de identificar, planejar, organizar, dirigir e lecionar os conteúdos da educação física tratados no âmbito escolar, ou seja, os saberes e conhecimentos que devem ser abordados na educação básica. No entanto, vale ressaltar que essa resolução gerou questionamentos, uma vez que sua publicação, ao mesmo tempo que ampliava as áreas de atuação de educação física, consequentemente diminuía os espaços de atuação profissional dos que tinha habilitação no campo da licenciatura, causando uma grande manifestação contrária a essa normativa.

Contribuindo com essa discussão, Silva et al. (2009) discorrem sobre essa questão da regulamentação, enfatizando que, no processo de constituição dos conselhos profissionais, houve algumas dissonâncias quando de sua efetivação, tendo em vista que a legislação apresenta como principal lacuna o fato de que a Lei

n. 9.649, de 27 de maio de 1998 (Brasil,1998b), determina que os conselhos da educação física sejam considerados entidades privadas, fato este que lhes dá a possibilidade de arbitrar acerca de sua própria estrutura, organização e funcionamento, conforme descreve o art. 58:

> Art. 58. Os serviços de fiscalização de profissões regulamentadas serão exercidos em caráter privado, por delegação do poder público, mediante autorização legislativa.
>
> § 1º A organização, a estrutura e o funcionamento dos conselhos de fiscalização de profissões regulamentadas serão disciplinados mediante decisão do plenário do conselho federal da respectiva profissão, garantindo-se que na composição deste estejam representados todos seus conselhos regionais.
>
> § 2º Os conselhos de fiscalização de profissões regulamentadas, dotados de personalidade jurídica de direito privado, não manterão com os órgãos da Administração Pública qualquer vínculo funcional ou hierárquico.
>
> [...]
>
> § 4º Os conselhos de fiscalização de profissões regulamentadas são autorizados a fixar, cobrar e executar as contribuições anuais devidas por pessoas físicas e jurídicas, bem como preços de serviços e multas, que constituirão receitas próprias, considerando-se título executivo extrajudicial a certidão relativa aos créditos decorrentes. (Brasil, 1998b)

No entanto, após as discussões da década de 1990 e considerando as exigências do modelo socioeconômico vigente, o Ministério da Educação (MEC) resolveu reformular novamente os currículos dos cursos de licenciatura, o que aconteceu em 2002 com as Resoluções do Conselho Pleno n. 1, de 18 de fevereiro (Brasil, 2002a), e n. 2, de 19 de fevereiro (Brasil, 2002b). Os pontos principais desses documentos dizem respeito ao aumento da carga horária de estágio, que passou a ser de 400 horas, além de mais 400 horas de práticas curriculares, carga horária mínima de 2.800 horas e tempo de integralização mínimo de três anos – que significava três anos de bacharelado e mais um de complementação com disciplinas pedagógicas para a obtenção do título de licenciado. Antigamente, a licenciatura era apenas um apêndice do bacharelado. Essa característica, apesar de ter sido a formatação curricular dominante no Brasil nas diversas áreas que contavam com licenciaturas e bacharelados, quase não foi utilizada nos cursos de Educação Física do país.

Ainda em 2002, o Confef publicou a já citada Resolução n. 46, na qual foram definidas as atuações dos profissionais de Educação Física em face da necessidade de instrumentos norteadores das ações de fiscalização e organização no exercício da profissão, constante na Lei 9.696/1998. A Resolução n. 1/2002, do Conselho Pleno, instituiu diretrizes curriculares nacionais para a formação de professores da educação básica, em nível superior, curso de licenciatura, de graduação plena; por esse instrumento legal, todas as instituições deveriam se ajustar ao novo ordenamento instalado. Em 5 de abril de 2004, o Conselho Nacional de Educação Superior e a Câmara de Educação Superior instituiram diretrizes curriculares nacionais para os cursos de graduação em Educação Física.

O art. 6º da Resolução n. 7/2004 (Brasil, 2004a), do Conselho Nacional de Educação (CNE), retrata as competências de todos os graduados em Educação Física, sejam bacharéis, sejam licenciados. O MEC só reconhece cursos de bacharelado, licenciaturas e superiores em tecnologia, e todos os alunos egressos desses cursos são graduados.

> Art. 6º As competências de natureza político-social, ético-moral, técnico-profissional e científica deverão constituir a concepção nuclear do projeto pedagógico de formação do graduado em Educação Física.
>
> § 1º A formação do graduado em Educação Física deverá ser concebida, planejada, operacionalizada e avaliada visando à aquisição e desenvolvimento das seguintes competências e habilidades:
>
> [...]

- Pesquisar, conhecer, compreender, analisar, avaliar a realidade social para nela intervir acadêmica e profissionalmente, por meio das manifestações e expressões do movimento humano, tematizadas, com foco nas diferentes formas e modalidades do exercício físico, da ginástica, do jogo, do esporte, da luta/arte marcial, da dança, visando à formação, a ampliação e enriquecimento cultural da sociedade para aumentar as possibilidades de adoção de um estilo devida fisicamente ativo e saudável. (Brasil, 2004a)

Nesse sentido, Nunes, Votre e Santos (2012, p. 281) assinalam:

> O Conselho Nacional de Educação transfere para os profissionais de cada área de conhecimentos a competência de deliberar sobre as diretrizes curriculares para os cursos de graduação. Essas diretrizes curriculares, no entender do Conselho, constituem parâmetros balizadores para a elaboração dos projetos de cursos e dos currículos de formação acadêmico-profissional das instituições de ensino superior.

O conceito de dimensões do conhecimento está especificado na Resolução n. 7/2004, a qual define os conteúdos que devem estar inseridos nos diferentes cursos de licenciatura ou bacharelado em Educação Física. As dimensões do conhecimento são divididas em duas partes:

1. Formação ampliada – Representada pela dimensão da relação ser humano-sociedade, pela dimensão biológica do corpo humano e pela dimensão da produção do conhecimento científico e tecnológico.
2. Formação específica – Subdivide-se em dimensões culturais do movimento humano, dimensão técnico-instrumental e dimensão didático-pedagógico.

Na Resolução 1/2002 do Conselho Pleno, a matriz curricular da formação do professor, seja qual for a área de conhecimento, apresenta e detalha as competências relativas à compreensão do papel social da escola e à operacionalização do conhecimento pedagógico que favoreça o aperfeiçoamento da prática pedagógica do profissional que atua na educação formal, desde a educação infantil até o ensino médio (Brasil, 2002a).

Na proposta prescritiva da formação específica em cada área do conhecimento – como propõem as Diretrizes Curriculares Nacionais (Resolução n. 1/2002 do Conselho Pleno, e Resolução n. 7/2004 do CNE) –, com definições de perfis profissionais e carreiras, privilegiam-se as competências intelectuais que atendam às demandas sociais do mundo do trabalho. Essa proposta foi alterada pela Resolução n. 2, de 1º de julho de 2015 (Brasil, 2015b) – que definiu as Diretrizes Curriculares Nacionais para a formação inicial em nível superior.

Sobre as mudanças e reformas propostas para o campo de formação e atuação da Educação Física, Tani (2007) defende que esse processo deve ser analisado considerando-se as influências das demandas sociais e mercadológicas, com a ressalva de que essas necessidades serão transformadas de acordo com o momento, sendo preciso repensar constantemente o processo de formação do profissional da educação física.

É certo que muito ainda deve ser discutido na área, mas o que deve prevalecer é o enfoque na formação de qualidade que subsidie a atuação no campo formal ou não formal do ensino, abrangendo conhecimentos e saberes importantes para a ação profissional, a qual tenha como pontos fortes a autonomia e a criticidade.

4.5 Política e educação física na atualidade

Nas seções anteriores, refletimos acerca da influência das questões político-ideológicas que, ao longo da história, foram construindo formas de se entender a educação física e dando contornos diferenciados em cada momento da sociedade para a sua prática. Entendemos que a década de 1980 apresentou grandes discussões que deram outros caminhos e delineamentos para a projeção da área na atualidade, transformando a maneira de pensar aplicada no contexto da educação formal e não formal. Explicitamos que as discussões sobre a formação e os espaços de intervenção da educação física terão sempre a tônica das discussões acadêmicas que se ocupam da formação inicial da área, e que inúmeras são as transformações ocorridas e que ainda estão por vir. É preciso, então, entender que o movimento ideológico da área se constitui no emaranhado de concepções e conceitos tecidos na teia dos conhecimentos que atravessam as necessidades da sociedade e da própria área. Por esse motivo, nesta seção apresentaremos algumas questões relacionadas às políticas atuais afetas à educação física, concernentes à possibilidade de reunificação entre formação e pós-graduação; afinal, para pensar a área, é preciso também pensar sobre suas políticas de regulamentação e normatização profissional.

Historicamente, a educação física foi projetada como

> *a disciplina necessária a ser viabilizada em todas as instâncias, de todas as formas, em todos os espaços onde poderia ser efetivada essa construção deste homem novo: no campo, na fábrica, na família, na escola. A Educação Física será a própria expressão física da sociedade do capital. Ela encarna e expressa os gestos automatizados, disciplinados, e se faz protagonista de um corpo "saudável"; torna-se receita e remédio para curar os homens de sua letargia, indolência, preguiça, imoralidade, e, desse modo, passa a integrar o discurso médico, pedagógico... familiar.*
> (Soares, 2004, p. 5-6)

A formação inicial na educação superior, cujo enfoque é a qualificação e a preparação profissional, deve seguir as orientações legais para o exercício da profissão. De acordo com a LDBEN (Lei n. 9.394/1996), a educação superior deve ser um espaço de preparação humana e profissional, como destaca seu art. 43, inciso VI: "estimular o conhecimento dos problemas do mundo presente, em particular os nacionais e regionais, prestar serviços especializados à comunidade e estabelecer com esta uma relação de reciprocidade" (Brasil, 1996).

Portanto, para pensarmos as discussões sobre a reunificação na área da Educação Física ou a separação entre licenciatura e bacharelado, precisamos nos ater, num primeiro momento, à compreensão da formação profissional que se espera do sujeito que desenvolverá suas ações nesse campo. Afinal, a identidade da área também é marcada pelos sujeitos que a representam!

Segundo Tonet (2012, p. 75), "Talvez nenhuma palavra tenha expressado tão bem a ideia de formação humana como a palavra grega paideia. Paideia exprimia o ideal de desenvolver no homem aquilo que era considerado específico da natureza humana: o espírito e a vida política". A formação humana, que também está inserida no processo de formação profissional, é reflexo do contexto social e político em que o sujeito está inserido. Seus anseios, suas necessidades, seus princípios ideológicos são traduzidos e transportados para o exercício de sua prática profissional.

É preciso, então, refletir sobre quem é o sujeito que se espera formar na área da Educação Física, haja vista que ele será o responsável pelo desenvolvimento da área, sua aplicação e desenvolvimento.

> No sentido rigoroso da expressão, formar alguém não é apenas transmitir informações e habilidades ou socializar técnicas e modelos. Acima de tudo, é fixar uma perspectiva, ou seja, estabelecer parâmetros intelectuais, éticos e políticos. Trata-se de um processo de formação para a vida, de articulação e de totalização dos saberes, de diálogo com a história e com a cultura. Desse ponto de vista, o formar inclui a capacitação, ou seja, a instrumentalização de pessoas para uma melhor inserção numa dada área profissional ou no mercado de trabalho. (Nogueira, 2005, p. 175)

A atuação profissional está sempre vinculada aos atributos sociais incutidos nos discursos e conceitos políticos e ideológicos dos grupos sociais e da sociedade como um todo. De acordo com Bernstein (1996), é preciso considerar que o processo formativo se constitui por meio de instrumentos essenciais para atender às necessidades profissionais, mas que também está atrelado à preparação do próprio sujeito para atender à dinâmica e constante transformação das necessidades da profissão. Por esse motivo, ao tratarmos da formação, temos de entender que esta deve estar centrada na formação do sujeito, pois, como afirma Schön (2000, p. 20), "o que mais precisamos, é ensinar os estudantes a tomarem decisões sob condições de incerteza, mas isso é justamente o que não sabemos fazer"; afinal, a formação profissional é um processo que busca constantemente entender a relação entre o mundo acadêmico e os embates da prática cotidiana da atuação.

Para pensar sobre o processo de regulamentação da área da educação física, devemos atentar para os pressupostos políticos que embasariam a formação que se espera, pois estes estarão refletidos nos cursos de formação do profissional nos currículos de formação inicial. Silva (2000) assevera que, ao abordarmos os processos formativos do futuro profissional, teremos de analisar as teorias de currículo, para entendermos quem é o sujeito que está sendo preparado. E esta tem sido uma discussão constante na educação física: Formar com foco na licenciatura ou no bacharelado? Formar para a prática direcionada à escola, ao esporte, à saúde, à estética, à *performance*, ao rendimento? Seriam inúmeros os exemplos de campos de atuação que citaríamos. Essa discussão, em conjunto com as questões políticas, tem marcado a área. Nos anos 1980, teve início a ruptura da área, estando em pauta na atualidade o processo de reunificação.

De acordo com Castellani Filho (2016, p. 763, grifo do original),

1. Em 1989, o **Movimento pela Regulamentação da Profissão** – *iniciado nos primeiros anos da década de 1980 e ainda não batizado dessa forma – logrou a aprovação pelo Congresso Nacional da lei da regulamentação da profissão, lei essa, todavia, vetada pelo então presidente da República [...]. Também é verdade que desde 1985 já existia iniciativa de Formação em Educação Física sob a forma de Bacharelado;*

2. O ressurgir dos esforços pela regulamentação da profissão se dá na primeira metade dos anos 1990 [...].
[...] tal movimento alcança êxito com a promulgação, em 1998, da Lei n. 9.696, base legal estruturante do sistema Confef/Cref;
3. Já no século XXI, não era de domínio do Confef o processo de elaboração das Diretrizes da Licenciatura voltada para a Educação Básica encetado em 2001 pelo Conselho Nacional de Educação.

A discussão acerca da reunificação da área abrange também as temáticas dos currículos de formação profissional e dos objetivos da área. Segundo Castellani Filho (2016, p. 758, grifo do original):

> A Formação de nível superior em Educação Física (EF) encontra-se sitiada.
>
> À sua direita, por aqueles que defendem a manutenção do Bacharelado tal qual prevalece hoje, praticamente se configurando como reduto predominante, quando não exclusivo, dos referenciais teóricos oriundos dos matizes biomédicos.
>
> O "Bacharelado em Esporte" nada mais é do que **teoria e prática do treinamento esportivo**. O "Bacharelado em EF" se reduz a uma formação centrada em **visão anacrônica de saúde**, mas ainda hegemônica nela, EF, nada tendo a ver com o entendimento de **Saúde** na política pública brasileira, apoiado em conceitos que a ressignificam a ponto de fazer com que o Sistema Único de Saúde, SUS, se torne referência no cenário internacional.
>
> Também à sua direita enfileira-se o Conselho Federal de Educação Física, Confef, que tem na intervenção profissional dos bacharéis sua razão de existir, por mais que insista, maquiavelicamente e sem base legal, em abocanhar os profissionais da educação formal, trabalhadores da educação escolar brasileira e seus parcos – porém regulares – recursos.

Para além da regulamentação da área de atuação em educação física, há as discussões acerca da formação continuada em programas de pós-graduação. Historicamente, esses debates apresentaram-se com maior ênfase no cenário da educação brasileira, tendo como marcos a construção dos Planos Nacionais de

Pós-Graduação (PNPG)[1]. O I PNPG (1975-1979) teve como característica a integração às políticas de desenvolvimento social e econômico sustentadas pelo II Plano Nacional de Desenvolvimento (PND), pelo Plano Setorial de Educação e Cultura (PSEC) e pelo II Plano Básico de Desenvolvimento Científico e Tecnológico (PBDCT). O I PNPG tinha como principais metas:

> 1º – *formar, em volume e diversificação, pesquisadores, docentes e profissionais;*
>
> 2º – *encaminhar e executar projetos de pesquisa, assessorando o sistema produtivo e o setor público.* (Brasil, 1975b, p. 120)

Nos anos 1980, a pós-graduação passou por dois planos, sendo que o II PNPG (1982-1985) tinha como foco discussões centradas na formação de recursos humanos, tendo implícito o discurso em defesa da qualidade da educação superior e da centralidade da avaliação. Já o III PNPG (1986-1989) buscou articular-se ao I Plano de Desenvolvimento da Nova República.

> Os objetivos desse plano foram:
> - a consolidação e a melhoria do desempenho dos cursos de pós-graduação;
> - a institucionalização da pesquisa nas universidades para assegurar o funcionamento da pós-graduação;
> - a integração da pós-graduação ao setor produtivo. (Brasil, 2010b, p. 26)

Já nos anos 1990, as discussões acerca da universidade pública, segundo Moraes (2004), voltaram-se à reconfiguração das políticas que alteraram sua lógica de financiamento e funcionamento, transformando-a mais em centro administrativo do que intelectual.

A partir de 1997 e 1998, com o surgimento do Modelo Capes de avaliação, a heteronomia foi fortalecida, pois é a Coordenação

---

[1] Consulte Brasil (2010b, 2010c).

de Aperfeiçoamento de Pessoal de Nível Superior (Capes) a responsável por normatizar, gerir e avaliar a pós-graduação.

Sobre esse modelo, Sguissardi (2009, p. 76, grifo do original) questiona se este se caracterizaria

> muito mais como um conjunto de procedimentos e de ações de regulação e controle para **acreditação** ou **garantia de qualidade** no interesse do Estado e também da sociedade do que como modelo típico de avaliação, no caso entendida como avaliação educativa ou diagnóstico-formativa

Na década seguinte, mais especificamente em 2005, o IV PNPG (2005-2010) foi promulgado tendo como propósito "subsidiar a formulação e a implementação de políticas públicas voltadas para as áreas de educação, ciência e tecnologia" (Brasil, 2010b, p. 29). Esse plano foi substituído, no ano de 2011, pelo PNPG 2011-2020. Vale destacarmos também as orientações do Plano Nacional de Educação (PNE) para o mesmo período (2011-2020), descrita em suas metas.

> **Meta 13**: Elevar a qualidade da educação superior pela ampliação da atuação de mestres e doutores nas instituições de educação superior para setenta e cinco por cento, no mínimo, do corpo docente em efetivo exercício, sendo, do total, trinta e cinco por cento doutores.
> [...]
> **Meta 14**: Elevar gradualmente o número de matrículas na pós-graduação *stricto sensu*, de modo a atingir a titulação anual de sessenta mil mestres e vinte e cinco mil doutores.
> [...]
> **14.8)** Ampliar a oferta de programas de pós-graduação *stricto sensu*, especialmente o de doutorado, nos *campi* novos abertos no âmbito dos programas de expansão e interiorização das instituições superiores públicas.

Fonte: Brasil, 2010a, p. 15-16.

Um elemento que deve ser ressaltado no PNPG 2011-2020 é a avaliação dos programas estabelecidos pela Capes. A esse respeito, Silva, Sacardo e Souza (2014, p. 1565) declaram que "a lógica da avaliação diante da constituição de um *ethos* neodarwinista na Universidade brasileira, a partir do modelo definido pela CAPES para gerir o Sistema Nacional de Pós-Graduação (SNPG), foi a constituição do binômio avaliação-fomento e o estímulo à competição".

Para Kuenzer e Moraes (2005), o grande destaque é a evidência da valorização da produtividade em detrimento da qualidade do campo da pesquisa. Entretanto, na contramão da questão da produtividade, há que se pensar que nem sempre essas ações numéricas resultam em empreendimentos que atendam a todos os campos de investigação da educação física. De acordo com Silva, Sacardo e Souza (2014, p. 1580), "é comum muitos professores de Educação Física, futuros pesquisadores da área, procurarem uma segunda formação (ciências sociais, pedagogia, filosofia etc.), pois não visualizam a possibilidade de desenvolverem pesquisas na área 21 [da saúde]".

Patriarca (2012, p. 11) defende "a ideia de que esse estímulo se dá por intermédio das políticas de avaliação da pós-graduação, que operam com instrumentos quantitativos de produção científica, não dando a devida atenção à qualidade das publicações".

No caminho da legislação, tanto para a graduação quanto para a pós-graduação, percebemos que as ações tecidas estão sempre envoltas nas questões de ordem política e econômica que circunscrevem o cenário educacional por meio das questões ideológicas político-partidárias de determinado governo.

Nesse sentido, conhecendo essas ações desencadeadas e considerando esse contexto, como você analisa esse cenário? Que mudanças você proporia? Pense, reflita, afinal esse é um momento de formação em que você pode contribuir para os avanços na área.

▎ Síntese

A educação física, na qualidade de campo de conhecimentos que atua direta e indiretamente na formação da sociedade por meio da sua atuação no contexto escolar da educação formal e não formal, estabelece uma relação direta com o universo das políticas. Historicamente, a área tem se apresentado como reflexo das necessidades de cada momento político do país, estruturando-se e reorganizando-se para atender ora às demandas do mercado, ora às demandas da formação. Por essa razão, os embates nos campos da formação e de intervenção e atuação do professor têm se constituído em cenário de constantes reflexões. As ações desencadeadas dos embates políticos e ideológicos na área, intensificados a partir dos anos 1990 e descritos nos documentos que legislam a profissão, demonstram as particularidades decorrentes de questões ideológicas e políticas que norteiam a área. Por fim, entendemos que a formação inicial, licenciatura ou bacharelado, precisa acolher a multiplicidade dos determinantes políticos estabelecidos, não perdendo a dimensão das peculiaridades e particularidades da área de atuação da educação física.

▎ Indicação cultural

Filme

A ONDA. Direção: Dennis Gansel. Alemanha: Constantin Film, 2008. 107 min.

Esse longa mostra como um professor de Educação Física pode modificar e reestruturar o pensamento e a perspectiva ideológica de um grupo de alunos. O filme discute as questões políticas e sociais presentes no cotidiano escolar. Vale conferir!

Atividades de autoavaliação

1. Tendo a compreensão de que as políticas públicas se apresentam de formas diferenciadas de acordo com cada período de governo, é possível afirmar que o conceito de políticas públicas envolve:

    I. um termo abrangente e não se limita a leis e regras.
    II. uma ação intencional, com objetivos a serem alcançados.
    III. uma ação multilateral, com benefícios exclusivos ao sistema.
    IV. um termo referente à ação exclusiva da sociedade civil.

    Estão corretas as afirmativas:

    a) I e III.
    b) II e IV.
    c) I, II e IV.
    d) I e II.

2. Sobre a regulamentação profissional da área da educação física, é correto afirmar:

    a) Aconteceu como desdobramentos de questões político-governamentais e geradas em consenso por meio de ações ideológicas no campo da formação na área.
    b) Foi decorrente da influência, no campo tecnicista da formação de educação física, da análise social das transformações da sociedade nos anos 1990.
    c) Está atrelada a questões sociais, políticas e econômicas do contexto da sociedade brasileira.
    d) Não teve Influência no processo de formação da área.

3. Sobre o IV PNPG (2005-2010), é correto afirmar que foi promulgado tendo como propósito:
   a) subsidiar a formulação e a implementação de políticas públicas voltadas às áreas de educação, ciência e tecnologia.
   b) fortalecer a educação básica.
   c) discutir o ensino da formação inicial.
   d) permitir somente a expansão da graduação dos cursos.

4. De acordo com a LDBEN (Lei n. 9.394/1996), a educação superior tem de ser um espaço de preparação humana e profissional, pois deve:
   a) promover estudos locais e permitir que apenas os problemas da comunidade local sejam superados.
   b) estimular o conhecimento dos problemas do mundo presente, em particular os nacionais e regionais, prestar serviços especializados à comunidade e estabelecer com esta uma relação de reciprocidade.
   c) estimular a prática como superação da teoria.
   d) promover ações de distanciamento das realidades vivenciadas, pois apenas o intelecto deve ser valorizado.

5. A formação específica se subdivide em:
   a) dimensões culturais do movimento humano, técnico-instrumental e didático-pedagógico.
   b) dimensões técnicas e científicas.
   c) dimensões racionais e intelectivas.
   d) dimensões culturais e sociais.

■ Atividades de aprendizagem

Questão para reflexão

1. Segundo Moraes (2003, p. 22), as discussões sobre educação a partir dos anos 1980 apresentaram duas questões principais "a democratização do ensino e a reorganização da escola, segundo as novas exigências econômicas e tecnológicas de produção". Em especial no campo da educação física, a principal mudança veio com a Lei n. 9.394/1996. Discorra sobre essa mudança na lei e o impacto que teve no desenvolvimento da área no âmbito escolar.

2. Entendendo que as mudanças no campo legislativo alteraram os processos formativos na educação física, explique como essa alteração tem sido percebida nos contextos de atuação do profissional da área.

Atividade aplicada: prática

1. Ciente de que as mudanças promovidas pela separação entre licenciatura e bacharelado têm afetado os campos de atuação do profissional de educação física, entreviste três professores da área questionando qual é a percepção deles a respeito dessa mudança. Lembre-se de evidenciar se os entrevistados são contrários ou favoráveis a essa separação.

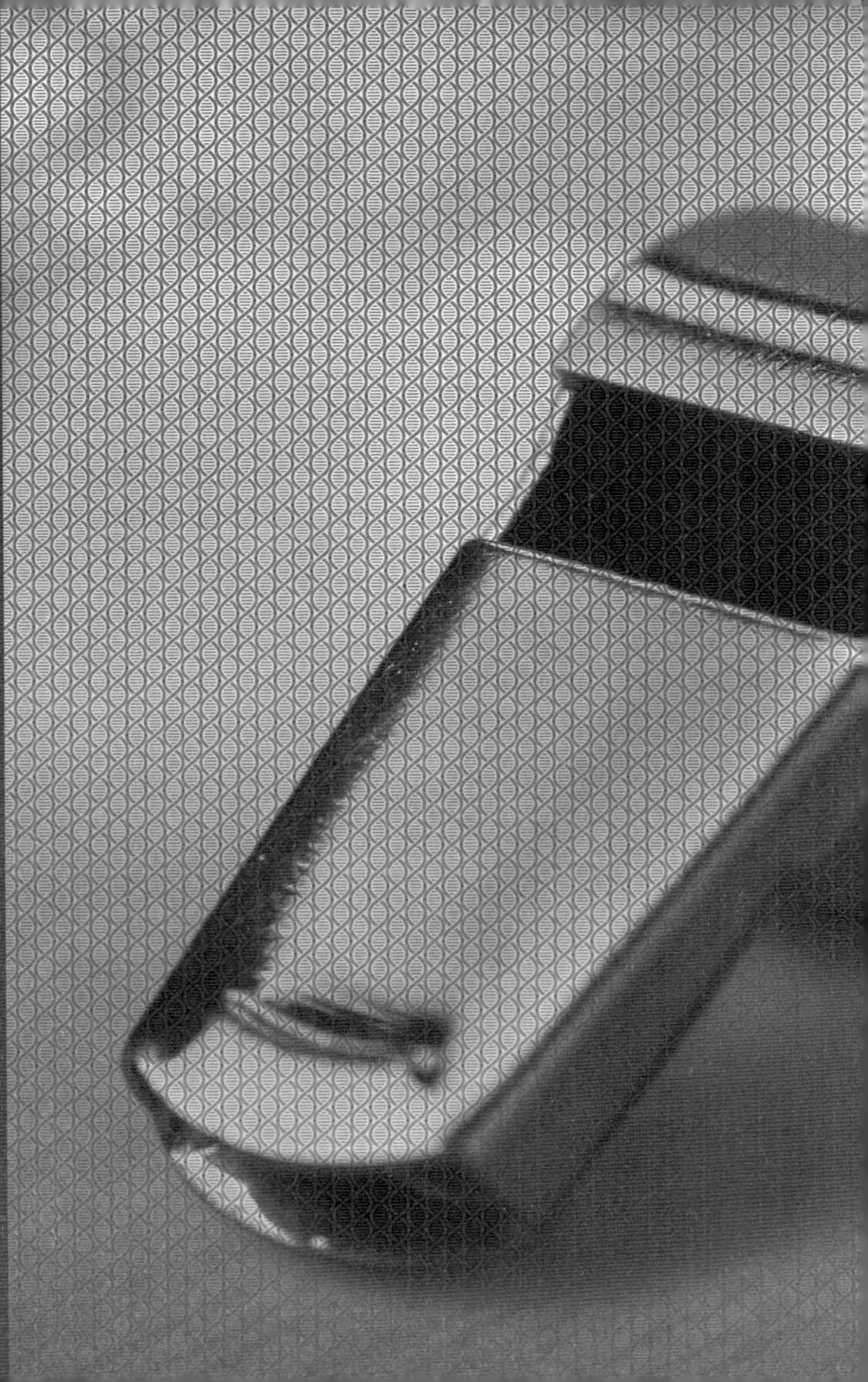

Capítulo 5

Educação física, política e atuação profissional

*Fernanda Gimenez Milani, Fernando Augusto Starepravo,
Vânia de Fátima Matias de Souza*

As **reflexões** acerca das políticas públicas e suas relações com o campo de atuação e profissionalização da educação física têm se tornado uma tônica nos debates sobre os caminhos e as perspectivas da área. Afinal, não é possível projetar ações futuras para a educação física se não a considerarmos uma área inserida num contexto conjuntural das políticas públicas do Estado, promovidas e implementadas conforme as demandas e necessidades da sociedade civil.

Você já compreendeu que as políticas são ou deveriam ser elaboradas com base em projetos de governo que comungam com os interesses das diversas categorias da sociedade, mas nem sempre é essa a realidade. Então, deve estar se questionando qual é a relação entre a profissão de educação física, o profissional que atua nessa área e as políticas voltadas para ela. Para essa reflexão, neste capítulo, faremos algumas ponderações acerca da atuação do profissional nos contextos da educação formal e não formal, das ações que acontecem no âmbito das políticas voltadas à educação, ao lazer e ao esporte para categorias da população que se encontram em situação de vulnerabilidade ou que carecem de cuidados no campo da educação e da saúde. Vamos à leitura!

5.1 Políticas públicas e atuação profissional em educação física

Vânia de Fátima Matias de Souza

Os espaços de atuação profissional em educação física têm sido pauta no cenário acadêmico na atualidade. Segundo Sousa e Vago (1997), esse debate ficou mais acirrado desde a segunda metade da década de 1990, quando a tônica das discussões sobre o campo profissional focou nos saberes da prática e da experiência docente, na necessidade da reforma curricular, na avaliação da formação profissional e na ideia de elaboração de um projeto pedagógico com um novo desenho para o curso de Educação Física. Entendendo ser essa discussão relevante para os estudos da área, nesta seção traremos subsídios teóricos que auxiliem no debate acerca das implicações políticas da atuação profissional na área da educação física.

O campo de atuação profissional é um espaço no qual a intervenção está estreitamente relacionada às especificidades dos contextos em que se inscreve e às necessidades da população atendida. Ela também envolve uma compreensão autocrítica associada a uma busca reflexiva pela compreensão dos contextos sociais, políticos e econômicos. Somente assim, a intervenção pode contribuir de maneira significativa para a população atendida – no contexto escolar, da saúde, das situações de vulnerabilidade social –, sendo significativa e representativa para todos os envolvidos.

De acordo com Barros (1994), o exercício profissional acontece quando os profissionais são capazes de: analisar os conhecimentos historicamente produzidos, entendendo e compreendendo criticamente as condições e os processos por meio dos quais o conhecimento se constitui e é produzido; compreender sua fidedignidade e validade nas possibilidades de generalizações rumo à sustentação de suas ações profissionais. Para a atuação profissional na educação física independentemente dos espaços de intervenção, faz-se necessária uma constante atualização, a fim de que haja um desenvolvimento profissional e pessoal.

Ao refletirmos sobre a atuação profissional e o papel desempenhado pelas diversas áreas do conhecimento em prol da sociedade, temos de considerar que a formação dos profissionais acontece em meio à constituição da chamada *sociedade do conhecimento*, na qual a fluidez das informações está a um clique, a um apertar de botões. Nesse compasso, a atuação é perpassada também pela percepção do corpo, haja vista que, nessa conjuntura social, a relação do sujeito com seu corpo se caracteriza pela busca do **corpo belo**, do **corpo saudável**, do **corpo performático**. Enfim, a imagem do corpo para o sujeito na sociedade atual tem se modificado constantemente, e a educação física, nos seus diversos campos de atuação – saúde, estética, rendimento ou educação –, tem de lidar com essa percepção de corpo, que constitui uma das formas de se conhecer e verificar as necessidades desse modelo de sociedade e de homem da atualidade.

Segundo Silva (2001), as mudanças nas relações e nos interesses relativos ao corpo e às práticas corporais têm sido constantes desde o século XX, resultado das necessidades das relações sociais e mercadológicas, já que se tem formado uma cultura de valorização do corpo como produto.

Assim, o trabalho com o corpo tornou-se um dos pontos de relevo nas discussões da formação da educação física, seja como um corpo que deveria ser moldado, disciplinado a seguir as ordens, seja um corpo representativo, no qual se torna possível tecer conhecimentos, interesses e vontades. Sob os efeitos de tais percepções, a atuação e a intervenção do professor de Educação Física passam a influenciar a maneira de pensar de determinado grupo social.

Refletir sobre a atuação profissional é também um exercício de se pensar o campo de atuação da educação física, que pode se dar no ensino e na pesquisa, no contexto escolar, na área da estética ou da saúde. Sendo assim, a busca da qualificação e da formação continuada deve ser permanente. Vale lembrar que, segundo Marinho (2005), a *qualificação* não é sinônimo de *competência*; a efetivação de ambas depende da ação do profissional envolvido, ou seja, de sua busca reflexiva e crítica acerca dos contextos provenientes do mundo do trabalho.

No entanto, há de se destacar que, de acordo com Ramos (2001), o termo *competência* na atualidade pode estar associado fortemente à noção de empregabilidade; isso significa que, segundo o autor, os termos *competência* e *qualificação* se inter-relacionam na medida em que elas se reportam e representam as qualidades da pessoa e do conteúdo trabalhado.

É possível que você esteja se perguntando: Como essa relação entre o mundo do trabalho, a necessidade de uma formação pautada na criticidade e no conhecimento e a crescente busca da qualificação e da competência para o exercício profissional podem se encontrar com o universo das políticas? Investiguemos.

Um exemplo de política aplicada ao campo de formação e intervenção da educação física está descrita na Resolução n. 7, de 31 de março de 2004 (Brasil, 2004a), do Conselho Nacional de Educação (CNE), a qual apresenta, nos arts. 3 e 4, as indicações de como devem ser tratados os conhecimentos acadêmicos no campo da formação e da intervenção da educação física.

> Art. 3º a Educação Física é uma área de conhecimento e de intervenção acadêmico-profissional que tem como objeto de estudo e de aplicação o movimento humano, com foco nas diferentes formas e modalidades do exercício físico, da ginástica, do jogo, do esporte, da luta/arte marcial, da dança, nas perspectivas da prevenção de problemas de agravo da saúde, promoção, proteção e reabilitação da saúde, da formação cultural, da educação e da reeducação motora, do rendimento físico-esportivo, do lazer, da gestão de empreendimentos relacionados às atividades físicas, recreativas e esportivas, além de outros campos que oportunizem ou venham a oportunizar a prática de atividades físicas, recreativas e esportivas.
>
> Art. 4º O curso de graduação em Educação Física deverá assegurar uma formação generalista, humanista e crítica, qualificadora da intervenção acadêmico-profissional, fundamentada no rigor científico, na reflexão e na conduta ética. (Brasil, 2004a)

Resoluções e pareceres de ordem política buscam normatizar e orientar o ensino e a formação na área da educação física. Entretanto, conforme descreve Betti (1992), na discussão que perdura sobre o dilema especialista *versus* generalista – que poderia também ser traduzido como o dilema bacharelado *versus* licenciatura –, devemos cuidar para que não se associe o bacharel em Educação Física com o especialista, ou o licenciado com o generalista.

Como percebemos, as ações políticas, em especial as de regulamentação profissional da área, também apontam para um delineamento e direcionamento do campo da intervenção profissional. Segundo Bonelli (1999, p. 325), "foram pouco exploradas as abordagens sobre as relações entre profissionalismo, Estado e sociedade, principalmente, no veio investigativo do papel que as profissões desempenharam, para além dos benefícios próprios".

O que precisamos entender, conforme o exposto no Capítulo 4, é que essas discussões acerca do campo da atuação da licenciatura e do bacharelado para a intervenção profissional em educação física ainda se dão pela legislação atual, que possibilita duas vertentes de formação, instituídas pela Resolução n. 7/2004, do CNE, e pela Resolução n. 1, de 18 de fevereiro de 2002 (Brasil, 2002a), do Conselho Pleno.

A Resolução n. 1/2002 instituiu as Diretrizes Curriculares Nacionais para a formação de professores da educação básica, em nível superior, curso de licenciatura, de graduação plena, apontando as características dos cursos de licenciatura, sem contanto especificar áreas de conhecimento (Brasil, 2002a). Isso, segundo Moreira, Pereira e Lopes (2009), possibilita que os cursos de licenciatura, independentemente da área, formem apenas professores para atuar exclusivamente nos três níveis de ensino da educação básica, restringindo por completo o campo de atuação do licenciado em Educação Física, que antes abrangia todas as possibilidades do mercado de trabalho profissional da área. Isso ocorre porque a Resolução n. 1/2002 considera,

> Art. 1º As Diretrizes Curriculares Nacionais para a Formação de Professores da Educação Básica, em nível superior, em curso de licenciatura, de graduação plena, constituem-se de um conjunto de princípios, fundamentos e procedimentos a serem observados na organização institucional e curricular de cada estabelecimento de ensino e aplicam-se a todas as etapas e modalidades da educação básica.
>
> [...]
>
> Art. 3º A formação de professores que atuarão nas diferentes etapas e modalidades da educação básica observará princípios norteadores desse preparo para o exercício profissional específico, que considerem:
>
> I- a competência como concepção nuclear na orientação do curso;

II - *a coerência entre a formação oferecida e a prática esperada do futuro professor, tendo em vista:*
a. *a simetria invertida, onde o preparo do professor, por ocorrer em lugar similar àquele em que vai atuar, demanda consistência entre o que faz na formação e o que dele se espera;*
b. *a aprendizagem como processo de construção de conhecimentos, habilidades e valores em interação com a realidade e com os demais indivíduos, no qual são colocados em uso capacidades pessoais;*
c. *os conteúdos, como meio e suporte para a constituição das competências;*
d. *a avaliação como parte integrante do processo de formação, que possibilita o diagnóstico de lacunas e a aferição dos resultados alcançados, consideradas as competências a serem constituídas e a identificação das mudanças de percurso eventualmente necessárias.*
III - *a pesquisa, com foco no processo de ensino e de aprendizagem, uma vez que ensinar requer, tanto dispor de conhecimentos e mobilizá-los para a ação, como compreender o processo de construção do conhecimento.*

Como consequência dessas normativas, o CNE promulgou a Resolução n. 2, de 19 de fevereiro de 2002 (Brasil, 2002b), a qual instituiu que os cursos de licenciatura, de graduação plena, de formação de professores da educação básica tivessem carga horária mínima de 2.800 horas, distribuídas em no mínimo três anos letivos, e que a respectiva carga horária fosse composta por práticas de ensino, estágios supervisionados, atividades acadêmico-científico-culturais e aulas propriamente ditas (Brasil, 2002a).

Para orientar e normatizar os cursos de bacharelado, a Resolução n. 7/2004 deliberou as Diretrizes Curriculares Nacionais para os cursos de graduação em Educação Física, definindo em seu art. 4º (transcrito anteriormente), parágrafos 1º e 2º:

Art. 4º [...]

§ 1º O graduado em Educação Física deverá estar qualificado para analisar criticamente a realidade social, para nela intervir acadêmica e profissionalmente por meio das diferentes manifestações e expressões do movimento humano, visando a formação, a ampliação e o enriquecimento

cultural das pessoas, para aumentar as possibilidades de adoção de um estilo de vida fisicamente ativo e saudável.

§ 2º O Professor da Educação Básica, licenciatura plena em Educação Física, deverá estar qualificado para a docência deste componente curricular na educação básica, tendo como referência a legislação própria do Conselho Nacional de Educação, bem como as orientações específicas para esta formação tratadas nesta Resolução. (Brasil, 2004a)

Perceba que a Resolução n. 2/2002 e a Resolução n. 7/2004 adotam concepções específicas no tratamento aos profissionais de educação física. De acordo com Benites, Souza Neto e Hunger (2008), essa dissonância gera profissionais distintos com formações específicas. Esse foi tema de um grande debate sobre intervenção, área de atuação e perspectivas de formação, obtendo um redimensionamento no próprio mercado de trabalho.

Com base nesse desenho, segundo Verenguer (2003), os cursos de licenciatura formam professores de Educação Física para atuar na educação básica (educação infantil, ensino fundamental e ensino médio), e o aluno formado neles será um profundo conhecedor da função da escola e do papel da educação física no ambiente escolar. Já os cursos de bacharelado.

Cabe ressaltarmos que ainda se discute esse desenho com frequência na área, pois essa é uma realidade posta pela legislação na atualidade; e, como as mudanças são sempre necessárias, essa legislação pode ser alterada, reconfigurando o desenho tanto da atuação quanto da formação profissional – afinal, as políticas que legitimam e normatizam a área são provenientes das necessidades e do próprio contexto social de cada momento histórico.

Portanto, a atuação em educação física ainda está sendo construída, os discursos e debates a favor e contra a unificação têm sido frequentes e, talvez em breve, teremos uma nova perspectiva para a formação na área. Contudo, o movimento deve ser de busca de mudança na legislação não apenas no que se refere à abrangência da formação obtida por meio de um certificado, mas também pela necessidade de uma educação de qualidade na formação inicial, tendo como reflexo a valorização da área no campo de atuação profissional.

5.2 Políticas públicas, educação física e a escola

Vânia de Fátima Matias de Souza

Como comentamos no Capítulo 4, a atuação da educação física no universo escolar se dá pela compreensão dos objetivos estabelecidos para os cursos de licenciatura indicados para a formação dos professores da educação básica. Nesse sentido, examinaremos as principais políticas educacionais relacionadas à educação física no contexto escolar.

Conforme demonstramos no capítulo anterior, a educação física tem se constituído como área de conhecimentos que contribui na formação do homem para o mundo do trabalho e para seu desenvolvimento social, sob a influência das relações e mudanças efetivas ocorridas ao longo da história da sociedade, de acordo com cada momento político e econômico vivenciado.

Logo, efetivamente, a educação física no universo escolar tem seu espaço demarcado legalmente pela Lei de Diretrizes e Bases de 1961, na qual a Educação Física já era considerada obrigatória nos cursos de grau primário e médio até a idade de 18 anos. Em conformidade com as características da sociedade da época e do momento político, a educação física tinha como foco "a capacitação (preparação) física dos jovens para o ingresso no mercado de trabalho de forma produtiva" (Darido; Rangel, 2005, p. 55).

De acordo com Castellani Filho (1994), o olhar para a educação física com foco no preparo físico era consonante com a busca do Estado em preparar mão de obra resistente e eficaz para o trabalho, o que, segundo o autor, deu contornos tecnicistas à educação física nos anos 1980.

Na década de 1990, a educação física na escola passou a ser vista sob novos prismas, estabelecidos pelos Parâmetros Curriculares Nacionais (PCNs), contando com algumas abordagens pedagógicas, como a psicomotora, a construtivista, a desenvolvimentista e a crítica, que se originaram de correntes e concepções psicológicas, sociológicas e filosóficas (Brasil, 1998d).

Essas reformulações das concepções aconteceram no universo escolar em razão da necessidade de operacionalização da Lei n. 9.394, de 20 de dezembro de 1996 (Brasil, 1996). De acordo com Bonamino e Sousa (2012), uma ação relevante foi a construção dos PCNs, em que passa a haver uma possibilidade da flexibilização dos conteúdos curriculares tratados no campo escolar, desencadeando, assim, um momento de reestruturação e análise dos saberes e conhecimentos, tratados de acordo com as realidades e necessidades de cada contexto. No entanto, essa abertura apresentou lacunas, em relação à propositiva teórica e metodológica para o desenvolvimento do processo educativo. Especificamente no que tange à educação física no contexto escolar, vale destacarmos a inserção do parágrafo 3º do art. 26 da Lei n. 9.394/1996, inserido no ano de 2001, no qual se passa a considerar a mudança do termo *obrigatório* após *componente curricular*. De acordo com o artigo, a educação física, "integrada à proposta pedagógica da escola, é componente curricular da Educação Básica, ajustando-se às faixas etárias e às condições da população escolar, sendo facultativa nos cursos noturnos"[1] (Brasil, 1997a, p. 17).

---

[1] A redação atual é:
"Art. 26 [...]
§ 3ºA educação física, integrada à proposta pedagógica da escola, é componente curricular obrigatório da educação básica, sendo sua prática facultativa ao aluno:
I – que cumpra jornada de trabalho igual ou superior a seis horas;
II – maior de trinta anos de idade;
III – que estiver prestando serviço militar inicial ou que, em situação similar, estiver obrigado à prática da educação física;
IV – amparado pelo Decreto-Lei n. 1.044, de 21 de outubro de 1969;
[...]
VI – que tenha prole."

Conforme Beltrami (2001), o referido texto considera a obrigatoriedade do ensino da Educação Física (presente em "integrada à proposta pedagógica da escola"), o que significou grande avanço para a área, uma vez que até então o caráter legal da educação física escolar era de um componente curricular complementar.

Essa alteração, no entanto, não garantiu a inserção da educação física em todas as etapas da educação básica. Isso significa que a educação infantil e as séries iniciais ainda se encontram fragilizadas quanto à especificidade e obrigatoriedade do atendimento de um profissional qualificado na área para trabalhar no ambiente escolar com conteúdos específicos.

Sabendo que a educação física é um componente curricular obrigatório na educação básica, para compreender como as políticas educacionais integram a área, precisamos também entender que elas estão ligadas às políticas nacionais da educação. Um exemplo para a formação aplicada à prática da docência na área da educação pode ser observado nos objetivos que se revelam nas metas e estratégias descritas no Plano Nacional da Educação (PNE), documento em que há particularidades e proposições políticas que devem ser desenvolvidas no campo da formação inicial e continuada para a atuação dos profissionais na educação. Essa política, como definido na Meta 15 do PNE, visa garantir maior organicidade à formação dos profissionais da educação, incluindo o magistério. Assim, a Política Nacional de Formação dos Profissionais da Educação Básica tem por finalidade organizar e efetivar – em regime de colaboração entre União, estados, Distrito Federal e municípios, em estreita articulação com os sistemas, redes e instituições de educação básica e superior – a formação dos profissionais da educação básica.

Ainda sobre a formação para a atuação do profissional no universo da escola, encontramos o art. 2º do Decreto n. 6.755, de 29 de janeiro de 2009 (Brasil, 2009a). As Diretrizes Curriculares Nacionais, instituídas pela Resolução n. 2/2015 (Brasil, 2015b), definem os princípios da formação inicial e continuada de profissionais do magistério da educação básica e sinalizam para a necessidade de maior organicidade nos projetos formativos e maior articulação entre as instituições de educação superior e de educação básica. Por esse instrumento, a formação inicial e a continuada devem contemplar, conforme seu art. 3º, parágrafo 6º:

Art. 3º [...]

§ 6ª [...]
I - sólida formação teórica e interdisciplinar dos profissionais;
II - a inserção dos estudantes de licenciatura nas instituições de educação básica da rede pública de ensino, espaço privilegiado da práxis docente;
III - o contexto educacional da região onde será desenvolvido;
IV - as atividades de socialização e a avaliação de seus impactos nesse contexto;
V - a ampliação e o aperfeiçoamento do uso da Língua Portuguesa e da capacidade comunicativa, oral e escrita, como elementos fundamentais da formação dos professores e da aprendizagem da Língua Brasileira de Sinais (Libras);
VI - as questões socioambientais, éticas, estéticas e relativas a diversidade étnico-racial, de gênero, sexual, religiosa, de faixa geracional e sociocultural como princípios de equidade. (Brasil, 2015b)

De acordo com o Parecer n. 2, de 9 de junho de 2015 (Brasil, 2015a), a formação inicial deve ser responsável por capacitar o profissional do magistério da educação básica para o exercício da docência e da gestão educacional e escolar, o que requer que essa formação, em nível superior, adequada à área de conhecimento e às etapas e modalidades de atuação, possibilite acesso a conhecimentos específicos sobre gestão educacional e escolar e sobre a formação pedagógica para o exercício da gestão e da coordenação pedagógica e atividades afins.

Entretanto, essa ainda não é uma realidade constante no processo de formação e qualificação profissional para a atuação na escola. Segundo Lapo e Bueno (2003), é preciso considerar a questão do abandono no processo de formação profissional para a atuação na escola, e esse fenômeno ocorre de forma gradativa, por meio de mecanismos pessoais e institucionais de que os docentes fazem uso antes que ocorra o abandono definitivo.

Na educação física, o estudo de Santini e Molina Neto (2005) aponta que essa é uma realidade presente na formação acadêmica, nas condições de trabalho, nas relações sociais e econômicas que influenciam a ação profissional no campo escolar. Isso porque, de acordo com os autores, é preciso considerar que a área está muito atrelada a uma cultura escolar de prática esportiva, cuja marca está ainda interligada à reprodução das experiências.

Nesse sentido, é preciso considerar a estruturação e a formulação de leis, resoluções e pareceres que ditam os caminhos do trabalho pedagógico, em especial da Educação Física no contexto escolar, porque, conforme defende Nozaki (2001):

> As políticas educacionais, portanto, acompanham o movimento das teses neoliberais, no sentido do enxugamento da folha de pagamento do Estado, da desobrigação deste último em financiar uma educação de qualidade, mas ao mesmo tempo edificar leis e diretrizes para a formação de um determinado homem capacitado à integração dentro do modelo da economia globalizada.

Como explicamos, de acordo com a Lei n. 9.394/1996, é garantida a inclusão da Educação Física como componente curricular da educação básica. Apesar disso, segundo Bracht e Almeida (2003, p. 94),

> são notórias as dificuldades enfrentadas pela disciplina para permanecer na dinâmica curricular das instituições de ensino. Essa situação é recrudescida em função de um problema de exegese legislativa que, graças à generalidade e flexibilidade assumida pela nova LDBEN, permitia às escolas reduzir sobremaneira a presença da EF.

Assim, podemos perceber que a relação entre políticas públicas, educação física e escola se desenrola seguindo os pressupostos da legislação da educação em todos os níveis e modalidades de ensino. A educação física no contexto escolar, considerada componente curricular, na atualidade tem se destacado por compor esse cenário; portanto, deve seguir as orientações da formação para o exercício da profissão de acordo com o estabelecido para o campo educacional.

5.3 Política, saúde pública e educação física

Fernanda Gimenez Milani
Fernando Augusto Starepravo

Quando pensamos em saúde pública, muitas vezes associamos essa temática a problemas que geram doenças, como obesidade, diabetes, hipertensão, além de surtos epidemiológicos, como os de dengue, microcefalia e febre amarela. Porém, o tema saúde pública não trata apenas de doenças, ele engloba também os fatores de prevenção e promoção da saúde, tendo como objetivo principal, a melhora da qualidade de vida.

Historicamente, no Brasil o tema tem ocupado uma parcela significativa da preocupação das autoridades públicas e tem sido foco de investimento de políticas de recuperação e promoção da saúde. Para entendermos como isso aconteceu, é necessário apresentar um breve histórico sobre o processo saúde/doença e suas transformações.

O século XIX, no Brasil, foi marcado por diversas transformações na sociedade, advindas principalmente da Revolução Industrial. Essas mudanças alcançaram diversos setores, como a economia, a política e a cultura, que passaram a gerar novos hábitos de vida, intensificados pela criação de tecnologias cada vez mais sofisticadas e presentes em todas as atividades humanas. A saúde, sendo fundamental para a existência da vida, não ficou fora desse processo de modificação da sociedade; sendo assim, com as mudanças dos hábitos de vida, alteraram-se também os problemas sanitários e o entendimento sobre o que é *saúde*.

Segundo a Organização Mundial da Saúde – OMS (WHO, 1998), ter saúde significa ter um perfeito estado de bem-estar físico, social e mental. Apesar de essa ser uma definição ampla, é possível entender *saúde* como um arranjo perfeito entre diversos fatores de ordem física, mental e psicológica que compõem o comportamento humano. Desse modo, as políticas públicas têm por objetivo subsidiar ações que atendam às necessidades da sociedade nessas três dimensões.

Cada país conta com uma política nacional de saúde específica. No Brasil, as ações de promoção, prevenção e recuperação da saúde, que visam à melhora da qualidade de vida, à educação em saúde e a hábitos saudáveis de alimentação, são de responsabilidade do Sistema Único de Saúde (SUS). A ideia de criar um sistema único nasceu durante a 8ª Conferência Nacional de Saúde (CNS), em 1986, que tinha como tema "Democracia é Saúde". Nesse evento, surgiu a preocupação de implementar políticas sociais que garantissem a saúde como direito social irrevogável e indissociável dos demais direitos humanos, como educação e bem-estar. Atualmente, cabe ao SUS, sobretudo, as seguintes responsabilidades: a proposição de um conceito ampliado de saúde, a criação de políticas públicas para promoção e recuperação da saúde, além de disponibilizar mecanismos de participação social na construção do sistema e das políticas de saúde, por meio de conselhos (Brasil, 2010e). Nesse sentido, o SUS trata de questões relacionadas aos efeitos de adoecer provocados pelo tempo, mas também dialoga com os movimentos para a promoção da saúde visando à melhora da qualidade de vida.

> *É possível entender saúde como um arranjo perfeito entre diversos fatores de ordem física, mental e psicológica que compõem o comportamento humano.*

É justamente essa vertente que permite desviar o foco da criação de programas com caráter assistencial e emergencial para aqueles de promoção da saúde, como é o caso do Programa Saúde da Família (PSF), criado em 1994, hoje conhecido como *Estratégia Saúde da Família* (EFS). Com essa estratégia de planejamento, novas normativas foram direcionadas à ampliação do trabalho de atendimento ao SUS, como a criação da Política de Atenção Básica e a implantação da Política Nacional de Promoção da Saúde (PNPS), ambas no ano de 2006. Nota-se, portanto, que houve preocupação em promover uma intensa campanha a favor de ações que visem defender e proteger a vida, por meio do cuidado com o indivíduo e com sua qualidade de vida (Brasil, 2010e).

Nesse contexto de promoção e prevenção da saúde, está inserida a área da educação física, por meio de atividades que busquem a melhora da qualidade de vida, a conscientização da prática de atividades físicas e o encorajamento para a participação na elaboração de políticas públicas de saúde (Luz, 2007). É importante destacar que a função do profissional de Educação Física pressupõe integralidade, a fim de reverter o quadro de sedentarismo ou inatividade física, que pode acarretar algumas doenças crônico-degenerativas (como doenças cardiovasculares, diabetes, obesidade, câncer e doenças respiratórias) (Brasil, 2013b).

Sabemos que a educação física apresenta um vínculo histórico muito forte com a saúde e a política. Em seu início, entre os séculos XVIII e XIX, como bem aponta Soares (2004), a área foi fortemente influenciada pela instituição militar e pela medicina. Bracht (1999, p. 72-73) assinala que:

> *A instituição militar tinha a prática – exercícios sistematizados que foram ressignificados (no plano civil) pelo conhecimento médico. Isso vai ser feito numa perspectiva terapêutica, mas principalmente pedagógica. Educar o corpo para a produção significa promover saúde e educação para a saúde (hábitos saudáveis, higiênicos). Essa saúde ou virilidade (força) também pode ser (e foi) ressignificada numa perspectiva nacionalista/patriótica.*

Há exemplos marcantes na história desse tipo de instrumentalização de formas culturais do movimentar-se, como, por exemplo, a ginástica: Jahn e Hitler na Alemanha, Mussolini na Itália e Getúlio Vargas e seu Estado Novo no Brasil.

Com a escalada do esporte como conteúdo predominante da educação física, outras questões ganharam relevância, como a representação nacional e o nacionalismo por meio do esporte. Todavia, a educação física sempre esteve pautada e relacionada ao discurso médico e da saúde. Hoje, grande parte dos cursos de formação está associada aos centros de ciências da saúde e a pós-graduação na área está, para fins de avaliação da Comissão de Aperfeiçoamento de Pessoal do Nível Superior (Capes), dentro da grande área de ciências da saúde. O próprio discurso legitimador da educação física está bastante pautado nas contribuições que o exercício físico e a educação física de forma mais ampla podem trazer à saúde. Segundo um levantamento realizado por Nahas e Garcia (2010), no decorrer dos anos, especialmente da década de 1980, a atividade física passou do foco da aptidão física relacionada ao desempenho motor para a atividade física relacionada à saúde, como nos estudos epidemiológicos sobre obesidade e outras doenças crônicas e sua associação com a inatividade física. Já na década de 1990, a atividade física foi definida como uma das prioridades da pesquisa em saúde pública, despertando um interesse crescente nas investigações científicas em atividade física e saúde. Nesses contextos, são inegáveis as aproximações entre educação física e saúde (Nahas; Garcia, 2010).

Grande parte dessa aproximação entre educação física e saúde é fruto de ações do Estado, haja vista que, mesmo com a crescente importância apresentada pela iniciativa privada, o Estado ainda é o grande protagonista do campo da saúde no Brasil. Assim, neste momento buscaremos compreender possíveis relações entre educação física e saúde, abordando algumas das principais políticas públicas da área. Focaremos nossos esforços em abordar a ação do SUS e da PNPS, uma vez que esta ratificou a institucionalização da promoção da saúde naquele.

Tradicionalmente, as políticas públicas de saúde se organizaram para priorizar os sintomas e as ações biomédicas individuais e curativas. A partir da década de 1990, houve uma expansão da promoção da saúde no Brasil, com vistas à obtenção de melhor qualidade de vida, com participação de indivíduos e da comunidade, por meio do fortalecimento da saúde pública e da cidadania. A criação do SUS, nesse contexto, foi decisiva. Por meio dele foi estruturado o maior sistema público de saúde do mundo, que busca progressivamente superar a condição curativa da saúde, com vistas a uma perspectiva ampliada de atenção à saúde, de acordo com as diretrizes de descentralização, atendimento integral e participação popular, respeitando os princípios de universalidade, integralidade e igualdade firmados na Constituição Federal de 1988.

Malta et al. (2009, p. 80) afirmam que:

> *Nesses primeiros 20 anos do Sistema Único de Saúde, a preocupação de garantir o acesso universal aos serviços fixou-se em assegurar assistência em saúde, baseada no reconhecimento da saúde como um direito de cidadania e dever do Estado, mais além das transições de governo. À construção de conceitos e práxis focados na qualificação do cuidado integral, imprimiu-se um ritmo menos acelerado.*
>
> *Nas últimas duas décadas, entretanto, a vivência de gestores e trabalhadores do SUS, no cotidiano dos serviços de saúde trouxe à tona a compreensão dos determinantes sociais na condução das necessidades de saúde das comunidades; e a promoção da saúde, o caminho para gerenciar esses desafios crescentes do processo saúde-adoecimento.*

A PNPS, criada em 2006, define diretrizes e recomenda estratégias de organização das ações de promoção da saúde nas esferas de gestão do SUS. De forma geral, tal política objetiva "Promover a qualidade de vida e reduzir vulnerabilidade e riscos à saúde relacionados aos seus determinantes e condicionantes – modos de viver, condições de trabalho, habitação, ambiente, educação, lazer, cultura, acesso a bens e serviços essenciais" (Brasil, 2010e, p. 17), elencando áreas prioritárias de intervenção. Dentre elas, destaca-se a promoção da prática de atividades físicas e práticas corporais, reflexo da importância conferida ao modo de viver ativo como fator de promoção da saúde, fundamentando a inserção do profissional da educação física no Serviço de Atenção Básica ao compor as equipes do Núcleo de Apoio à Saúde da Família (Nasf).

A priorização do incentivo às práticas corporais na PNPS reconhece ainda a relevância epidemiológica do tema do sedentarismo.

> Os dados da vigilância de fatores de risco e proteção para doenças crônicas por inquérito telefônico (Vigitel) indicaram, para o ano de 2006, que a frequência de indivíduos sedentários representava 29,2% dos adultos nas 27 cidades estudadas, enquanto a frequência de indivíduos que praticavam atividade física suficiente no lazer, 14,9% do mesmo conjunto populacional. (Malta et al., 2009, p. 81)

Tais dados corroboram o levantamento feito pela OMS, indicando ser o sedentarismo o quarto fator mais importante de mortalidade em todo o mundo (6%), sendo superado somente pela hipertensão (13%), o consumo de tabaco (9%) e o excesso de glicose no sangue (6%) (OMS, 2009). No entanto, a situação fica mais complicada quando se associa a inatividade física com as doenças crônico-degenerativas, pois se estima que essa relação seja responsável por 25% dos cânceres, 27% dos casos de diabetes e 30% das doenças do coração (OMS, 2009).

Esses dados nos ajudam a entender a importância da atividade física regular para a saúde. Como asseveram Scabar, Pelicioni e Pelicioni (2012, p. 415):

> Estudos epidemiológicos evidenciam que a atividade física regular e a adoção de um estilo de vida ativo são necessários para a promoção da saúde e melhoria da qualidade de vida, uma vez que a atividade física regular contribui na prevenção e controle das doenças crônicas não transmissíveis especialmente as relacionadas às doenças cardiovasculares e

o câncer. Está associada também a uma melhoria da mobilidade e da capacidade funcional durante o envelhecimento, sendo fundamental incentivar mudanças para a adoção de um estilo de vida ativo.

A PNPS, nessa vertente, propõe ações específicas para a prática corporal e a atividade física na rede básica e na comunidade, com destaque para ações de aconselhamento/divulgação, ações de intersetorialidade, mobilização de parceiros e ações de monitoramento e avaliação (Brasil, 2010e). Nesse sentido, o Ministério da Saúde e o Ministério do Esporte disponibilizam projetos de promoção da saúde oferecidos à sociedade. No caso deste último, as ações estão ligadas, principalmente, ao Programa Vida Saudável, o qual oferece atividades como oficinas, gincanas, eventos festivos e campeonatos, especialmente para a população idosa, a partir dos 60 anos, e/ou com deficiência, garantindo o acesso ao lazer e ao esporte recreativo (Brasil, 2016a). No Ministério da Saúde existem dois programas em que o profissional de educação física atua diretamente: a Academia da Saúde e o Nasf.

O Nasf, criado em 2008, é um programa constituído de uma equipe de profissionais de diversas áreas, entre elas a educação física, e que tem o objetivo de intervir nos aspectos que constituem a saúde (físico, mental e psicológico), gerando impactos positivos na qualidade de vida da sociedade. Atuando em conformidade com as diretrizes da atenção primária à saúde, o Nasf deve priorizar "o atendimento compartilhado e interdisciplinar, com troca de saberes, capacitação e responsabilidades mútuas, gerando experiências a todos os envolvidos, mediante amplas metodologias" (Brasil, 2010d, p. 7).

Esse programa busca "superar a lógica fragmentada da saúde para a construção de redes de atenção e cuidado" (Brasil, 2010d, p. 8), sendo esperado dos profissionais do Nasf uma postura de corresponsabilidade na gestão de suas atividades. Espera-se também o comprometimento com *a promoção de mudanças na atitude e na atuação dos profissionais da SF [Saúde da Família] [...], incluindo na atuação de ações intersetoriais e interdisciplinares, promoção, prevenção, reabilitação da saúde e cura, além da humanização de serviços, educação permanente, promoção da integralidade e da organização dos serviços de saúde.* (Brasil, 2010d, p. 10-11)

Com a criação do Nasf, os profissionais de Educação Física foram inseridos no serviço de atenção básica à saúde, atuando na implementação da PNPS, uma vez que as práticas corporais e atividades físicas constituem um dos oito eixos temáticos de atuação, conforme essa política. As diretrizes do Nasf recomendam que

o profissional de Educação Física favoreça em seu trabalho a abordagem da diversidade das manifestações da cultura corporal [...], procurando fugir do aprisionamento técnico/pedagógico dos conteúdos clássicos da Educação Física, seja no campo do esporte, das ginásticas e danças, bem como na ênfase à prática de exercícios físicos atrelados à avaliação antropométrica e à performance humana. (Brasil, 2010d, p. 126)

Para tanto, torna-se fundamental a participação dos demais profissionais do Nasf

na construção de grupos para desenvolvimento de atividades coletivas que envolvam jogos populares e esportivos, jogos de salão (xadrez, dama, dominó), danças folclóricas ou a "que está na moda", brincadeiras, entre outros, contextualizada num processo de formação crítica do sujeito" [...].

[...] Há que se considerar também algumas situações desfavoráveis, como a urbanização exacerbada e o desaparecimento de espaços públicos de lazer; as dificuldades de acesso às praças, aos parques ou aos centros comunitários, seja pela ausência de tempo, recurso financeiro, limitações motoras. seja até mesmo pela violência; a culpabilização do sujeito no discurso da adoção de hábitos saudáveis; o aumento da morbimortalidade por doenças do aparelho circulatório; a atividade física como simples oposição ao sedentarismo, e esse último explicado fora do contexto do modo de produção capitalista e da consequente reorganização do processo produtivo

> O SUS trouxe entre seus princípios a prática do controle social, aliás, um dos seus componentes mais importantes e inovadores.
>
> [...]
>
> Portanto, o planejamento participativo, apesar de conter aspectos de difícil controle em sua materialização, é uma estratégia agregadora e fortalecedora de laços entre o profissional e a comunidade, fundamental para o sucesso de qualquer atividade.
>
> [...]
>
> Recomenda-se a construção de atividades e possibilidades a partir das necessidades e contribuição coletivas referentes aos que serão beneficiados, em detrimento da imposição de modelos. (Brasil, 2010d, p. 126-127)

Nesse sentido, "o perfil dos profissionais da rede de Atenção Básica, entre os quais o da educação física, deve contemplar posturas que superem a perspectiva individualizante e fragmentária que tradicionalmente abordam os modos de viver" (Scabar; Pelicioni; Pelicioni, 2012, p. 412). Entretanto, segundo os mesmos autores, a formação em educação física apresenta-se ainda distante da demanda imposta pelos serviços públicos de saúde.

> A associação da área da Educação Física com a atividade física ainda predomina e isso evidencia que o preparo do profissional tem sido centrado na prescrição de diagnóstico e avaliação, protocolos regidos por parâmetros puramente biológicos. O processo de formação do profissional da educação física deve considerar as necessidades de atuação como profissionais da saúde nas esferas da gestão e da promoção da saúde, dotando-os de conhecimentos e experiências que favoreçam o atendimento às necessidades sociais em saúde. (Scabar; Pelicioni; Pelicioni, 2012, p. 412)

Essas ações passam pelo conhecimento das políticas e dos princípios que as norteiam, uma vez que várias políticas públicas no campo da saúde contemplam ou podem vir a contemplar a atuação do profissional em nossa área.

Cabe ainda destacar a recente iniciativa do ex-senador Eduardo Lopes (PRB-RJ), que foi aprovada na Comissão de Assuntos Sociais (CAS) do Senado e está parada na Comissão de Assuntos Econômicos (CAE). Pelo projeto, gastos com nutricionistas, professores de Educação Física, clínicas e academias poderão ter dedução no imposto de renda (CAS aprova..., 2015) por estarem relacionadas aos gastos com a saúde. Isso abriria um espaço ainda maior para a atuação dos profissionais de educação física e reafirmaria a importância da área como parte integrante dos cuidados da saúde das pessoas.

5.4 Política, educação física e prestação de serviço em academias

Fernando Augusto Starepravo

Apesar de o campo de atuação em academias ser um espaço prioritariamente privado, cabe fazermos aqui algumas reflexões sobre as possibilidades de se relacionar política, atuação profissional em educação física e prestação de serviços em academias. Vários aspectos abordados na seção anterior sobre políticas públicas para a saúde, genericamente tratadas como *políticas de promoção da saúde*, podem servir como base para pensarmos a atuação do profissional nas academias e sua função política.

Podemos iniciar nossa análise comentando o processo de formação em educação física, centrado na prescrição de diagnóstico e avaliação, protocolos regidos por parâmetros predominantemente biológicos. Esse olhar limitado sobre os processos de saúde pode restringir a atuação do profissional que presta serviços em academias, quando este oferece um serviço que não atende aos interesses de seus clientes.

Ao problematizarmos as políticas de promoção da saúde, esperamos que você, leitor, relacione os conhecimentos de outros campos de atuação, porque o conhecimento não tem um único sentido ou aplicação, ele precisa ser incorporado e ressignificado pelos sujeitos, de forma que seja útil e relevante. Aquele acúmulo de conhecimento gerado por uma política pública abrangente – como o SUS e o Nasf – pode fornecer subsídios para pensarmos nossa área de forma mais ampla e refletir inclusive no âmbito privado de intervenção. Devemos, também no caso das academias, passar a pensar nos condicionantes sociais da saúde, que envolvem condições de vida, contexto social mais ampliado e atuação coletiva.

A atuação no âmbito privado das academias pode também ser considerada um elemento fundamental na estruturação do SUS, que, na condição de sistema único, envolve ações públicas, por meio de políticas públicas, mas também ações da iniciativa privada, já que o Estado, muitas vezes não consegue atender às demandas de toda a população. Assim, a iniciativa privada pode fornecer serviços de saúde, dentre eles as atividades físicas e as práticas corporais, às pessoas que podem pagar por eles. Segundo a legislação:

> Art. 4º O conjunto de ações e serviços de saúde, prestados por órgãos e instituições públicas federais, estaduais e municipais, da Administração direta e indireta e das fundações mantidas pelo Poder Público, constitui o Sistema Único de Saúde (SUS).
>
> [...]
>
> § 2º A iniciativa privada poderá participar do Sistema Único de Saúde (SUS), em caráter complementar. (Brasil, 1990b)

Como consequência, as academias privadas colaboram com as políticas públicas de saúde e contribuem com uma melhor qualidade de vida da população. Isso também gera menor pressão sobre os serviços curativos de saúde.

Ao permitir que a iniciativa privada intervenha no campo da saúde, o Estado não fica totalmente alheio ao que ocorre nesse meio, pois cabe a ele regular a prestação dos serviços, estabelecendo regras para a oferta destes. Um exemplo disso é a legislação que instituiu o SUS, a qual especifica em seu art. 22: "Na prestação de serviços privados de assistência à saúde, serão observados os princípios éticos e as normas expedidas pelo órgão de direção do Sistema Único de Saúde (SUS) quanto às condições para seu funcionamento" (Brasil, 1990b).

Assim, algumas leis e regulamentações foram criadas para disciplinar a oferta de atividades físicas e práticas corporais, como a regulamentação da profissão de educação física e a regulamentação das academias. Nesse sentido, é essencial que o profissional conheça as leis e os regulamentos que permeiam sua atuação no âmbito privado, seja como trabalhador, seja como empresário. Isso tem o potencial de gerar segurança jurídica ao trabalho e à prestação de serviço e de fazer o profissional ficar mais atento e informado acerca das ações de regulamentação do Estado sobre a oferta de serviços no campo das atividades físicas e práticas corporais.

Podemos ainda observar que a oferta de atividades físicas em academias pode ser uma política pública direta. Por todo o Brasil se proliferam as chamadas *academias da saúde*, que, em geral, são políticas públicas de disponibilização de espaços públicos correlatos às academias tradicionais.

O Programa Academia da Saúde foi lançado em 2011 e tem como objetivo utilizar-se dos espaços públicos para a realização de atividades físicas orientadas, além de promover uma educação em saúde mediante a conscientização sobre hábitos de vida e alimentação saudáveis. De acordo com a Portaria n. 2.681, de 7 de novembro de 2013 (Brasil, 2013a), esse programa está fundamentado

> Ao permitir que a iniciativa privada intervenha no campo da saúde, o Estado não fica totalmente alheio ao que ocorre nesse meio, pois cabe a ele regular a prestação dos serviços, estabelecendo regras para a oferta destes.

na Política Nacional de Promoção da Saúde e na Política Nacional de Atenção Básica, estando estabelecidos seus objetivos no art. 5º dessa portaria:

> Art. 5º São objetivos específicos do Programa Academia da Saúde:
>
> I – ampliar o acesso da população às políticas públicas de promoção da saúde;
>
> [...]
>
> IV – promover práticas de educação em saúde;
>
> [...]
>
> VIII – promover a convergência de projetos ou programas nos âmbitos da saúde, educação, cultura, assistência social, esporte e lazer;
>
> [...]
>
> X – aumentar o nível de atividade física da população;
>
> XI – promover hábitos alimentares saudáveis; [...] (Brasil, 2013a)

Academia da Saúde é uma política, portanto, de promoção da saúde realizada pelo Ministério da Saúde que acontece nos municípios e está intimamente relacionada com o Nasf, pois, para receber recursos para implantação dessa política, é necessário que o município já conte com um Núcleo.

Em pesquisa realizada no município de Maringá, Paraná, cidade pioneira na implantação de Academias da Saúde (que neste município surgiu como *Academias da Terceira Idade* – ATIs), o relato dos usuários é de que "estão mais felizes, houve diminuição do cansaço e melhoras da saúde, qualidade do sono, no aspecto emocional, no relacionamento com outras pessoas e na disposição, bem como alívio das dores" (Palácios; Nardi, 2007). Segundo os autores, as ATIs são utilizadas "pelos idosos, portadores de doenças crônicas, com boa aceitação [...]. Elas estão colaborando para o aumento do número dos praticantes de atividade física [...], favorecendo sua qualidade de vida, reduzindo custos sociais, internações hospitalares e mortalidade" (Palácios; Nardi, 2007).

Outra pesquisa, também realizada em Maringá, aponta que, com a implantação de Academias da Terceira Idade no município "houve aumento na participação de atividades físicas realizadas ao ar livre, e esta participação não se restringe somente a idosos" (Esteves et al., 2012, p. 36). Os autores concluíram que o período de três a seis meses de prática nas ATIs não foi capaz de produzir mudanças significativas nos parâmetros morfológicos de indivíduos acima de 60 anos, independentemente do gênero, mas que modificações na função cardiovascular sinalizam importantes reduções nos níveis de pressão arterial, indicando que a prescrição individualizada e a regularidade de atividade física são essenciais para a obtenção de melhoras expressivas.

Por outro lado, políticas de oferta de atividades físicas e práticas corporais em academias da saúde ou academias da terceira idade são alvo de críticas, especialmente porque em poucos desses espaços há a atuação dos profissionais de educação física. Há críticas também à efetividade desse tipo de ação, sem orientação e sem sobrecarga que garanta a progressão da condição de força e de saúde dos indivíduos.

A consciência crescente da importância da orientação das atividades físicas e práticas corporais por profissionais de educação física tem levado os gestores públicos a investirem na contratação de tais profissionais, constituindo um novo e amplo campo de atuação na saúde pública, no agenciamento e na execução de políticas públicas.

Algumas prefeituras têm construído e mantido também academias nos moldes tradicionais, a fim de oferecer à população que não tem condições de pagar pelo serviço ou acesso às academias particulares a prática de atividades físicas orientadas. Também nesses espaços é importante que haja profissionais bem formados para oferecer um bom serviço à população. Podemos pensar ainda que hoje, com o crescimento da área de treinamento funcional, há uma ampliação das possibilidades de intervenção por meio de atividades físicas e práticas corporais, sem a necessidade da construção e da manutenção de equipamentos de academia.

Um último ponto a ser ressaltado diz respeito a um assunto levantado no início deste livro: a participação e pressão política. Como dissemos, o professor de Educação Física é um cidadão, que vive socialmente e politicamente. Nesse sentido, tudo o que foi abordado nesta obra com relação à importância da política e do envolvimento político das pessoas se aplica também a ele. Afinal, ele é sujeito político, cidadão, que deve estar preocupado com as questões coletivas e políticas, exigindo o melhor para a sociedade, inclusive no que se refere às atividades físicas e práticas corporais. Além disso, o professor de Educação Física é um agente que tem demandas e interesses específicos concernentes a sua profissão e áreas de atuação. Assim, cabe a ele defender demandas relacionadas às atividades físicas e práticas corporais e à prestação de serviços em academias.

> A consciência crescente da importância da orientação das atividades físicas e práticas corporais por profissionais de educação física tem levado os gestores públicos a investirem na contratação de tais profissionais, constituindo um novo e amplo campo de atuação na saúde pública, no agenciamento e na execução de políticas públicas.

Apesar de esse assunto ser de interesse de toda a sociedade, numa dinâmica política em que prevalecem os grupos de interesses e as pressões que a sociedade é capaz de fazer sobre os governos, os professores de Educação Física devem se interessar por política de modo que façam valer as demandas relativas a nossa área. Portanto, o conhecimento em relação aos benefícios das atividades físicas e práticas corporais pode também nos levar a pressionar o Poder Público por mais ações públicas de intervenção e/ou apoio nesse campo.

5.5 Política, educação física e vulnerabilidade social

Vânia de Fátima Matias de Souza

Como já comentamos, as políticas públicas, em geral, são entendidas como uma ação estratégica de governo, o qual intervém por meio de estratégias para regular e normatizar as ações do Estado de acordo com os interesses e as necessidades da sociedade. Tendo essa compreensão, nesta seção problematizaremos as possíveis relações entre política, educação física e atuação profissional nas comunidades em condição de vulnerabilidade social.

Para iniciar as discussões acerca das políticas de atendimento a comunidades em condições de vulnerabilidade social, temos de entender primeiramente o que é, com precisão, *vulnerabilidade social*. Essa é uma compreensão necessária, uma vez que o termo utilizado acaba sendo uma forma de categorizar e descrever a situação de um indivíduo, grupo ou comunidade. Portanto, o termo está associado a grupos sociais que se encontram excluídos ou quando seus direitos, como o direito à moradia, à educação, à saúde ou ao lazer, são fragilizados ou extinguidos. Nesses casos, o Estado e a sociedade civil têm de se mobilizar para atender esses grupos em suas necessidades básicas.

Cabe alertamos que, comumente se confundem os termos *vulnerabilidade social* e *risco social*, tomando-se como sinônimos. De acordo com Yunes e Szymanski (2001, p. 29), o conceito de vulnerabilidade, "é aplicado erroneamente no lugar de risco, risco está associado ao uso feito por epidemiologistas associado a grupos e populações, a vulnerabilidade está diretamente ligada aos indivíduos e às suas suscetibilidades ou predisposições a respostas ou consequências negativas". Em síntese, o risco está associado

> *O risco está associado a causas que podem ser evitadas, já a vulnerabilidade está diretamente ligada à convivência social e emocional.*

a causas que podem ser evitadas, já a vulnerabilidade está diretamente ligada à convivência social e emocional.

As autoras Yunes e Szymanski (2001, p. 28) explicam que existe uma relação entre vulnerabilidade e risco, uma vez que "a vulnerabilidade opera apenas quando o risco está presente; sem risco, vulnerabilidade não tem efeito". Então, se a pessoa está sujeita a um risco social eminente, ela encontra-se em uma situação de vulnerabilidade social; entretanto, passará a estar em condição de risco a depender de suas estruturas sociais e/ou econômicas. A esse respeito, Reppold et al. (2002) assinala que, em cada situação, o sujeito tende a reagir de determinada maneira, ou seja, sua reação ou seu comportamento perante uma situação adversa depende de sua vulnerabilidade.

A vulnerabilidade social pode estar associada a um conjunto de fatores de ordem interna e pessoal do indivíduo, sendo influenciada pelas relações sociais e econômicas do meio no qual esse sujeito encontra-se inserido. De acordo com Carneiro e Veiga (2004), a vulnerabilidade está ligada a um conjunto de fatores, podendo ir desde o fato de o sujeito estar exposto a riscos até a baixa capacidade material, simbólica e comportamental de famílias e pessoas para enfrentar e superar os desafios com que se defrontam. Já os riscos estão associados às condições das famílias, da comunidade, do ambiente de convívio das pessoas no cotidiano – que são sempre situações próprias do ciclo de vida das pessoas. Portanto, vulnerabilidades e riscos sociais estão sempre atrelados a fatores como carências e/ou exclusão.

Em face da necessidade de contemplar os grupos sociais em situação de vulnerabilidade ou de risco social, o Estado passa a se adequar a esse cenário e a trazer à pauta essa discussão sobre como promover intencionalmente ações para atender às demandas desses grupos. Assim, a legislação com esse foco passa a ter destaque na Política Nacional de Assistência Social, na qual se tem o entendimento de que **vulnerabilidade** e **risco social** estão presentes em:

famílias e indivíduos com perda ou fragilidade de vínculos de afetividade, pertencimento e sociabilidade; ciclos de vida; identidades estigmatizadas em termos étnico, cultural e sexual; desvantagem pessoal resultante de deficiências; exclusão pela pobreza e/ou no acesso às demais políticas públicas; uso de substâncias psicoativas; diferentes formas de violência advinda do núcleo familiar, grupos e indivíduos; inserção precária ou não inserção no mercado de trabalho formal e informal; estratégias e alternativas diferenciadas de sobrevivência que podem representar risco pessoal e social. (Brasil, 2005a, p. 33)

Nesse contexto de atendimento a grupos em situação de risco ou vulnerabilidade social, tem-se destaque o trato com crianças e adolescentes, que, de acordo com o Estatuto da Criança e do Adolescente (ECA) – Lei n. 8.069, de 13 de julho de 1990 (Brasil, 199a) –, devem ter prioritariamente o direito ao atendimento. Esse estatuto determina que todos os municípios da Federação devem assegurar a constituição de órgãos que atendam às crianças e adolescentes considerados em situação de vulnerabilidade social (Brasil, 1990a).

Segundo Costa (1997), os direitos das crianças e dos adolescentes enfatizados no ECA são, em geral, garantidos por meio de: políticas de saúde, cujo enfoque são os direitos fundamentais à vida, à saúde e à alimentação para sua sobrevivência; políticas de educação, cultura, esporte, lazer e profissionalização, com enfoque no desenvolvimento pessoal e social da criança e do adolescente; políticas protetivas, voltadas à integridade física, moral, psicológica e social, à convivência familiar e comunitária, à liberdade, à dignidade e ao respeito.

A Constituição Federal de 1988 (Brasil, 1988) define em seus arts. 6º e 217 a prática desportiva e do lazer como um direito social, cabendo ao Poder Público promovê-la. As Leis n. 9.394/1996 e n. 8.069/1990 (ECA), alterada pela Lei n. 13.105, de 16 de março de 2015, destacam a relativa valorização do direito à educação, ao esporte e ao lazer. Em especial, o ECA, buscando atender a crianças em situação de risco e vulnerabilidade social, enfatiza em seu art. 59 que os municípios, com o apoio dos estados e da União, estimularão e facilitarão a destinação de recursos e espaços para programações culturais, esportivas e de lazer voltadas para a infância e a juventude.

Nesse contexto, podemos perceber que o campo de atuação da educação física está sempre atrelado às políticas de atendimento a pessoas em situação de risco ou vulnerabilidade social. A legislação brasileira evidencia que deve haver iniciativa governamental na execução de leis, projetos e programas de governo que buscam suprir as necessidades de crianças e adolescentes em situação de risco e vulnerabilidade social por meio do esporte educacional e outras ações que envolvam a intervenção da educação física.

Alguns projetos na área do esporte e lazer são disseminados pelo governo federal, com foco na população em situação de risco ou vulnerabilidade social, a exemplo do Programa Esporte e Lazer da Cidade (Pelc)[2], Vida Saudável[3] e Programa Segundo Tempo (PST). Isso porque, de acordo com o disposto no documento da Política Nacional do Esporte (PNE) – Resolução n. 5, de 14 de junho de 2005):

> *O Ministério do Esporte estabelece vínculos com um universo composto de crianças, jovens, adolescentes, adultos, idosos, com pessoas com deficiências ou com necessidades educativas especiais, com o sistema esportivo nacional e com o sistema educacional brasileiro que articula a educação básica e superior. A importância desse universo, considerando-se sua complexidade, amplitude e heterogeneidade, demanda do Ministério uma responsabilidade social, que deve se concretizar em ações balizadas, rigorosamente, por princípios humanísticos fundamentais, inequivocamente democráticos.* (Brasil, 2005b)

---

[2]   O Pelc e o PST estão mais detalhados nas seções 1.4 e 3.4 deste livro.

[3]   O Programa Vida Saudável, na sua essência, visa oportunizar a prática de exercícios físicos, atividades culturais e de lazer para o cidadão idoso, estimulando a convivência social, a formação de gestores e lideranças comunitárias, a pesquisa e a socialização do conhecimento, contribuindo para que o esporte e o lazer sejam tratados como políticas públicas e direitos de todos.

Entretanto, segundo Bracht e Almeida (2003), as mudanças no campo esportivo aconteceram efetivamente no século XX, momento em que o esporte passou a ser relacionado à ideia de instrumento de ação política. Nesse período esteve presente também o empenho pela massificação do esporte como agente de qualidade de vida da população, estimulado de forma globalizada pelas tendências das políticas de Estado voltadas ao bem-estar social.

> Numa linguagem sociológica, o esporte é concebido como um subsistema possuidor de códigos próprios, estando orientados por princípios como a concorrência, o rendimento, a igualdade de oportunidades, rejeitando, nos extremos, postulados outros, como a saúde, o prazer, a educação. De "igual" modo, a escola também funciona como um subsistema, só que regido por cânones dissonantes aos da instituição esportiva (sua função, podemos dizer, é a maximização da educação).
>
> Portanto, as políticas públicas, quando da sua elaboração, ao tratar do esporte e da escola, deveriam considerar que, em termos sociológicos, estamos nos referindo a instituições com universos simbólicos muitos distintos. (Bracht; Almeida, 2003, p. 97)

Todavia, o atendimento a programas e projetos com foco nas populações em situação de risco ou vulnerabilidade social por parte da educação física ainda carece de conhecimentos efetivos e de formação com maior qualificação para a atuação nesses espaços. Entretanto, é necessário entender que esse é um espaço de intervenção que deverá sempre estar articulado com outras áreas de conhecimentos para garantir a efetiva qualidade da ação desempenhada.

III Síntese

As considerações acerca dos espaços de atuação profissional na área da educação física têm levado em conta o fato de que este é um campo de atuação do ensino escolar e não escolar. Para tanto, o exercício profissional na área pressupõe formação e constante atualização, para que haja um desenvolvimento profissional e pessoal desse sujeito.

No âmbito escolar, há que se destacar a Lei de Diretrizes e Bases da Educação Nacional (LDBEN) – Lei n. 9.394/1996 –, que definiu a educação física como componente curricular. Isso teve reflexos na atuação do profissional por meio das políticas aplicadas ao campo de formação e intervenção da educação física. Algumas dessas políticas são: Resolução n. 7/2004, do Conselho Nacional de Educação (CNE), cujos arts. 3 e 4 estabelecem os conhecimentos acadêmicos necessários; e Resolução n. 1/2002, do Conselho Pleno, a qual instituiu as diretrizes curriculares nacionais para a formação de professores da educação básica, em nível superior, curso de licenciatura de graduação plena, apontando as características dos cursos de licenciatura, sem contanto especificar áreas de conhecimento.

Para o atendimento das crianças em situação de vulnerabilidade, o Estatuto da Criança e do Adolescente (ECA), traz a obrigatoriedade do incentivo ao esporte e ao lazer para essa população.

Já na aplicação da educação física à saúde, destacamos, na perspectiva da promoção da saúde, a Política Nacional de Promoção da Saúde (PNPS), criada em 2006. Esse instrumento dispõe diretrizes e recomenda estratégias de organização das ações de promoção da saúde nas esferas de gestão do SUS, que, de forma geral, objetiva promover a qualidade de vida e reduzir vulnerabilidade e riscos à saúde relacionados a seus determinantes e condicionantes.

Logo, a ampliação do campo de atuação e de formação e as políticas direcionadas à educação física visam ao atendimento das necessidades da sociedade.

Indicação cultural

Filme

ESCRITORES da liberdade. Direção: Richard LaGravenese. EUA/ Alemanha: Paramount Pictures, 2007. 123 min.

Esse longa, por meio da experiência de uma professora, trabalha as noções fundamentais de tolerância, respeito, aceitação das diferenças e convivência pacífica na realidade de uma sala de aula. Ao assistir a esse filme, você será estimulado a pensar como a realidade pode transformar as necessidades de conhecimento de uma turma de jovens.

Atividades de autoavaliação

1. Seguindo o disposto na Política Nacional do Esporte, projetos e programas de atendimento com foco na população de risco social ou vulnerabilidade devem ser disseminados pelo governo federal. Assinale a alternativa que apresenta projetos que atendem a essa demanda:

    a) Programa Esporte e Lazer da Cidade; Vida Saudável; Programa Segundo Tempo.
    b) Mais Educação; Esporte e Lazer e Brincadeiras.
    c) Programa de Saúde; Programa de Esporte.
    d) Mais Educação; Programa Esporte e Lazer da Cidade; Programa Segundo Tempo.

2. O exercício profissional acontece quando os profissionais são capazes de analisar os conhecimentos historicamente produzidos, compreendendo criticamente as condições e os processos por meio dos quais o conhecimento se constitui e é produzido. Nesse sentido, o exercício profissional deve:

   a) promover uma ação de equidade entre todas as práticas profissionais da área, com o intuito de minimizar a concorrência do mercado.
   b) promover um espaço onde a interlocução seja centrada apenas nos conhecimentos específicos para a atuação profissional
   c) compreender a lógica do mercado e atuar apenas para sua manutenção
   d) compreender sua fidedignidade e validade nas possibilidades de generalizações rumo à sustentação de suas ações profissionais.

3. No processo de formação do profissional da educação física, deve(m) ser considerada(s):

   a) uma abordagem prioritariamente estética.
   b) as necessidades de atuação como profissionais da saúde nas esferas da gestão e da promoção da saúde, bem como do campo da educação.
   c) as necessidades de atuação com foco exclusivo na saúde.
   d) a intenção exclusiva de formar para a atuação no campo do rendimento.

4. Conforme a Resolução n. 2/2015, o projeto de formação dos profissionais de magistério da educação básica deve contemplar:

   a) o contexto social, desconsiderando a realidade do contexto educacional regional.
   b) a inserção dos estudantes de licenciatura nas instituições de ensino superior.

c) uma sólida formação teórica e interdisciplinar dos profissionais.

d) a revisão dos impactos da formação de acordo com os instrumentos de avaliação do Sinaes.

5. Sobre a Resolução n. 7/2004, é correto afirmar que o professor com licenciatura plena em Educação Física:

a) deve estar qualificado para a docência desse componente curricular na educação básica.

b) pode atuar apenas nos espaços de educação não formal.

c) irá atuar apenas com a educação de jovens e adultos.

d) estará apto a atuar apenas no campo da estética e do condicionamento físico.

■ Atividades de aprendizagem

Questões para reflexão

1. Entendendo que a educação física é um campo de atuação possível no universo escolar, no campo da saúde e demais espaços que busquem promover o bem-estar e a saúde, como o profissional da área pode preparar-se para tal atuação?

2. Sabendo que o profissional da educação física tem a sua disposição diferentes opções de áreas de atuação, qual é o papel da formação continuada para ele?

Atividade aplicada: prática

1. Ciente de que a atuação do profissional de educação física está também atrelada ao campo da saúde, entreviste três profissionais da área, buscando compreender como eles entendem o papel da formação continuada para a sua atuação.

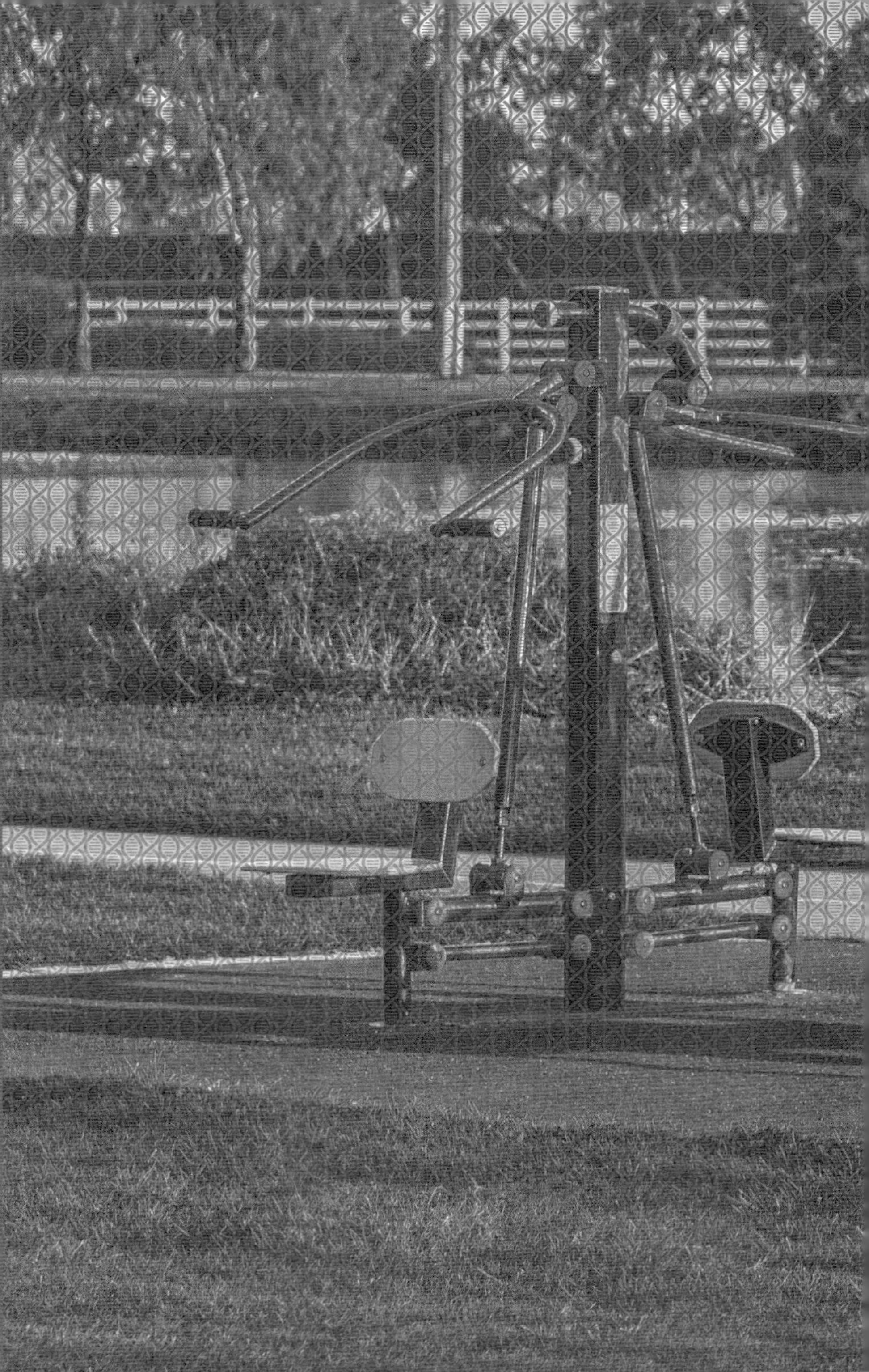

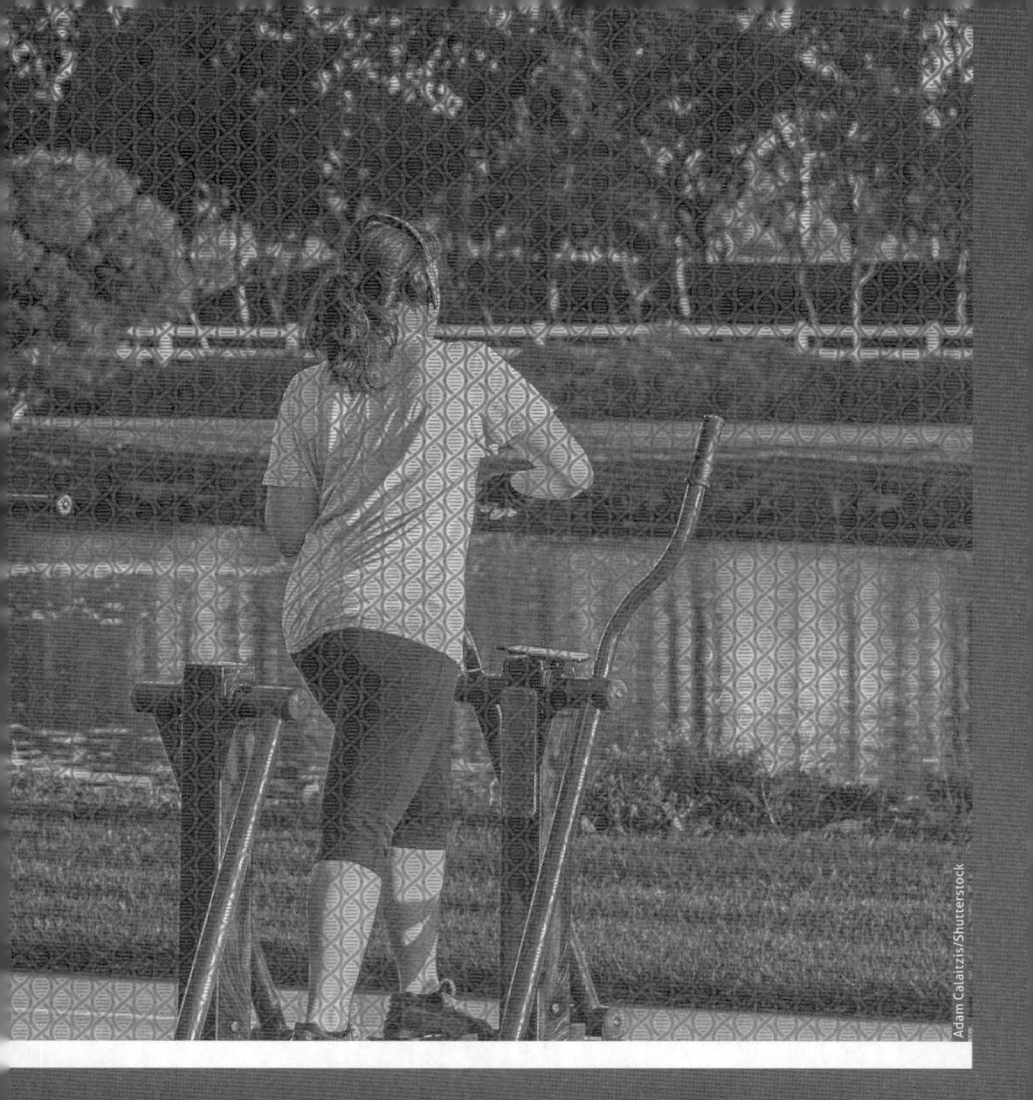

Capítulo 6

Temas emergentes nas políticas de esporte, lazer e educação física

Fernanda Gimenez Milan, Fernando Augusto Starepravo

Com a realização dos megaeventos esportivos em nosso país, como a Copa do Mundo de Futebol de 2014 e os Jogos Olímpicos Rio 2016, o esporte e as ações que permeiam esse universo ficaram em voga nos últimos anos. Na comunidade científica, especialistas buscam analisar e mapear o campo buscando qualificar as políticas públicas de esporte e lazer para que essas práticas se tornem cada vez mais acessíveis a toda a sociedade brasileira.

Nesse sentido, Starepravo (2011) ressalta que a realização desses megaeventos esportivos tem feito o tema políticas públicas ultrapassar os limites da comunidade de especialistas e receber a atenção de outros grupos, instituições e da sociedade em geral, passando a ser alvo tanto de pesquisas quanto de conversas informais em bares e restaurantes. Esse fato tem seu lado positivo, visto que demonstra uma relativa preocupação social com questões anteriormente restritas à comunidade acadêmico-científica. Entretanto, é necessário que os estudiosos e profissionais da área fiquem atentos para que não seja reproduzido o discurso do senso comum.

Essa reflexão permite identificar temas de análises relevantes e emergentes para a compreensão das políticas públicas de esporte e lazer. Dentre as diversas possibilidades, neste capítulo abordaremos os seguintes temas: participação política; financiamento das políticas públicas no Brasil; relações entre Estado e sociedade civil nas políticas públicas; políticas de esporte e megaeventos esportivos no Brasil; e políticas públicas e programas esportivo-sociais.

O primeiro tópico, participação política, será tratado na seção 6.1, na qual identificaremos os mecanismos de participação popular nas decisões políticas. Esse é um elemento importante da formulação e da implementação de políticas públicas, pois aproxima os interesses das autoridades públicas às vontades e necessidades da população. No campo do esporte e lazer, essa é uma temática que vem ganhando destaque com a realização de conferências nacionais e o estabelecimento de conselhos, que são mecanismos de participação popular garantidos pela Constituição Federal de 1988 (Brasil, 1988).

A Lei Maior de nosso país também regulamenta a aplicação dos recursos públicos financeiros. No que concerne ao esporte, ela estabelece uma hierarquia de investimentos entre as diferentes manifestações esportivas. Pensando nisso, na Seção 6.2 tratamos do financiamento das políticas públicas no Brasil, com o objetivo de compreender o financiamento público para o esporte no país, destacando as possibilidades de financiamento e as prioridades estatais.

Para além da reflexão sobre a participação popular e as formas possíveis de financiamento das políticas esportivas em nosso pais, é necessário que se compreenda a relação entre elas. Dessa forma, na Seção 6.3, sobre as relações entre Estado e sociedade civil nas políticas públicas, buscamos explicar como a sociedade civil se estrutura e passa a influenciar as ações do Estado. Existem diversas instituições e agentes que constituem a sociedade civil interessada no esporte e no lazer, que buscam influenciar o Estado e esperam dele políticas públicas que atendam a seus diferentes interesses. Nessa seção, enfocaremos as confederações, federações e associações esportivas, a fim de explicitar como essa fração da sociedade civil influencia as políticas públicas de esporte, como as implementa e é por elas beneficiada.

Outras duas vertentes da política pública de esporte e lazer vem se fortalecendo nos últimos anos. A primeira está relacionada à realização de megaeventos esportivos em nosso país e à investigação de quais as consequências políticas, econômicas e sociais que estes poderiam acarretar. A segunda busca compreender os programas e projetos esportivos de cunho social por meio dos impactos dessas ações, fazendo uma reflexão crítica sobre as políticas públicas expressadas por meio de programas esportivo-sociais. Esses assuntos são, portanto, apresentados nas duas últimas seções, sobre políticas de esporte e megaeventos esportivos no Brasil e políticas públicas e programas esportivo-sociais, respectivamente.

6.1 Participação política

Fernanda Gimenez Milani

O termo *democracia* é de origem grega, *demokratia*, resultante da união de *demo*, que significa "povo", e *kratia*, que corresponde a "poder", ou seja, é a forma de governo na qual o povo exerce o poder. Dessa forma, o regime democrático permite a criação de meios que possibilitem a participação dos cidadãos nas decisões políticas (Guimarães, 2002; Arretche, 1996). É possível afirmar que existem dois sistemas de democracia que estabelecem diferentes formas de participação popular: a democracia representativa e a democracia direta; ambas derivam da soberania popular, porém o que as diferencia é a maneira como essa soberania é exercida (Bobbio, 2009).

A origem da democracia representativa está estritamente relacionada com a ideia de representatividade política, a qual consiste, de forma geral, em escolher representantes que tomem decisões políticas em nome daqueles que os escolheram. Portanto, podemos afirmar que, em uma democracia representativa, as decisões coletivas são tomadas por pessoas eleitas para essa finalidade, e não por aqueles que diretamente fazem parte dela, independentemente de o órgão de decisão ser o parlamento ou o presidente da República (Bobbio, 2009). Vale ressaltar que existem as representações gerais e as representações que atuam em nome de grupos específicos. O problema nessa forma de democracia apontado por muitos autores é a falta de vínculo efetivo entre os representantes e aqueles que os elegeram em seu nome. Sendo assim, as deliberações políticas não traduzem de fato a vontade daqueles que estão sendo representados. Por essa razão, há a busca por um sistema que amplie os mecanismos de participação e decisão, ou seja, um sistema de democracia direta, na qual o próprio indivíduo participa das deliberações pertinentes a ele, sem a necessidade de um mediador (Bobbio, 2009).

Apesar da consolidação de uma democracia representativa no Brasil, o desejo pela participação direta da sociedade nas decisões políticas sempre existiu, haja vista a presença de diversos mecanismos na Constituição Federal de 1988. Entre esses mecanismos de participação direta da sociedade nas decisões políticas destacam-se o referendo, o plebiscito, a iniciativa popular e os conselhos gestores de políticas públicas, nas três esferas: federal, estadual e municipal.

Resumidamente, o plebiscito é uma consulta à opinião pública, realizada no processo de formulação legislativa, sem necessariamente existir um caráter normativo; a medida em questão somente é aprovada mediante essa consulta. O referendo também constitui uma consulta à opinião pública, porém esta é feita após a autorização do projeto normativo.

A iniciativa popular refere-se à possibilidade de a sociedade apresentar um projeto normativo que possa se transformar em lei, respeitando-se todo o processo do Poder Legislativo (Auad et al., 2004). Pudemos observar, ao longo dos anos, alguns exemplos de movimentos populares que resultaram em formulações e implementações de políticas públicas, como: a Reforma Sanitária, que resultou na criação do Sistema Único de Saúde; a Reforma Urbana; a elaboração do Estatuto da Criança e do Adolescente (ECA), que passou a reconhecer a criança como um sujeito de direito, devendo contar com proteção integral; e, por fim, a Lei Orgânica da Assistência Social (LOAS), que gerou o reconhecimento da assistência social como um direito, figurando ao lado dos direitos à saúde e à previdência social (Rocha, 2008). Nota-se, portanto, que a participação popular direta pode influenciar a formulação e a implementação de políticas públicas.

> Entre os mecanismos de participação direta da sociedade nas decisões políticas destacam-se o referendo, o plebiscito, a iniciativa popular e os conselhos gestores de políticas públicas, nas três esferas: federal, estadual e municipal.

Os conselhos gestores são "órgãos consultivos ou deliberativos que podem fornecer meios de acesso, de agentes não pertencentes ao grupo dos politicamente ativos, aos processos de decisão política" (Starepravo, 2007, p. 5). Vale ressaltar que por *agentes politicamente ativos* compreendem-se os políticos e os gestores, ou seja, as pessoas que, por indicação ou por voto popular, são eleitas pela sociedade para ocupar algum cargo público.

Os conselhos devem ser compostos, de modo geral, por um número par de conselheiros, divididos entre representantes do Estado e representantes da sociedade civil, seguindo uma proporção de 1 para 1. Dessa forma, para cada representante do Estado, que corresponde aos políticos ou aos gestores, deve existir um representante da sociedade civil (Nahra, 2007). Por exemplo, se um conselho de determinado setor conta com 16 conselheiros no total, 8 são representantes do Estado e 8 são representantes da sociedade civil. Porém, cada estado ou município, bem como cada setor, cria uma lei que determina a composição e a proporção dos membros do conselho, podendo fugir à regra da paridade. Esse é o caso do Conselho da Saúde, cuja composição é: 25% de representantes do Estado, 25% de entidades não governamentais e 50% de usuários do Sistema Único de Saúde (SUS). No caso do Esporte e do Lazer, não está bem definido quem deve compor esses conselhos, sendo possível observar uma discrepância entre os estados e os municípios. De qualquer modo, podemos citar que, de forma geral, eles são compostos por autoridades responsáveis pelo esporte nas secretarias ou departamento, bem como pelas associações esportivas (caso existam) e/ou clubes esportivos e demais secretarias que possam influenciar diretamente nas decisões políticas, como a secretaria de finanças ou de educação.

Tendo esclarecido o que são os conselhos e como devem ser formados, precisamos explicar quais são as funções desse órgão, considerado um dos principais mecanismos de participação popular. Um conselho tem por função formular e controlar a execução das políticas públicas de cada setor. Quando usamos o termo *setor*, estamos nos referindo a áreas sociais que recebem ações do Poder Público para garantir o bem-estar dos cidadãos, como a saúde, a educação, a assistência social, a segurança alimentar e, também, o esporte e o lazer. Sendo assim, cada um desses setores apresenta necessidades e leis específicas, que devem ser consideradas na hora de determinar as responsabilidades dos conselhos. Sobretudo, o conselho exerce funções de diferentes caráteres, conforme Gohn (2004):

- **Fiscalizador**: Os conselhos podem e devem fiscalizar as contas públicas, observando se os recursos financeiros estão sendo aplicados conforme o que está estabelecido em lei ou se há desvios de verba. Além disso, têm de fiscalizar a qualidade dos serviços, o atendimento à população, entre outras ações que visam garantir a eficiência e a efetividade nas aplicações do dinheiro público.
- **Deliberativo**: Os conselheiros podem decidir quais serão as funções e os objetivos do conselho.
- **Consultivo**: Os conselhos têm a responsabilidade de julgar determinado assunto que lhe é apresentado.
- **Normativo**: O conselho tem a atribuição de reinterpretar normas vigentes e criar novas normas.
- **Propositivo**: Como o próprio nome sugere, o conselho pode indicar novas ações ao Poder Executivo.

Essas funções e responsabilidades dos conselhos[1] ficam mais claras quando analisamos cada setor. Ao conselho municipal da saúde, por exemplo, compete: controlar os recursos financeiros que devem ser destinados à saúde; acompanhar as verbas que chegam pelo SUS e os repasses de programas federais; participar

---

[1] Essas funções e responsabilidades foram elencadas com base em uma consulta prévia dos atos normativos de vários conselhos municipais de saúde, assistência social e esporte.

da elaboração e do controle da execução das políticas públicas da saúde; e, determinar as metas e os objetivo a serem alcançadas com essas ações públicas. Já o conselho de assistência social deve acompanhar a quantidade de recurso que é destinada a este setor; verificar a aplicação da verba para os programas de assistência social; e analisar o planejamento das ações que visam atender a crianças, idosos e portadores de deficiências físicas, que correspondem ao público-alvo das secretarias de assistência social.

No que tange ao conselho de esporte e lazer, elencamos algumas das principais funções exercidas por esses órgãos: acompanhar, avaliar e fiscalizar a gestão de recursos, bem como o desempenho dos serviços da área de esporte e lazer; criar normas e ações para a área de esporte e lazer, que visam regular a prestação de serviços de origem pública; declarar-se sobre a proposta orçamentária dos recursos destinados às ações referentes às áreas de esporte e lazer, com recursos próprios ou oriundos de outras esferas de governo (como é o caso da Lei de Incentivo ao Esporte[2]); realizar a divulgação e promover ações destinadas ao fortalecimento das atividades esportivas e de lazer; e apoiar iniciativas em favor da prática do esporte, de atividades físicas e de lazer, observando o cumprimento dos princípios e das normas legais.

Diante do que apresentamos sobre os conselhos, notamos que alguns setores contam com órgãos mais consolidados, como acontece no setor da saúde, da educação e da assistência social, garantindo uma participação da sociedade mais eficiente nas decisões da gestão pública. No caso do esporte e lazer, existem alguns conselhos estaduais e municipais, porém em uma quantidade insuficiente para garantir a democracia do setor.

Um exemplo de ação mais consolidada para o esporte e lazer foram as Conferências Nacionais de Esporte (CNE), que, apesar

---

[2] Sobre a Lei de Incentivo ao Esporte, veja Seção 6.2.

de terem caráter deliberativo e consultivo, são consideradas um mecanismo de participação popular bem mais abrangente e menos direto quando comparadas aos conselhos. Esses eventos foram realizados entre os anos 2004 e 2010, construídos em etapas municipais/regionais, estaduais e nacional. A função da etapa municipal/regional era atribuir delegados e levantar propostas para a etapa regional. Na segunda etapa, também teve por função eleger delegados e angariar propostas para serem discutidas na etapa nacional. Dessa forma, só puderam participar efetivamente, com direito ao voto na última etapa, aqueles que foram eleitos na etapa anterior, impedindo os demais participantes de se manifestar, já que só poderiam participar na condição de ouvintes.

A I Conferência Nacional de Esporte (CNE) foi realizada em 2004, na cidade de Brasília e, segundo dados oficiais, com a participação de 83 mil pessoas, sendo 861 delegados eleitos divididos entre as Conferências Municipais (60 delegados) e Regionais (116 delegados). A I CNE teve como foco o "Esporte, Lazer e Desenvolvimento Humano" e o tema principal tratava de "quebrar mitos e preconceitos e de assegurar maior transparência e participação popular no processo de gestão esportiva e de lazer" (Brasil, 2004c, p. 7). Foi construído um texto básico que reunia todos os assuntos abordados durante a conferência. Ao analisar o documento, percebemos que essa edição discutiu o caráter salvacionista do esporte, ou seja, quando ele recebe a responsabilidade de reverter o quadro de injustiça, exclusão e vulnerabilidade social. Também foram tratados dos pontos positivos e negativos desse fenômeno, desconstruindo a ideia de esporte apenas como algo bom (Castelan, 2011).

Outros assuntos foram debatidos, por exemplo, as políticas públicas como meio para garantir o direito ao esporte; a história do esporte; e a relação da atividade física com a saúde e a qualidade de vida. No tocante à participação popular, algumas demandas que foram aprovadas contribuíram para o controle social, demandas estas relacionadas ao esporte de rendimento, em que ficaram estabelecidas a criação e a implementação de

> condições para garantir a participação popular e o controle social: da aplicação de recursos públicos para o esporte e o paradesporte, assim como na implementação de ações que visem o aumento da prática esportiva de alto rendimento em parceria com confederações, federações, clubes e associações, descentralizando o poder no esporte e democratizando o acesso ao alto rendimento. (Brasil, 2004c, p. 18)

Também foi possível verificar essa preocupação com a formulação das políticas públicas de esporte e lazer quando se tratou da criação de um Sistema Nacional de Esporte. Esse sistema tinha como objetivo "unificar a ação do conjunto dos atores compreendidos no segmento do esporte e do lazer em todo território nacional" (Brasil, 2004b, p. 15), tendo como um dos princípios norteadores a criação de uma gestão democrática e participativa, com ênfase na transparência no gerenciamento dos recursos. Nota-se, portanto, que durante a primeira edição houve uma preocupação em criar mecanismos que contribuíssem para a participação da sociedade nas ações políticas do esporte e lazer.

Na II CNE, realizada em 2006, houve um aumento das discussões acerca dos mecanismos de participação popular, tendo como pauta única a construção do Sistema Nacional de Esporte e Lazer (SNEL). Essa edição teve como principal objetivo integrar as relações da sociedade com o Poder Público a fim de contribuir para um avanço na consolidação do SNEL e da Política Nacional de Esporte (Brasil, 2009). Assim como na I CNE, nesta também foi constituído um documento resumindo todos os temas abordados durante o evento. Esse documento foi dividido em quatro eixos temáticos. O primeiro se refere a estrutura, organização, agentes e competências; o segundo está relacionado a recursos humanos e formação, o terceiro aponta para a criação de uma gestão participativa e para o controle social; e, por fim, o quarto está centrado no financiamento do esporte. Por se tratar do tema pertinente nesta seção, aprofundaremos nossa análise apenas no terceiro eixo temático.

O terceiro eixo surgiu do interesse de superar os limites da gestão do esporte de alto rendimento, que mesmo com maior investimento do Poder Público e do poder privado, não consegue ter resultados satisfatórios. Outro fator que motivou o terceiro eixo foi necessidade de criar condições para que todos pratiquem esporte. Sendo assim, esse eixo sugere a criação de mecanismos de participação popular e de transparência às ações das entidades públicas e privadas, que recebem algum financiamento do governo ou que utilizam espaços e materiais advindos do sistema (Castelan, 2011). Vale ressaltar que um dos princípios do SNEL, de acordo com a Resolução da II CNE, seria a criação de uma gestão democrática pelo exercício pleno da cidadania, por meio de conselhos, conferências, fóruns e câmaras setoriais (Brasil, 2009).

Por fim, a III CNE, ocorrida em 2010, teve como foco principal formular um Plano Decenal de Esporte e Lazer pautando-se em dez linhas estratégicas e ações do Estado para planejar os dez anos seguintes e projetar o Brasil entre os dez mais bem colocados na classificação das potências esportivas mundiais nos Jogos Olímpicos. Apesar de abordar prioritariamente assuntos relativos ao desempenho olímpico, houve espaço para outras discussões, inclusive acerca da democracia. Nesse sentido, destaca-se a Meta 01, da Ação 2, a qual trata justamente da participação popular e do controle social.

> Meta 01: Estruturar e/ou fortalecer os conselhos Nacional, Estaduais e Municipais de esporte, de forma a garantir a democratização da composição, com a representação de diversos segmentos do esporte e lazer, dando-lhe caráter consultivo, fiscalizador, deliberativo e normativo e acerca das políticas públicas setoriais de esporte e lazer, garantindo paridade entre o poder público e a sociedade civil. (Brasil, 2010f, p. 1)

Embora seja possível perceber que existe uma sensível preocupação em buscar meios de comunicação entre o Poder

Público e a sociedade, essas conferências não são fatores determinantes e incisivos para se garantir a participação direta da população nas formulações de políticas públicas, sendo a iniciativa popular e os conselhos municipais os mecanismos mais eficientes de participação e intervenção da sociedade nas políticas públicas.

Com base no que expusemos, destacamos a importância da existência de uma democracia direta por meio de mecanismos que ofereçam à sociedade condições ou acesso às decisões políticas, aproximando os interesses das autoridades públicas aos da população. Ressaltamos também que não basta existir um mecanismo institucional de democracia direta, é necessária a participação efetiva da sociedade no fortalecimento do controle social nas ações políticas. Sendo assim, a garantia do esporte, da saúde, da educação, da assistência social e de outros direitos estabelecidos na Constituição Federal de 1988 depende da participação da sociedade, que deve estar incorporada no processo de gestão das políticas públicas (Mezzadri, 2007).

6.2 Financiamento das políticas de esporte no Brasil

Fernanda Gimenez Milani

Conforme explicamos nos Capítulos 1 e 2, o esporte, ao longo da história imperial e republicana do Brasil, desenvolveu-se de maneira autônoma, ou seja, sem estar submetido ao Estado, baseado no direito de livre iniciativa e de livre associação. Com o passar dos anos, a partir da República Nova, em meados de 1930, o esporte foi ganhando notoriedade social e, consequentemente foi sendo apropriado pelo Estado, que passou a ver nas atividades esportivas um meio de criar um sentimento nacionalista, uma forma de representação internacional do país em competições e um instrumento para formar uma juventude disciplinada e fisicamente forte.

Além dessas transformações políticas, o esporte também sofreu transformações sociais, sobretudo a partir da década de 1980, pela influência de iniciativas europeias. Inicialmente, a prática esportiva apresentava caráter competitivo e tinha como meta o alto rendimento, como a formação de atletas, sendo excluídas, portanto, aqueles menos aptos ou com menores condições de acesso à prática (Starepravo, 2011). Após a década de 1980, o esporte extrapolou esse conceito e passou a ser entendido também como conjunto de atividades recreativas e educativas que poderiam ser praticadas pela sociedade em geral, além de ser considerado patrimônio cultural da humanidade, visto como um direito a ser garantido a todos (Tubino, 1992).

No Brasil, esse direito, como referimos anteriormente, foi estabelecido na Constituição Federal de 1988 em seu art. 217, que garante ser de responsabilidade do Estado o dever de fomentar práticas esportivas, formais e não formais, como direito de cada cidadão. Apesar de estar presente na Constituição, não está muito claro como o financiamento de ações governamentais para o esporte e lazer deve ocorrer. Na Lei Federal n. 9.615, de 24 de março de 1998 (Brasil, 1998a), conhecida como *Lei Geral sobre o Desporto* ou *Lei Pelé*, e a Lei Federal n. 10.264, de 16 de julho de 2001 (Brasil, 2001a) ou *Lei Agnelo-Piva*[3], estão estabelecidos alguns critérios de financiamento.

Desde sua criação até o ano 2015, a Lei Agnelo-Piva previa que 2% da arrecadação bruta das loterias federais em operação no país, descontadas as premiações, fossem destinados ao Comitê Olímpico do Brasil (COB) e ao Comitê Paralímpico Brasileiro (CPB), sendo 85% esse montante para o primeiro, e 15% para o segundo. Além disso, essa lei determina que, do total arrecadado por essas instituições, 10% sejam investidos no desporto escolar e 5% no

---

[3] Em referência aos seus autores, Senador Pedro Piva (PSDB-SP) e o Deputado Federal Agnelo Queiroz (PCdoB-DF).

desporto universitário. A Confederação Brasileira de Clubes (CBC) também é beneficiada pela Agnelo-Piva. Em 2011, uma mudança na Lei Pelé, feita pela Lei 12.395, de 16 de março de 2011 (Brasil, 2011b), incluiu a CBC como beneficiária de 0,5% do total da arrecadação das loterias da Caixa Econômica Federal, ao lado do COB e do CPB. Até o fim de julho de 2014, a CBC acumulou um montante de 150 milhões de reais, destinados a projetos de formação de atletas de base (Brasil, 2016b). Seguindo a Lei Brasileira de Inclusão da Pessoa com Deficiência, sancionada pela Presidência da República em 2015, a fatia do financiamento das políticas públicas de esporte e lazer para essa população ampliou de 2% para 2,7% o valor repassado ao COB e ao CPB, e mudou de 15% para 37,04% a fatia destinada ao Comitê Paralímpico.

Vale ressaltar que na legislação brasileira estão presentes atualmente quatro classificações de manifestações esportivas, as quais podem receber financiamento público conforme estabelecido no art. 3º da Lei n. 9.615/1998:

I – *desporto educacional, praticado nos sistemas de ensino e em formas assistemáticas de educação, evitando-se a seletividade, a hipercompetitividade de seus praticantes, com a finalidade de alcançar o desenvolvimento integral do indivíduo e a sua formação para o exercício da cidadania e a prática do lazer;*

II – *desporto de participação, de modo voluntário, compreendendo as modalidades desportivas praticadas com a finalidade de contribuir para a integração dos praticantes na plenitude da vida social, na promoção da saúde e educação e na preservação do meio ambiente;*

III – *desporto de rendimento, praticado segundo normas gerais desta Lei e regras de prática desportiva, nacionais e internacionais, com a finalidade de obter resultados e integrar pessoas e comunidades do País e estas com as de outras nações.*

IV – *desporto de formação, caracterizado pelo fomento e aquisição inicial dos conhecimentos desportivos que garantam competência técnica na intervenção desportiva, com o objetivo de promover o aperfeiçoamento qualitativo e quantitativo da prática desportiva em termos recreativos, competitivos ou de alta competição.* (Brasil, 1998a)

Nessa mesma lei, o art. 56 determina a origem do fomento ao esporte brasileiro, que deve ser proveniente de recursos orçamentários (denominado *diretos*) ou recursos extraorçamentários (denominados *indiretos*). Porém, estes diferenciam-se quanto à origem dos recursos e direcionamento dos gastos relativos às manifestações esportivas.

Os **recursos extraorçamentários ou indiretos** são investimentos destinados apenas ao esporte de alto rendimento oriundos de: fundos desportivos; receitas de concursos de prognósticos (sorteio de números, loterias, apostas); doações, patrocínios e legados; incentivos fiscais previstos em lei, entre outras fontes. Os recursos orçamentários ou diretos são aqueles recursos públicos específicos do orçamento do governo federal, dos estados, dos municípios e do Distrito Federal, como impostos e taxas de contribuição, direcionados a todos os tipos de manifestações esportivas. Para melhor compreendermos cada uma dessas fontes de financiamento, enfocaremos primeiramente os recursos orçamentários ou diretos; em um segundo momento, apresentaremos os recursos extraorçamentários ou indiretos.

Os **recursos orçamentários ou diretos** podem ser usados tanto para as despesas de funcionamento de administração de cada setor, que se denomina *programa de apoio administrativo*, bem como para os gastos com os serviços públicos, os denominados *programas finalísticos*, que correspondem às políticas públicas de cada setor. No entanto, para que esses recursos sejam de fato utilizados, é preciso seguir algumas etapas de elaboração de orçamento.

Cada ente federativo (governo federal, governos estaduais e municipais e o Distrito Federal) deve apresentar um documento com a previsão das receitas e despesas futuras. Esses documentos seguem uma ordem de elaboração, sendo chamados *Plano Plurianual* (PPA), *Lei de Diretrizes Orçamentárias* (LDO) e *Lei Orçamentária Anual* (LOA), conforme descrito na Figura 6.1:

Figura 6.1 Organograma do ciclo orçamentário brasileiro

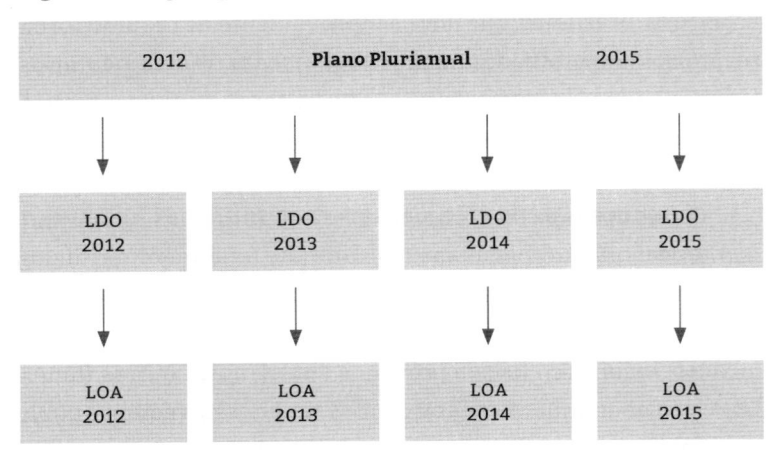

```
                    2012      Plano Plurianual      2015

            ↓                ↓                ↓                ↓
          LDO              LDO              LDO              LDO
          2012             2013             2014             2015
            ↓                ↓                ↓                ↓
          LOA              LOA              LOA              LOA
          2012             2013             2014             2015
```

O primeiro passo é definir um plano abrangente, o PPA, no qual se identificam as prioridades de gestão durante quatro anos e, principalmente, os investimentos de maior porte. Esse instrumento abrange as despesas de capital (investimentos públicos, como obras e equipamentos) e os programas de duração continuada, perdurando do início do segundo ano de mandato do chefe do Executivo eleito (presidente, governadores e prefeitos), até o fim do primeiro ano de mandato da próxima gestão, sendo o mesmo chefe executivo no caso de reeleição ou de um substituto (Corralo, 2011).

O segundo passo é a construção da Lei de Diretrizes Orçamentárias, a LDO. Essa lei é anual e, como o próprio nome diz, estabelece as diretrizes orçamentárias para o período, ou seja, define metas e prioridades, fundamentadas pelas ações previamente estabelecidas no PPA. Esses documentos são primeiramente elaborados pelo Poder Executivo, posteriormente entregues ao Poder Legislativo, pelo qual devem ser votados e aprovados para, então, ser sancionados e publicados pelo chefe do Poder Executivo, transformando-se em Lei Orçamentária Anual – LOA (Freitas, 2003).

Dessa forma, com base no PPA e na LDO, é elaborada a LOA, que é o ultimo passo do ciclo orçamentário brasileiro. A LOA, também com duração de um ano, estabelece objetivamente como e onde o dinheiro público deve ser investido. Sendo assim, os recursos presentes nessa lei podem estar classificados por esfera orçamentária, por instituição ou por função (Castro, 2016). A classificação por esfera orçamentária visa identificar se a despesa pertence ao Orçamento Fiscal (OF), à Seguridade Social (OSS) ou ao Investimento das Empresas Estatais[4]. A classificação por instituição, como o próprio nome já diz, está relacionada com as estruturas administrativas do país, que são compostas por órgãos orçamentários e unidades orçamentárias. Por exemplo, durante o período de preparação para os Jogos Olímpicos de 2016, o Ministério do Esporte, que corresponde a um órgão orçamentário, era composto por duas unidades orçamentárias, o próprio Ministério do Esporte e a Associação Pública Olímpica (APO), que foi criada no ano de 2011[5]. A soma do ME e suas unidades orçamentárias corresponde à estrutura administrativa responsável pelo esporte no país.

Por fim, tem-se a classificação por função e suas respectivas subfunções. As funções refletem os gastos públicos por área de ação governamental e estão ligadas às áreas de atuação dos respectivos ministérios, como saúde, educação e defesa (Castro, 2016). A mesma autora acrescenta que as subfunções evidenciam a área de atuação governamental de acordo com a natureza das ações. Por exemplo, o Desporto e Lazer se caracteriza como uma função e suas subfunções são: Desporto Comunitário, Desporto

---

[4] Orçamento fiscal refere-se aos fundos, órgãos e entidades da administração direta e indireta; empresas estatais são as empresas públicas ou sociedades de economia mista; e orçamento da Seguridade Social diz respeito à proteção de direitos relativos à saúde, à assistência e à previdência social.

[5] A APO foi extinta em 2017, transformando-se em autarquia federal temporária, denominada *Autoridade de Governança do Legado Olímpico*, por meio de Medida Provisória, n. 771, de 29 de março de 2017.

de Rendimento, Lazer, Administração Geral, Comunicação Social, entre outras.

Vale lembrar que, mesmo depois de aprovadas, as leis podem sofrer alterações mediante a liberação de créditos adicionais ou bloqueios orçamentários, ambos realizados por meio de decretos provenientes do Poder Executivo. Os créditos, somente possíveis em caso de justificativa e existência de recursos disponíveis, dividem-se em: (1) suplementares, que consistem em um reforço no orçamento de determinada atividade; (2) especiais, destinados a atividades para as quais não houve inicialmente dotação orçamentária; e (3) extraordinários, voltados a despesas urgentes e imprevistas.

Os bloqueios, por sua vez, visam reequilibrar o orçamento, restringindo o investimento em determinadas atividades (Castro; Souza, 2014). Dessa forma, para além da LO, é apresentada a Dotação Atualizada, que consiste nos valores consignados presentes, inicialmente, na LOA, considerando os acréscimos por créditos adicionais ou reduções mediante bloqueios orçamentários.

Até aqui buscamos apresentar o processo de elaboração do **ciclo orçamentário brasileiro**, em que são determinadas as despesas públicas nas quais o esporte se insere. A partir deste momento, apresentaremos o retrato do financiamento esportivo em nosso país, em âmbito federal.

Ao longo dos anos, é possível observar que os valores repassados para o Ministério do Esporte – órgão governamental responsável pela regulamentação e pelo financiamento do esporte nacional – têm crescido constantemente (Athayde, 2014). Contudo, a representatividade desse valor comparado ao Orçamento Geral da União (total orçamentário da Receita Federal) ainda é irrisória, conforme mostra a Tabela 6.1.

Tabela 6.1 Valores em reais repassados ao Ministério do Esporte

Ano	Liquidado (milhões)	Participação (%)
2004	402,56	0,09
2005	573,37	0,12
2006	943,22	0,19
2007	1.777,64	0,32
2008	1.154,49	0,19
2009	1.058,24	0,17
2010	1.095,98	0,16

Fonte: Athayde, 2014, p. 5.644.

Esses recursos devem ser distribuídos para o pagamento dos funcionários, de despesas administrativas e de programas sociais, como o Programa Esporte e Lazer na Cidade (Pelc), o Programa Segundo Tempo (PST) e o Programa Brasil no Esporte de Alto Rendimento. Esses programas buscam atender às diferentes manifestações esportivas presentes na legislação esportiva brasileira, como o esporte educacional, o de participação e o de rendimento, respectivamente.

Gráfico 6.1 Gastos do governo federal na função desporto e lazer

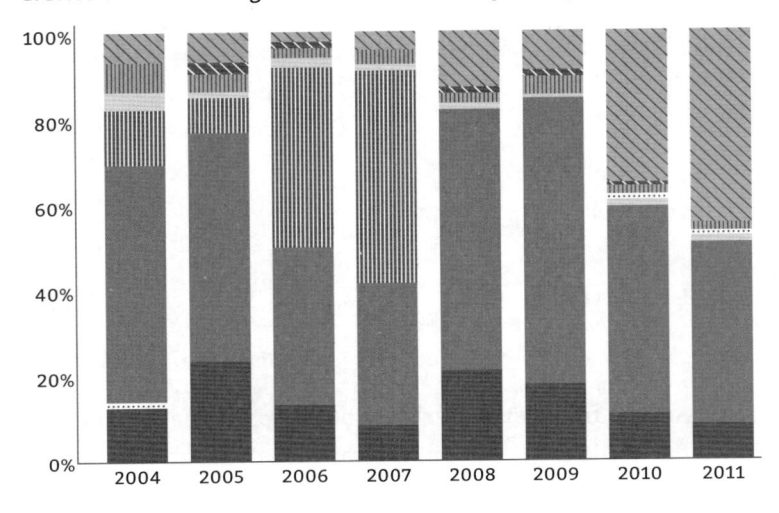

- Posição e promoção dos povos indígenas
- Brasil no Esporte de Alto Rendimento
- Gestão das políticas de esporte e lazer
- Apoio administrativo
- Operações especiais: outros encargos especiais
- Inclusão social pelo esporte
- Rumo ao Pan 2007
- Esporte e Lazer da Cidade
- Esportes de criação nacional e de identidade cultural
- Segundo Tempo

Fonte: Castro, 2016, p. 165.

No Gráfico 6.1, percebemos que o Pelc é o maior beneficiado no que tange ao volume de recursos, perdendo um pouco de força no ano de 2011, quando o Programa Brasil no Esporte de Alto Rendimento teve predominância. O Programa Segundo Tempo que ficava na segunda posição, durante os anos de 2004 a 2008, passou para o terceiro lugar em 2009, sendo substituído pelo Brasil no Esporte de Alto Rendimento. Vale lembrar que nos anos de 2006 a 2007, o programa de financiamento para os Jogos Pan-americanos, realizado no Rio de Janeiro, o denominado *Rumo ao Pan 2007*, recebeu maior investimento em relação aos demais programas.

Os altos investimentos voltados para a realização de megaeventos esportivos prosseguiram nos anos seguintes, haja vista a realização da Copa do Mundo em 2014 e as Olimpíadas de 2016. Em 2012, foi criado um novo programa do governo federal, nomeado *Esporte e Grandes Eventos Esportivos*, voltado exclusivamente para o financiamento dos megaeventos. Segundo Athayde (2014), esse programa recebeu mais de 3 bilhões de reais, ao passo que o Pelc e o PST, que são programas esportivos voltados à prática do esporte de participação e educacional, respectivamente, não foram contemplados com recursos públicos.

Apesar de existir uma política de possíveis legados que esses megaeventos poderiam deixar ao país, a maioria desses investimentos foi destinada a construção de estádios, acomodações dos atletas, instalações esportivas, segurança, tecnologia, transportes e desenvolvimento turístico. Contudo, esse repasse poderia ser direcionado para o financiamento do esporte tanto no ambiente escolar quanto no universitário, por exemplo. Vale lembrar que o repasse da Lei Agnelo-Piva (Lei n. 10.624/2001) estabelece que 10% dos recursos arrecadados devem ser investidos no esporte educacional e 5% no esporte universitário, porém, na prática, os dados demonstram a prioridade do governo em financiar obras de infraestrutura e logística para sediar esses grandes eventos.

No que se refere ao financiamento esportivo por meio dos incentivos fiscais, destacamos a Lei de Incentivo ao Esporte – Lei n. 11.438, de 29 de dezembro de 2006 (Brasil, 2006) –, que possibilita a dedução do Imposto de Renda devido, por pessoas físicas ou jurídicas, no apoio direto a projetos desportivos e paradesportivos. Nesse quesito, destacamos que, para que um projeto possa ser contemplado, ele precisa conseguir aprovação do Ministério do Esporte para posteriormente efetivar a captação do recurso. É importante ressaltar que uma instituição proponente pode captar recursos para mais de um projeto esportivo, tendo um limite de seis projetos para cada proponente por ano.

Gráfico 6.2 Evolução de proponentes que efetivaram a captação de recursos por meio de Lei de Incentivo ao Esporte, no período de 2007 a 2012

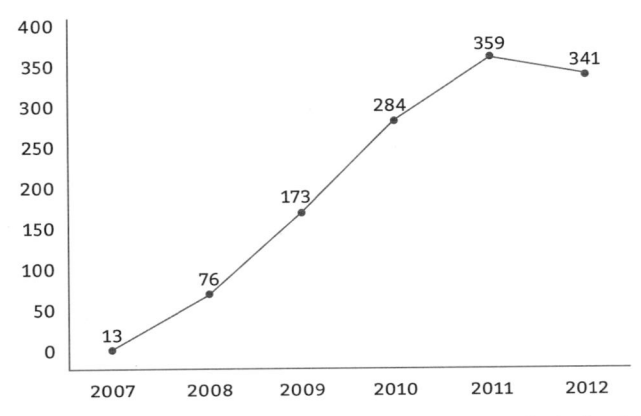

Ano	Proponentes
2007	13
2008	76
2009	173
2010	284
2011	359
2012	341

Fonte: Brasil, 2016c.

Ao analisarmos a evolução na quantidade de projetos (Gráfico 6.2) durante o período de 2007 a 2012, notamos que houve um aumento em relação ao número de projetos que efetivaram a captação de recursos.

Com relação aos valores captados, também houve uma evolução no período de 2007 a 2012. Em 2007, o volume de recurso destinado a projetos esportivos por meio da Lei de Incentivo ao Esporte totalizou quase 51 milhões de reais. O ápice se deu no ano de 2011, quando o valor faturado somou pouco mais de 211 milhões de reais (Brasil, 2016c).

Dessa forma, podemos perceber a importância do financiamento esportivo, por meio de políticas públicas, na execução de um planejamento previamente estabelecido. Conhecer, introdutoriamente, como funciona o orçamento público e como ele se apresenta na área de esporte pela análise de um exemplo agrega conhecimento ao cidadão político que reivindica esporte, assim como qualifica os futuros gestores de políticas públicas de esporte e lazer.

6.3 As relações entre Estado e sociedade civil nas políticas públicas

Fernando Augusto Starepravo

De forma bastante simplificada, podemos dizer que a sociedade civil é a parte da sociedade que está fora do aparelho do Estado, ou situada entre este e aquela. Em outras palavras, é a forma como a sociedade se estrutura politicamente para influenciar a ação do Poder Público. Como mencionamos ainda no Capítulo 1, as políticas públicas são ações do Estado, mas que não dependem exclusivamente dele, uma vez que essas políticas muitas vezes são apenas a parte mais visível de todo um processo desenvolvido num espaço social específico, que comporta disputas, relações, alianças, decisões estratégicas e também não planejadas de instituições e agentes estatais e não estatais. Assim, olhar para a sociedade civil nos permite compreender melhor como as políticas públicas são pensadas, decididas e implementadas.

A **sociedade civil** é um conceito amplo, que abarca inúmeras instituições e agentes. No caso do esporte, ela é formada por atletas, dirigentes, árbitros, mídia, federações, associações esportivas, Sistema S, clubes, academias, entre tantos outros agentes. Esses grupos buscam influenciar o Estado e esperam dele políticas públicas que atendam a seus diferentes interesses. Focaremos, nesta seção, nosso olhar sobre as confederações, federações e associações esportivas, a fim de compreender como essa fração da sociedade civil interessada no esporte influencia as políticas públicas de esporte, participa como implementador de políticas públicas e é por elas beneficiada.

Como abordamos no Capítulo 2, o esporte moderno surgiu no Brasil como uma prática social autônoma em relação ao Estado, ou seja, a organização do esporte, em seu início, se deu graças à sociedade civil. As pessoas primeiramente organizaram disputas esportivas, depois criaram clubes e finalmente constituíram as primeiras federações responsáveis pela organização das modalidades esportivas no Brasil. Tais ações, em um grande número de modalidades, ocorreram antes mesmo da intervenção do Estado, a qual somente se consolidou na década de 1940. A Federação Brasileira de Futebol (FBF), por exemplo, foi criada no ano de 1915; a Confederação Brasileira de Desportos Universitários (CBDU), em 1939; e a Confederação Brasileira de Remo (CBR), em 1902. Ou seja, a sociedade civil se antecipou ao Estado no que diz respeito às ações esportivas.

Entretanto, com a chegada da década de 1940, veio a primeira regulamentação para o esporte no Brasil: o Decreto-Lei 3.199, de 14 de abril de 1941 (Brasil, 1941), que, entre outras ações, determinou que o Estado, por meio do Conselho Nacional de Desportos, autorizasse a criação de confederações ou federações. Esse decreto-lei reconheceu apenas as confederações específicas de basquetebol, pugilismo, vela e motor, esgrima e xadrez. As demais modalidades seriam regidas pela Confederação Brasileira de Desportos (CBD), num nítido movimento de centralização das ações esportivas:

> *A sociedade civil é um conceito amplo, que abarca inúmeras instituições e agentes. No caso do esporte, ela é formada por atletas, dirigentes, árbitros, mídia, federações, associações esportivas, Sistema S, clubes, academias, entre tantos outros agentes. Esses grupos buscam influenciar o Estado e esperam dele políticas públicas que atendam a seus diferentes interesses.*

Art. 15 [...]

Parágrafo único: A Confederação Brasileira de Desportos, compreenderá o foot-ball, o tenis, o atletismo, o remo, a natação, os saltos, o water-polo, o volley-ball o hand-ball, e bem assim quaisquer outros desportos que não entrem a ser dirigidos por outra confederação especializada ou eclética ou não estejam vinculados a qualquer entidade de natureza especial nos termos do art. 10 deste decreto-lei; as demais confederações mencionadas no presente artigo teem a sua competência desportiva determinada na própria denominação. (Brasil, 1941)

Assim, entre 1941 e 1978, as ações da sociedade civil, no que diz respeito às confederações e à representação nacional, estiveram centralizados na CBD, sob forte interesse e controle do Estado. Nesse período, a Seleção Brasileira de Futebol, por exemplo, era organizada pela CBD e trazia em seu uniforme o brasão da instituição.

Na transição da década de 1970 para a de 1980, as confederações específicas das diferentes modalidades voltaram à atividade, com a criação da Confederação Brasileira de Futebol (CBF), em 1978, da Confederação Brasileira de Atletismo (CBAt), em 1977, e da Confederação Brasileira de Handebol (CBHb), em 1979, por exemplo. Mesmo conquistando um pouco mais de autonomia nesse período, as confederações não se afastaram totalmente do Estado. Buscaram, de forma explícita, apoio do Estado às suas ações, especialmente por meio de financiamento público. Assim, não raro o Estado brasileiro repassou recursos às confederações sob a justificativa de que tais instituições cumpririam papel social relevante e/ou representariam o Brasil em competições internacionais.

Do ponto de vista legal, a autonomia da organização esportiva só foi garantida por meio da Constituição Federal de 1988, como já mencionamos. Todavia, a dependência financeira do esporte em relação ao Estado se manteve, permanecendo presente até os dias atuais.

Almeida (2010), abordando a relação entre o Estado brasileiro e as confederações esportivas, destaca que, excetuando os casos da CBF (com patrocínio privado) e da CBV (com patrocínio de empresa com capital público e equipes com patrocínios privados), as demais confederações se dividem em dois grupos.

> No primeiro grupo estão aquelas confederações que possuem patrocínio de empresas com capital público e poucos atletas ou equipes conseguem patrocínios privados. Das treze confederações brasileiras com patrocínio em 2008, uma é o futebol e nove possuem empresas com capital público como patrocinadoras: atletismo, ginástica e lutas associadas (Caixa Econômica Federal); basquete (Eletrobrás); handebol (Petrobras); judô (Infraero); desportos aquáticos e tênis (Correios); e voleibol (Banco do Brasil). Outras três (canoagem, desportos na neve e tênis de mesa) teriam patrocínio em 2008 de acordo com o relatório do COB sobre a aplicação de recursos da Lei Agnelo-Piva [...].
>
> No segundo grupo, estão aquelas confederações que não possuem nenhum patrocinador oficial: badminton, beisebol, boxe, ciclismo, desportos no gelo, esgrima, hipismo, hóquei sobre a grama, levantamento de peso, pentatlo moderno, remo, softbol, taekwondo, tiro esportivo, triathlon e vela. Dessas, apenas pentatlo moderno, tiro esportivo e triathlon tiveram patrocínio durante o ciclo olímpico de 2005 a 2008. (Almeida, 2010, p. 17)

Os recursos para o COB e o CPB aumentaram substancialmente nesse sentido. Tais entidades estariam encarregadas posteriormente de repartir os recursos com as confederações das modalidades esportivas, notadamente as olímpicas e paraolímpicas, sem explicitar claramente os critérios para a redistribuição dos recursos. Segundo Bueno (2008), estimativa feita em 2004 considera que a lei destinaria anualmente aproximadamente 60 milhões de reais ao esporte, vinte vezes mais do que a quantia média anual que vinha sendo direcionada ao setor antes da lei. Já Almeida (2010, p. 47) destaca que "os recursos repassados por exigência da Lei Agnelo-Piva são a maior fonte de recursos financeiros que o Comitê Olímpico Brasileiro possui". Podemos conferir isso no Gráfico 6.3.

Gráfico 6.3 Evolução dos valores administrados pelo COB provenientes da Lei Agnelo-Piva, em milhões de reais – de 2002 a 2008

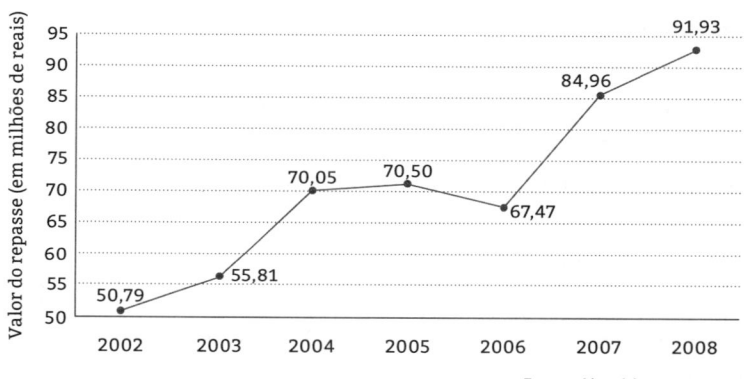

Ano	Valor (milhões de reais)
2002	50,79
2003	55,81
2004	70,05
2005	70,50
2006	67,47
2007	84,96
2008	91,93

Fonte: Almeida, 2010, p. 47.

Examinando esses dados, fica claro que o Estado brasileiro destina uma quantia relevante de recursos públicos ao COB, ao CPB e às confederações, seja por meio da Lei Agnelo-Piva, seja pelo patrocínio de empresas com capital público. Podemos entender isso como um problema, já que o Estado repassa dinheiro público a entidades privadas (sim, as confederações, o COB e o CPB são entidades privadas) que cumprem um papel que deveria ser público – o de desenvolver e fomentar o esporte no Brasil. Por outro lado, provavelmente se não existissem as confederações e os comitês, o Estado não teria capacidade suficiente para desenvolver as diferentes modalidades, especialmente em alto nível. Assim, o que existe hoje no Brasil é um modelo de parceria entre a sociedade civil e o Estado no campo do esporte. Em geral, o Estado é o financiador de políticas, e a sociedade civil, a executora de tais políticas, especialmente para o esporte de rendimento e de representação nacional.

Tal modelo é de certa forma repercutido em estados e municípios. No caso dos estados, os governos estaduais ou mesmo o governo federal pode repassar recursos públicos às federações estaduais, que, via de regra, organizam as delegações estaduais das modalidades esportivas em competições nacionais. Nos municípios, especialmente naqueles maiores e com condições financeiras melhores, ocorre que parte do dinheiro público é destinado às associações esportivas, que organizam as modalidades em nível municipal e representam o município em competições estaduais e nacionais. Por vezes, há repasses diretos ou por meio de renúncia fiscal, com as chamadas *leis de incentivo ao esporte*.

Segundo Silveira (2016), no município de Maringá, Paraná, por exemplo, cerca de 15% do orçamento anual da Secretaria Municipal de Esportes e Lazer foi destinado, entre 2005 e 2015, às associações esportivas da cidade por meio da Lei Municipal de Incentivo ao Esporte Amador. De uma forma ou de outra, o que se faz relevante é que o modelo adotado pelo governo federal de parceria com a sociedade civil, especialmente com o sistema federado do esporte, é repercutido em estados e municípios, especialmente quando se trata do apoio ao esporte de rendimento.

Retomando a análise realizada por Silveira (2016) em Maringá, a autora identificou uma relação de interdependência entre a Secretaria Municipal de Esportes e Lazer e as associações esportivas, em maior ou menor grau, mas o suficiente para garantir a continuidade das relações que foram estabelecidas ao longo do tempo entre essas estruturas. Assim, mesmo que a relação entre as associações esportivas e o Poder Público gere pontos positivos e negativos para ambas as partes, é essa interdependência que torna concreta a política pública de esporte na cidade.

No jogo estabelecido entre as associações e a Secretaria de Esportes e Lazer, o Estado tem como principais trunfos o recurso financeiro e o capital estatal. Por outro lado, as associações esportivas têm como trunfo o capital esportivo e o capital social. Essas relações são perpassadas por interesses políticos que influenciam as políticas públicas de esporte em Maringá. Mesmo assim, tais políticas têm ocorrido em virtude de certo equilíbrio entre os agentes e as estruturas mediante uma interdependência que sustenta esse jogo (Silveira, 2016).

Enfim, podemos dizer que o esporte no Brasil nasceu na sociedade civil, passou a ser controlado pelo Estado e hoje é desenvolvido em forma de parceria entre esses dois agentes. Este tende a financiar as políticas, e aquela, a executá-las. Tal modelo é alvo de críticas, mas pode ser vislumbrado também como um meio possível de desenvolvimento do esporte, ainda que de forma restrita a algumas modalidades e a uma das manifestações esportivas.

6.4 Políticas de esporte e os megaeventos esportivos no Brasil

Fernando Augusto Starepravo

O Brasil foi sede, recentemente, de alguns dos maiores eventos esportivos do planeta. Houve uma onda de eventos esportivos de grande porte no país iniciada com a realização dos XV Jogos Pan-americanos, em 2007, na cidade do Rio de Janeiro. Depois disso, a capital fluminense foi sede da 5ª edição Jogos Mundiais Militares, em 2011, da Copa das Confederações, em 2013, da 31ª edição dos Jogos Olímpicos de Verão e da 15ª edição dos Jogos Paralímpicos, em 2016. O Brasil ainda foi sede da 20ª edição da Copa do Mundo de Futebol Masculino, evento realizado em 12 diferentes cidades-sede espalhadas pelas cinco regiões do país.

Tais eventos, de maneira genérica, foram, em algum momento, tratados pela população, pela mídia e até mesmo por alguns profissionais de Educação Física como megaeventos esportivos. Todavia, considerando o conhecimento científico acumulado sobre o assunto, podemos dizer que apenas os Jogos Olímpicos de Verão e a Copa do Mundo de Futebol masculino, de fato, podem ser considerados megaeventos. Isso porque, segundo Almeida, Mezzadri e Marchi Junior (2009), os megaeventos esportivos estão relacionados a uma lógica de mercado e mídia globais; mobilização de instituições esportivas, iniciativa privada e entes governamentais; capacidade organizacional e de financiamento desses agentes; porte colossal; e, por fim, geração de invenções pelo avanço científico e tecnológico. Os Jogos Paralímpicos, por exemplo, não foram transmitidos pela TV aberta nem no Brasil, que era o país sede, quiçá em outros países. Ou seja, não houve cobertura massiva da mídia nacional e internacional do evento, fato esse que o descaracteriza como megaevento esportivo. De toda forma, tomando como base esse conceito de megaeventos esportivos, podemos reconhecê-los como fatos geradores de transformações em diferentes esferas sociais, que abrangem não somente a cidade-sede, mas vários outros territórios, em razão de seu alcance global.

Os megaeventos esportivos são grandes realizações esportivas e econômicas que envolvem agentes e instituições públicas, privadas e do terceiro setor. De maneira bastante resumida, podemos afirmar que, para a realização de um megaevento esportivo, como os Jogos Olímpicos de Verão, é necessário que o Estado e os governos estejam envolvidos, que a iniciativa privada, por meio da mídia e dos grandes patrocinadores, apoie o evento, e que instituições do terceiro setor, nesse caso, o Comitê Olímpico Internacional (COI) e os comitês olímpicos nacionais, organizem as competições e enviem seus atletas às disputas.

Nesse sentido, são múltiplas as possibilidades de abordagem do fenômeno, pelo viés da política, da economia, da mídia, do turismo, da infraestrutura urbana, dos estudos organizacionais, entre tantos outros. Nesta seção, comentaremos especialmente o papel do Estado nos megaeventos esportivos pelo viés da análise política. Utilizaremos como principal exemplo os Jogos Olímpicos Rio 2016, que nos fornece uma série de elementos para pensar os interesses do Estado ao apoiar esse tipo de evento.

Como observamos em outros momentos do livro, a realização dos grandes e megaeventos esportivos no Brasil ocupou significativamente a agenda pública brasileira em geral, e a agenda do esporte de maneira ainda mais importante. Grande parte do orçamento público do esporte no Brasil foi canalizada nos eventos e outras políticas públicas de esporte surgiram em decorrência desses acontecimentos, como o Estatuto do Torcedor[6] e o Programa Bolsa Pódio[7]. Sendo assim, faz-se relevante que, como profissionais de educação física, tenhamos capacidade de analisar e refletir criticamente sobre a política de atração de megaeventos esportivos ao Brasil, alguns de seus impactos e legados.

> Os megaeventos esportivos são grandes realizações esportivas e econômicas que envolvem agentes e instituições públicas, privadas e do terceiro setor.

Ao discutir os interesses envolvidos na realização dos Jogos Olímpicos Rio 2016, Almeida (2015) aponta que o interesse do COI em levar os Jogos para o Brasil estaria relacionado à expansão do movimento olímpico para novos territórios, uma vez que a edição dos Jogos no Rio de Janeiro foi a primeira a ser realizada na América do Sul. Isso não estaria expresso textualmente nos documentos do COI, porém faria parte do cenário mais amplo em que a instituição está inserida, considerando em especial sua presença internacional para determinar as funções legítimas da prática esportiva. Além disso, tendo em conta o desafio permanente

---

[6] O Estatuto de Defesa do Torcedor estabelece normas de proteção e defesa do torcedor. Em seu art. 2º, define que "Torcedor é toda pessoa que aprecie, apoie ou se associe a qualquer entidade de prática desportiva do País e acompanhe a prática de determinada modalidade esportiva" (Brasil, 2003b). Apesar de ter sido criada antes da confirmação do Brasil como sede da Copa do Mundo de 2016, tal legislação foi motivada pela real possibilidade de o país receber o certame em 2016.

[7] "Uma das principais iniciativas do Plano Brasil Medalhas foi implantar a Bolsa Atleta Pódio, instituída pela Lei n. 12.395, de 16 de março de 2011 (Brasil, 2011b). A Bolsa Pódio é uma nova categoria do programa Bolsa Atleta, com a finalidade de apoiar atletas com chances de disputar finais e medalhas olímpicas e paraolímpicas" (Brasil, 2016b).

do COI em atrair o público jovem ao movimento olímpico e seus eventos, a candidatura Rio 2016 ofereceu uma oportunidade, na contínua repetição dos documentos que reforçavam a jovialidade do Brasil e da América do Sul (Almeida, 2015).

Com relação ao Comitê de Candidatura Rio 2016, Almeida (2015) aponta que os interesses estavam relacionados ao fato de que os membros que não faziam parte das instituições públicas, tinham relações estreitas com o COB e percebiam na realização dos Jogos Olímpicos a oportunidade para evidenciar suas próprias posições no campo esportivo nacional e internacional, bem como colocar o holofote no esporte olímpico dentro da mídia e das políticas governamentais nos três níveis de governo. Com a vinda dos Jogos Olímpicos para o Brasil, esses agentes poderiam conquistar capitais e reconhecimento.

Nos documentos de candidatura, segundo Almeida (2015), foi possível observar que o comitê de candidatura havia incorporado argumentos propícios para o público ao qual eram direcionados, atendendo tanto as expectativas do governo brasileiro, quando exaltavam as potencialidades do país e os avanços obtidos no período político-partidário no poder, quanto as expectativas objetivas e subjetivas do COI, levantando as vantagens da candidatura que iam além dos critérios técnicos. Passou-se uma imagem de país festivo, jovem, em transformação e num território inédito (Almeida, 2015).

Considerando o governo brasileiro um dos principais interessados na realização dos Jogos Olímpicos no Brasil, Almeida (2015) afirma que o envolvimento deste no apoio à candidatura Rio 2016 estaria relacionado com a expectativa de proporcionar visibilidade e um posicionamento compatível com a visão do papel que o país deveria ocupar no sistema internacional. Essa imagem seria condizente com as estratégias do governo da época em relação à sua política externa. Ainda segundo a autora, os Jogos Olímpicos e Paralímpicos, incorporados na agenda da política externa brasileira, possibilitariam reforçar e estabelecer novas relações multilaterais, refletir as conquistas econômicas e políticas por meio de uma plataforma internacional e apresentar o Brasil como referência em liderança na América do Sul. O país buscou se representar como liderança sul-americana "em aspectos econômicos absolutos, população e tamanho do território, bem como caracterizações estereotípicas de um país mestiço, de belezas naturais e com um povo apaixonado, criativo e alegre como base de sua identidade" (Almeida, 2015, p. 264).

Além disso, segundo Almeida (2015), vencer a eleição para os Jogos Olímpicos e Paralímpicos de 2016, fazendo frente às demais candidatas (Chicago, Madri e Tóquio), cidades de países desenvolvidos, foi uma forma de se posicionar para uma audiência local e internacional, como um país que deve ser visto entre os líderes internacionais.

> Ter sido aceito nesse seleto clube de países receptores dos Jogos Olímpicos e Paralímpicos tem uma carga simbólica, especialmente nas décadas mais recentes desde quando se tornou um megaevento de fato, que foi tomado pelo presidente Lula como uma barreira a ser vencida pelo Brasil se quisesse efetivamente se posicionar como referência internacional – ou em suas palavras, "conquistar a cidadania internacional". (Almeida, 2015, p. 264)

Portanto, para o governo brasileiro, candidatar-se e posteriormente ganhar a disputa para sediar os Jogos Olímpicos de 2016 representou uma ação alinhada com suas estratégias mais amplas de política externa, que visava impulsionar sua imagem internacionalmente, questionando a ordem vigente e demandando participação de outros países.

Além disso, obviamente, os políticos que representavam o Brasil naquele momento (governo federal, governo estadual e municipal do Rio de Janeiro) também viram nesse acontecimento uma forma privilegiada de colocar suas carreiras políticas em evidência. Afinal, trazer o maior evento esportivo do planeta, pela primeira vez, para a América do Sul, para o Brasil, e para a cidade do Rio de Janeiro, ganhando um confronto com cidades e países muito mais desenvolvidos, de certa forma representou o sucesso dos políticos envolvidos no processo. Isso vem ao encontro da lógica já comentada, na qual os políticos atuam na esfera pública com vistas aos ganhos privados, políticos, econômicos ou sociais. Para além dos interesses dos políticos, podemos (e devemos) pensar no que a coletividade ganhou ou não com a vinda dos Jogos Olímpicos e da Copa do Mundo para o nosso país. Ao candidatar-se como sede desses megaeventos esportivos, em geral, os organizadores discursaram a respeito dos supostos legados e impactos[8] que beneficiariam todo o país. Seriam milhares de empregos, obras de infraestrutura, como novos e modernos sistemas de transporte público, aeroportos, portos, rodovias e estádios. Esse tipo de discurso, de certa forma serviu para justificar os altos valores investidos para a organização dos megaeventos, em sua maioria dinheiro público proveniente de impostos pagos por todos os cidadãos. Um exemplo é o estádio do Maracanã, no Rio de Janeiro, que custou aos cofres públicos cerca de 1,2 bilhão de reais e, logo após a Copa do Mundo, foi cedido à iniciativa privada. Será que é justo e necessário para um país com tantos problemas como o nosso investir todo esse dinheiro público em eventos que duram, no máximo, um mês? Os supostos impactos e legados gerados compensam todo o dinheiro público investido?

Para refletirmos sobre o investimento na Copa do Mundo de Futebol masculino, utilizando os dados de Silva Júnior et al. (2017), apontamos uma contradição entre as grandes estruturas esportivas construídas para os megaeventos esportivos e a precariedade das instalações de uso da comunidade em geral. A Arena da Amazônia, grandiosa e luxuosa instalação esportiva, está localizada em Manaus, cidade com 2.057.711 habitantes, onde as principais equipes de futebol do Estado são Peñarol, Nacional

---

[8] Impacto seria algo gerado durante a realização dos megaeventos, como o aumento do número de turistas no país. Já os legados são uma herança no longo prazo; aquilo que ficaria para o país depois da realização dos megaeventos esportivos.

e Fast Clube. A média de público do campeonato estadual de 2015 foi de 659 pagantes (Chade, 2015) – a capacidade total da Arena foi projetada para 44.310 espectadores, com investimento total de 605 milhões de reais (Portal 2014, 2016). Por outro lado, há a escassez de quadras esportivas para as aulas de Educação Física nas escolas brasileiras, em que apenas 27,5% das escolas públicas do ensino fundamental dispõem de quadras cobertas poliesportivas (Inep, 2012).

Silva Jr. et al. (2017) fizeram o exercício de converter o investimento da Arena Amazônia em quadras poliesportivas cobertas para as aulas de Educação Física e calcularam a quantidade de beneficiados que seriam atendidos por semana. Nesse exercício, os autores dividiram o investimento total da obra (605 milhões de reais) pelo valor de 490 mil reais por quadra – valor referência do Programa Proinfância e para a construção de quadras esportivas escolares cobertas do Ministério da Educação (MEC) em 2013. Com o valor poderiam ser construídas 1.235 quadras. Considerando que cada quadra poderia atender em média 500 crianças e adolescentes semanalmente, totaliza-se ao menos 617.500 beneficiados. Essa condição daria para atender a todos os municípios do Amazonas, com 20 quadras cobertas em cada um deles, uma vez que o estado possui 62 municípios.

6.5 Política pública e os programas esportivo-sociais

Fernando Augusto Starepravo

Além dos megaeventos esportivos, outra vertente das políticas públicas de esporte e lazer fortalecida nos últimos anos foi a de programas ou projetos esportivos com cunho social, ou simplesmente programas esportivo-sociais. Os governos da América Latina passaram a se interessar por programas esportivo-sociais graças à piora na qualidade de vida da população e ao aumento das desigualdades sociais na região, especialmente a partir da década de 1980. Também no Brasil tais programas passaram a fazer parte da agenda política nesse período, com foco em políticas públicas para crianças e jovens em condição de vulnerabilidade social. Ainda nessa década, como já mencionamos, o esporte foi reconhecido pelo Estado brasileiro como direito de cada um e função do Estado na Constituição Federal de 1988. Em 1990, o ECA reafirmou o direito de crianças e adolescentes ao esporte e ao lazer (Brasil, 1990a). Esses foram os principais ingredientes para que surgissem as primeiras iniciativas de programas esportivo-sociais em nosso país. Desde então, tais ações vêm ganhando relevância na agenda pública brasileira, com inúmeros programas sendo desenvolvidos pelo governo federal, governos estaduais, governos municipais, instituições privadas e também pelo terceiro setor. Assim, o objetivo nesta seção é refletir criticamente sobre as políticas públicas e sua expressão por meio de programas esportivo-sociais.

Em trabalho recente, Kravchychyn (2014) aponta que, do ponto de vista macroestrutural, os programas esportivo-sociais recebem críticas na literatura principalmente pela relação com preceitos neoliberais que supostamente permeiam sua constituição e pelo discurso fácil da inclusão social. Em contraponto, também segundo Kravchychyn (2014), a ampliação das manifestações esportivas e a consequente intensificação da participação do Poder Público na propagação de programas esportivo-sociais podem ser consideradas positivas. Nesse âmbito, destacam-se duas discussões: uma voltada à inclusão social por meio do esporte como ação estatal e uma que outrora não figurava no campo das políticas públicas de esporte e lazer no Brasil, possibilitando a disputa por recursos públicos a serem investidos também nos programas esportivo-sociais (Kravchychyn, 2014).

Historicamente, podemos dizer que os programas esportivo-sociais ganham força no momento em que há um movimento de crítica à exacerbação do esporte de alto rendimento e ganha espaço na agenda política internacional a defesa pelo esporte como direito de todos. Segundo Tubino (2010, p. 27, grifo do original), uma série de documentos foi produzida com o intuito de reafirmar a defesa pelo esporte enquanto direito de todos:

- o *Manifesto do Esporte (1968)*, do Conseil Internationale d'Education Physique et Sport *(CIEPS), assinado pelo Prêmio Nobel da Paz Noel Baker, no qual, pela primeira vez, foi defendido que o esporte não era somente rendimento, mas que existia um esporte na escola e um esporte do homem comum;*
- o **Manifesto Mundial da Educação Física**, *da* Fédération Internationale d'Education Physique *(FIEP/1970), no qual esse organismo internacional tentou reforçar as conexões da Educação Física com o Esporte;*
- o **Carta Europeia de Esporte para Todos** *(1975), em que foi praticamente estabelecido o referencial teórico para o Movimento EPT;*
- o **Manifesto do** Fair Play *editado em 1975, que mostrou a relevância do* Fair-play *nas competições, no sentido da ética e convivência humana;*
- a **Carta de Paris**, *resultante do "I Encontro de Ministros de Esporte e Responsáveis pela Educação Física" (1976), em que o Esporte foi considerado uma efetiva manifestação de Educação permanente.*

Esse movimento foi importante, inclusive para o reconhecimento do esporte e do lazer como direitos na Constituição Federal de 1988, como mostramos anteriormente. O estudo de Zaluar (1994) aponta que, mesmo antes do reconhecimento do esporte como direito na Constituição, algumas iniciativas governamentais e não governamentais já ganhavam força no início da década de 1980. Segundo o autor, houve três iniciativas pioneiras: (1) o Programa de Iniciação Esportiva (Priesp), da Fundação Roberto Marinho, cujos objetivos foram popularizar a prática esportiva múltipla e identificar talentos com essa massificação; (2) o Projeto Integrado de Assistência ao Menor (Piam), do governo de Goiás, que visava promover a educação para o trabalho, tendo a iniciação esportiva como mero apêndice; e (3) o Programa Recriança, do Ministério da Previdência e Assistência Social (MPAS), que destinava recursos a prefeituras municipais para o desenvolvimento de projetos baseados no tripé formado por educação esportiva, orientação para o trabalho e alimentação (Zaluar, 1994).

Já na década de 1990, os programas esportivo-sociais ganharam espaço na agenda pública do governo federal, estados e municípios. Durante o governo do presidente Fernando Henrique Cardoso, por exemplo, o discurso oficial apontava que,

> O Programa Mobilização da Sociedade pela Ação Desportiva Comunitária constitui-se numa das mais importantes ações, congregando os seguintes projetos/atividades: Esporte Solidário, Infraestrutura Desportiva, Esporte Educacional, Esporte para Pessoas Portadoras de Deficiência, Atividade Física para a Terceira Idade e o Esporte de Criação Nacional. (Brasil, 1997b)

Sobre os projetos e atividades citados. cabe observar que diferentes grupos (idosos, crianças e adolescentes, deficientes) seriam atendidos por diferentes ações. O projeto Esporte Educacional na Escola, em parceria com as secretarias estaduais e municipais de educação e/ou esporte, buscava garantir aos alunos das escolas da rede pública de ensino – mediante eventos como a Conferência Brasileira do Esporte na Escola, os Jogos das Escolas Públicas Brasileiras e os Grêmios Escolares – a participação em processos de educação por intermédio do esporte.

Já o projeto Esporte Solidário, cujo objetivo era garantir o desenvolvimento de projetos de esporte para crianças e adolescentes em regiões de reconhecida carência assistencial, buscava o estabelecimento de parcerias com vários segmentos da sociedade para otimizar espaços e infraestruturas já instalados e programas em andamento, bem como mobilizar agentes sociais para fomentar a massificação da prática esportiva. O relatório de acompanhamento do Plano Plurianual do governo federal, em

1997, destacava os convênios celebrados com estados, municípios, instituições federais de ensino superior e com a Confederação Nacional da Indústria (CNI), que, por sua atuação com o Serviço Social da Indústria (Sesi), teria viabilizado a instalação do projeto em diversas comunidades.

Já em junho de 2001, foi lançado o programa Esporte na Escola, que substituía Esporte, Direito de Todos[9]. Seu objetivo era estimular a prática esportiva por estudantes das instituições públicas de ensino fundamental e médio, os quais somavam aproximadamente 36 milhões de alunos (em 2000), inclusive os alunos deficientes, em um prazo de dez anos (Brasil, 2002c).

Segundo Veronez (2005, p. 348), no âmbito desses programas, foram criados ainda projetos como:

> o Atividades Físicas para a Terceira Idade, também chamado Vida Ativa, focalizado na pessoa idosa (Esporte Solidário); o projeto Navegar (Esporte na Escola), que tinha por objetivo popularizar a prática de esportes náuticos; Desporto para PPD (Esporte Solidário), que objetivava possibilitar a prática esportiva para essa clientela. Também foram instituídos o Jogos Indígenas, no âmbito do Esporte de criação nacional e identidade cultural, e o Jogos Escolares Brasileiros.

Com a criação do Ministério do Esporte em 2003, ganhou espaço no recém-criado ministério a agenda social do esporte e do lazer, com a criação dos já mencionados Pelc e PST. Mais tarde, como já referimos, essa agenda perdeu espaço para a agenda política de recepção dos megaeventos esportivos.

De toda forma, segundo Kravchychyn (2014), a constituição do Ministério do Esporte teve influência fundamental tanto no processo de expansão quanto de consolidação dos programas esportivo-sociais no subcampo das políticas públicas de esporte

---

[9] Parte das ações do programa foi incorporada por outros programas já existentes: "há que se destacar que, como o Programa incorporou algumas ações do extinto programa Esporte Direito de Todos, o atendimento pelo **Esporte Solidário** não se restringiu a crianças e adolescentes em situação de risco [...]" (Brasil, 2002c, p. 1.492).

e lazer. Ainda segundo o autor, mesmo observada a continuidade de privilégio ao esporte de rendimento na destinação de recursos, o esporte educacional e de lazer ganharam visibilidade por meio, especialmente, do PST – que promoveu a difusão de projetos em todas as regiões do país – e do Pelc, ambos programas esportivo-sociais.

Mesmo não sendo uma agenda apenas estatal, em geral os programas esportivo-sociais são iniciativas de governos ou são por eles apoiados. Assim, refletir sobre os programas esportivo-sociais remete à discussão sobre agenda pública do esporte e lazer, orçamento público, vulnerabilidade social, entre outras. Os programas esportivo-sociais fazem parte do cotidiano de muitas comunidades pobres e expostas à vulnerabilidade social, nas quais o esporte se apresenta como um elemento educacional e de desenvolvimento humano.

Pensar os programas esportivo-sociais remete, em última instância, à discussão sobre as possibilidades de oferta e garantia do acesso de crianças, adolescentes e jovens ao esporte educacional de qualidade, direito de todos. Toda essa discussão busca formar profissionais mais atentos ao direito ao esporte e lazer e suas possibilidades por meio dos programas esportivo-sociais, que muito ainda devem se desenvolver e se proliferar pelo país.

III *Síntese*

A experiência recente da realização dos megaeventos esportivos e os altos dispêndios econômicos para a preparação dos Jogos Olímpicos aumentaram o interesse da sociedade em geral pela temática, bem como fizeram surgir novas preocupações dentre os profissionais e estudiosos da área, a fim de repensar os caminhos que as políticas públicas de esporte e lazer vêm percorrendo nos últimos anos. Sendo assim, neste capítulo apresentamos temas emergentes e transversais às políticas públicas de esporte, lazer e educação física, contribuindo para uma reflexão crítica sobre a temática, conforme o quadro que segue.

Conteúdo	Reflexões
Participação política	Reconhecer o processo de participação da sociedade nas políticas públicas por meio de conselhos, conferências e participação cidadã, compreendendo seu papel como agente político.
Financiamento das políticas de esporte no Brasil	Compreender o financiamento público para o esporte no Brasil, destacando as possibilidades de financiamento e as prioridades estatais.
As relações entre Estado e sociedade civil nas políticas públicas	Reconhecer o papel de federações, confederações e associações no desenvolvimento de políticas públicas de esporte no Brasil.
Políticas de esporte e os megaeventos esportivos no Brasil	Analisar e refletir criticamente sobre a política de atração de megaeventos esportivos ao Brasil, seus impactos e legados.
Política pública e os programas esportivo-sociais	Analisar e refletir criticamente sobre a política pública e sua expressão por meio de programas esportivo-sociais

■ Atividades de autoavaliação

1. Nos últimos anos, notou-se um aumento significativo da criação de conselhos de políticas sociais setoriais, como o esporte e lazer, que podem ser traduzidos em uma gestão pública democratizada. Assinale a alternativa que representa o maior desafio para a instalação dessa instância participativa:

    a) Regulamentar cada vez mais conselhos consultivos, pois estes permitem vários segmentos populacionais em sua composição, excluindo a responsabilização do Estado em formular políticas setoriais.

    b) Ampliar a capacidade de participação da população e realizar ações com o Estado para superar as desigualdades sociais.

c) Aumentar a participação de autoridades estatais para torná-las corresponsáveis nas deliberações, tornando o Estado agente ativo nas políticas setoriais.

d) Permitir que os conselhos ultrapassem a ideia de melhoria gerencial do Estado e passem a reconstruir uma sociedade mais democrática com os atores governamentais.

2. Sobre os conselhos e conferências de esporte e lazer, assinale a alternativa correta:

a) O conselho estadual de esporte e lazer, considerado um dos vários mecanismos de participação popular, caracteriza-se pelo envolvimento direto da sociedade com o processo de formulação das políticas públicas de esporte e lazer.

b) As Conferências Nacionais de Esporte, que ocorreram entre 2004 e 2010, podem ser consideradas mecanismos mais eficientes de participação e intervenção da sociedade nas políticas públicas do setor quando comparadas aos conselhos.

c) Os conselhos municipais de esporte são instâncias obrigatórias, visto que estão presentes na Constituição Federal de 1988.

d) Nos conselhos de esporte, não é obrigatória a presença de um número par de conselheiros, permitindo que exista maior representatividade da sociedade em geral, haja vista que esporte é uma prática que independe das ações públicas.

3. Sobre as fontes de financiamento esportivo no Brasil, assinale a alternativa **incorreta**:

a) As fontes de financiamento esportivo podem ser orçamentárias e/ou extraorçamentárias, que correspondem a impostos, taxas e multas ou receitas de concursos de prognósticos (sorteio de números, loterias, apostas), doações, patrocínios e legados; incentivos fiscais previstos em lei, respectivamente.

b) A Lei de Incentivo ao Esporte é a principal lei que regulamenta o esporte no Brasil.
c) A Lei Agnelo-Piva destina 2% da receita da Loteria Federal para o Comitê Olímpico Brasileiro.
d) A legislação reconhece quatro formas de manifestação esportiva: educacional, de participação, de formação e de rendimento. A prioridade de investimentos é para o esporte educacional e, em casos específicos, para o esporte de rendimento.

4. O art. 217 da Constituição Federal de 1988 estabelece que o Estado deve fomentar práticas formais e não formais como direito de cada um. Considerando essa afirmação, assinale a alternativa correta:

a) A Constituição Federal de 1988 obriga o Estado a financiar a prática esportiva, com ênfase no esporte de rendimento.
b) O esporte conta com uma quantidade mínima de investimento (1%), que deve ser cumprido pelos três entes: federal, estadual e municipal.
c) A Lei de Incentivo ao Esporte permite a dedução do Imposto de Renda devido por pessoas físicas ou jurídicas no apoio direto a projetos desportivos e paradesportivos.
d) A Lei de incentivo ao Esporte é destinada a programas esportivos que visam à prática de esporte educacional e de participação. Projetos para o esporte de rendimento não são autorizados a captar recursos pela lei.

5. Com a realização dos megaeventos esportivos sediados em nosso país entre os anos de 2014 e 2016, é possível identificar diversos elementos que envolveram a candidatura e a preparação para os Jogos. Sobre isso, assinale a alternativa **incorreta**:

a) O governo federal criou uma nova estrutura organizacional dentro do Ministério do Esporte para a preparação da Copa do Mundo de 2014 e dos Jogos Olímpicos Rio 2016.

b) A candidatura do Brasil para o Jogos Olímpicos foi de interesse econômico, já que o governo federal buscava melhorar a situação do país que já apresentava um colapso na economia.

c) Apesar dos altos investimentos com a preparação dos megaeventos esportivos, ainda não é possível perceber uma melhora qualitativa nas políticas esportivas de nosso país.

d) A candidatura do Brasil para o Jogos Olímpicos envolveu interesses tanto do Brasil quanto dos organizadores do evento.

■ Atividades de aprendizagem

Questões para reflexão

1. A Copa do Mundo e os Jogos Olímpicos são dois espetáculos que envolvem um sentimento de nacionalismo, alegria e festa. Têm, em teoria, a característica de melhorar a economia do país, bem como de valorizar a política esportiva. Com base na leitura deste capítulo, discorra sobre os possíveis legados e impactos deixados para o Brasil após a realização desses eventos.

2. A participação popular no processo de formulação e implementação das políticas públicas, de forma geral, é direito garantido pela Constituição Federal de 1988. Apesar disso, ainda não está incorporado em nossa cultura essa corresponsabilidade com o Estado em pensar ações que melhor atendam às demandas sociais. Pensando nisso, responda: Quais são os benefícios e possíveis malefícios de uma sociedade politicamente ativa?

Atividades aplicadas: prática

1. Com base na leitura deste capítulo e em seu conhecimento sobre as formas de financiamento e a legislação para a prática de esporte em nosso país, faça uma proposta de política pública de esporte e/ou de lazer para ser implementada em sua cidade.

2. Imagine que você acaba de se tornar Ministro do Esporte e, ao conversar com o presidente da República e seus assessores, recebeu a missão de reestruturar as ações no campo, buscando democratizar a prática esportiva e cumprir com o que está estabelecido na Constituição Federal de 1988. Sendo assim, você tem uma semana para elaborar uma proposta e enviá-la ao presidente para aprovação. Componha essa proposta.

Considerações finais

Chegamos ao final desta obra, na qual muito comentamos sobre a relação entre educação física e política.

Explicamos inicialmente alguns conceitos basilares à compreensão das políticas públicas, ressaltando a importância da política para a convivência em sociedade. Com base nesses conceitos, estabelecemos aproximações com os vários campos de atuação do profissional ou professor de Educação Física, como o esporte, o lazer, a saúde e a escola. Ao abordar cada um dos campos de atuação, resgatamos elementos históricos da relação entre Estado e educação física, a fim de fundamentar a compreensão das relações que foram construídas ao longo da história.

Nesse percurso, avaliamos a extrema relevância do Estado para a educação física e, consequentemente, para a sociedade como um todo. Relacionamos a discussão à atuação profissional, afinal dedicamos esta obra especialmente aos que se preparam para trabalhar nessa área, e nada melhor que relacionar a teoria à área prática de atuação.

Comentamos sobre a regulamentação da profissão e sobre a divisão na formação entre bacharelado e licenciatura, conhecimentos que um profissional da área deve conhecer. Detalhamos como ocorre a atuação desse profissional nos contextos da escola, da academia, da saúde e de projetos sociais. Isso porque a política se efetiva em todo lugar, inclusive em nossos espaços de atuação profissional.

Finalmente, voltamos nossa atenção a tópicos emergentes dessa área que têm estreita relação com a política, como os megaeventos esportivos, a participação popular, os projetos esportivos sociais e o financiamento das políticas públicas. Enfim, ao evidenciarmos o diálogo da educação física com a política, apresentamos elementos conceituais e informações referentes à atuação profissional, aos diferentes campos de atuação e à atualidade.

O conjunto da discussão indica que, como seres políticos que somos, precisamos entender nossa posição em relação aos demais seres humanos, utilizando como meio a profissão que escolhemos seguir. Essa profissão, configurada em algumas áreas de atuação, foi estruturada com base em relações políticas altamente influenciadas pelo Estado. A configuração que ela apresenta hoje é fruto de uma história em que ganhou alguns espaços e perdeu outros, sofreu o efeito de regulamentações que geraram grandes impactos e passou a estar intrincada à vida das pessoas, desde a aula de Educação Física na escola até à organização de megaeventos.

Enfim, no que se refere à área de educação física, essa é a condição que foi se estruturando e gerando seus efeitos. Esperamos que a leitura deste livro tenha trazido luz a alguns aspectos que, a princípio, talvez passem despercebidos aos leigos ou mesmo aos profissionais. Precisamos conhecer muito bem nossa área e desenvolver um senso crítico e de responsabilidade social, que se constrói também por meio da política.

Referências

A CIGARRA. 25 de maio de 1914. Disponível em: <http://200.144.6.120/uploads/acervo/periodicos/revistas/CI19140505.pdf>. Acesso em: 14 set. 2018.

ALARCÃO, I. **Escola reflexiva e nova racionalidade**. Porto Alegre: Artmed, 2001.

ALMEIDA, B. S. de. **Altius, citius, fortius... ditius?** Lógicas e estratégias do Comitê Olímpico Internacional, comitê de candidatura e governo brasileiro na candidatura e escolha dos Jogos Olímpicos e Paralímpicos Rio 2016. 324 f. Tese (Doutorado em Educação Física) – Universidade Federal do Paraná, Curitiba, 2015. Disponível em: <https://acervodigital.ufpr.br/bitstream/handle/1884/37620/R%20-%20T%20-%20BARBARA%20SCHAUSTECK%20DE%20%20ALMEIDA.pdf?sequence=1&isAllowed=y>. Acesso em: 15 jun. 2018.

_____. **O financiamento do esporte olímpico e suas relações com a política no Brasil**. 122 f. Dissertação (Mestrado em Educação Física) – Universidade Federal do Paraná, Curitiba, 2010. Disponível em: <https://acervodigital.ufpr.br/bitstream/handle/1884/23953/ALMEIDA%2c%20BS%20-%20O%20financiamento%20do%20esporte%20olimpico%20e%20suas%20relacoes%20com%20a%20politica%20no%20Brasil.pdf?sequence=1&isAllowed=y>. Acesso em: 15 jun. 2018.

ALMEIDA, B. S. de; MEZZADRI, F. M.; MARCHI JÚNIOR, W. Considerações sociais e simbólicas sobre sedes de megaeventos esportivos. **Motrivivência**, Florianópolis, v. 21, n. 32-33, p. 178-192, jun./dez. 2009. Disponível em: <https://periodicos.ufsc.br/index.php/motrivivencia/article/view/2175-8042.2009n32-33p178/14118>. Acesso em: 15 jun. 2018.

ALMEIDA, M. A. B. de; XAVIER, E. M.; SANTOS, R. F. dos. O Nacional Desenvolvimentismo e as Políticas Públicas de Exercícios Físicos, Esporte e Lazer. **Revista Gestão & Políticas Públicas**, v. 3, n. 1, p. 72-91, 2013. Disponível em: <http://www.revistas.usp.br/rgpp/article/view/97886>. Acesso em: 7 jun. 2018.

ALVES, J. A. B.; PIERANTI, O. P. O Estado e a formulação de uma política nacional de esporte no Brasil. **Revista RAE-eletrônica**, São Paulo, v. 6, n. 1, jan./jun. 2007. Disponível em: <http://rae.fgv.br/sites/rae.fgv.br/files/artigos/10.1590_S1676-56482007000100002.pdf>. Acesso em: 15 jun. 2018.

AMARAL, S. C. F. **Políticas públicas de lazer e participação cidadã**: entendendo o caso de Porto Alegre. 208 f. Tese (Doutorado em Educação Física) – Universidade Estadual de Campinas, Campinas, 2003. Disponível em: <http://cev.org.br/arquivo/biblioteca/4017334.pdf>. Acesso em: 25 ago. 2018.

AMARAL, S. C. F.; PEREIRA, A. P. C. Reflexões sobre a produção em políticas públicas de educação física, esporte e lazer. **RBCE – Revista Brasileira de Ciências do Esporte**, Campinas, v. 31, n. 1, p. 41-56, set. 2009. Disponível em: <https://ufsj.edu.br/portal-repositorio/File/dcefs/Prof._Adalberto_Santos2/25-reflexoes_sobre_a_producao_em_politicas_publicas_em_ef_lazer16.pdf>. Acesso em: 1º jun. 2018.

ANDRADE FILHO, N. F. de. Formação profissional em educação física brasileira: uma súmula da discussão dos anos de 1996 a 2000. **RBCE – Revista Brasileira de Ciências do Esporte**, Campinas, v. 22, n. 3, p. 23-37, maio 2001. Disponível em: <http://revista.cbce.org.br/index.php/RBCE/article/view/381/325>. Acesso em: 12 jun. 2018.

ARANHA, M. L. de A. **História da educação**. 2. ed. rev. e atual. São Paulo: Moderna, 1996.

ARANTES, A. C. **Apontamentos pessoais para a disciplina Estrutura e Funcionamento do Ensino**. Faculdade Ítalo Brasileira, Campo Grande Cariacica, 2002. Mimeografado.

ARANTES, A, C. A História da Educação Física escolar no Brasil. **Efdeportes.com Revista Digital**, Buenos Aires, ano 13, n. 124, set. 2008. Disponível em: <http://www.efdeportes.com/efd124/a-historia-da-educacao-fisica-escolar-no-brasil.htm>. Acesso em: 25 ago. 2018.

ARAUJO, S. M. de; DOMINICI, K. R. L.; CARDOSO, G. M. Os ordenamentos legais do município de São Luís-MA: o esporte e o lazer em foco. In: CONGRESSO BRASILEIRO DE CIÊNCIAS DO ESPORTE, 16.; CONGRESSO INTERNACIONAL DE CIÊNCIAS DO ESPORTE, 3., 2009, Salvador. Anais... Salvador: Conbrace/Conice, 2009. Disponível em: <https://repositorio.ufsc.br/bitstream/handle/123456789/127916/XVI%20CONBRACE-2009.pdf?sequence=1>. Acesso em: 8 jun. 2018.

ARRETCHE, M. Mitos da descentralização: maior democracia e eficiência nas políticas públicas? **Revista Brasileira de Ciências Sociais**, São Paulo, v. 11, n. 31, p. 44-66, 1996. Disponível em: <http://www.anpocs.org.br/portal/publicacoes/rbcs_00_31/rbcs31_03.htm>. Acesso em: 25 ago. 2018.

ATHAYDE, P. F. A. A disputa pelo fundo público no âmbito do financiamento esportivo brasileiro. **RBCE – Revista Brasileira de Ciências do Esporte**, v. 36, n. 2, p. 5636-5651, abr./jun. 2014. Disponível em: <http://revista.cbce.org.br/index.php/RBCE/article/view/2158/1115>. Acesso em: 15 jun. 2018.

AUAD, D. et al. Mecanismos de participação popular no Brasil: plebiscito, referendo e iniciativa popular. **Revista Brasileira de Direito Constitucional**, n. 3, p. 291-323, jan./jun. 2004. Disponível em: <http://www.esdc.com.br/seer/index.php/rbdc/article/view/73/73>. Acesso em: 25 ago. 2018.

AZEVEDO, A. C. B. de; MALINA, A. Memória do currículo de formação profissional em Educação Física no Brasil. **RBCE – Revista Brasileira de Ciências do Esporte**, Campinas, v. 25, n. 2, p. 129-142, jan. 2004. Disponível em: <http://revista.cbce.org.br/index.php/RBCE/article/view/231/233>. Acesso em: 12 jun. 2018.

BARROS, D. Cidadania versus periculosidade social: a desinstitucionalização como desconstrução do saber. In: AMARANTE, P. (Org.). **Psiquiatria social e reforma psiquiátrica**. Rio de Janeiro: Fiocruz, 1994. p. 170-196.

BARROS, M. S. F.; MORAES, S. P. G. de. Formação de professores: expressão da complexidade da prática pedagógica. In: MACIEL, L. S. B. et al. (Org.). **Formação de professores e prática pedagógica**. Maringá: Eduem, 2002.

BELTRAMI, D. M. Dos fins da educação física escolar. **Revista da Educação Física/UEM**, Maringá, v. 12. n. 2, p. 27-33, 2. sem. 2001. Disponível em: <http://www.periodicos.uem.br/ojs/index.php/RevEducFis/article/view/3743/2575>. Acesso em: 7 ago. 2018.

BENITES, L. C.; SOUZA NETO, S. de; HUNGER, D. O processo de constituição histórica das diretrizes curriculares na formação de professores de Educação Física. **Educação e Pesquisa**, São Paulo, v. 34, n. 2, p. 343-360, maio/ago. 2008. Disponível em: <http://files.condiesef.webnode.com.br/200000151-3d4313e3cb/O%20processo%20de%20constitui%C3%A7%C3%A3o%20hist%C3%B3rica%20das%20diretrizes.pdf>. Acesso em: 7 ago. 2018.

BERNABÉ, A. P. **Formação dos agentes públicos do esporte e lazer em municípios do Estado do Paraná**. Dissertação (Mestrado em Educação Física) – Universidade Estadual de Maringá, Maringá, 2016.

BERNABÉ, A. P.; NATALI, P. M. Formação e atuação de recreadores: o caso da equipe de recreação e lazer da cidade de Maringá-PR nos anos de 2001 a 2004. **Licere**, Belo Horizonte, v. 17, n. 1, p. 1-19, mar. 2014. Disponível em: <https://seer.ufmg.br/index.php/licere/article/view/345/242>. Acesso em: 7 jun. 2018.

BERNSTEIN, B. **A estruturação do discurso pedagógico**: classe, códigos e controles. Tradução de Tomaz Tadeu da Silva e Luís Fernando Gonçalves Pereira. Petrópolis: Vozes, 1996.

BETTI, M. Perspectivas na formação profissional. In: MOREIRA, W. W. (Org.). **Educação física & esportes**: perspectivas para o século XXI. Campinas: Papirus, 1992. p. 239-254. (Coleção Corpo & Motricidade).

BOBBIO, N. **O futuro da democracia**: uma defesa das regras do jogo. Rio de Janeiro: Paz e Terra, 2009.

BONAMINO, A.; SOUSA, S. Z. Três gerações de avaliação da educação básica no Brasil: interfaces com o currículo da/na escola. **Educação e Pesquisa**, São Paulo, v. 38, n. 2, p. 373-388, abr./jun. 2012. Disponível em: <http://www.scielo.br/pdf/ep/v38n2/aopep633.pdf>. Acesso em: 7 ago. 2018.

BONELLI, M. G. Estudos sobre profissões no Brasil. In: MICELI, S. (Org.). **O que ler na ciência social brasileira (1970-1995)**. São Paulo: Sumaré; Brasília: Capes, 1999. p. 288-330. (Ciência Política, v. III).

BORGES, C. M. F. **O professor de educação física e a construção do saber**. Campinas: Papirus, 1998.

BRACHT, V. A constituição das teorias pedagógicas da educação física. **Cadernos Cedes**, ano 19, n. 48, p. 69-88, ago. 1999. Disponível em: <http://www.scielo.br/pdf/ccedes/v19n48/v1948a05.pdf>. Acesso em: 16 jun. 2018.

____. **Educação física e aprendizagem social**. Porto Alegre: Magister, 1992.

BRACHT, V.; ALMEIDA, F. Q. de. A política de esporte escolar no Brasil: a pseudovalorização da Educação Física. **RBCE – Revista Brasileira de Ciências do Esporte**, Campinas, v. 24, n. 3, p. 87-101, maio 2003. Disponível em: <http://escolar.universoef.com.br/container/gerenciador_de_arquivos/arquivos/91/a-politica-de-esporte-escolar-no-brasil.pdf>. Acesso em: 14 jun. 2018.

BRASIL. Câmara dos Deputados. Projeto de Lei n. 8.035, de 20 de dezembro de 2010a. Aprova o Plano Nacional de Educação para o decênio 2011-2020 e dá outras providências. Disponível em: <http://www.camara.gov.br/proposicoesWeb/prop_mostrarintegra?codteor=831421&filename=PL+8035/2010>. Acesso em: 13 jun. 2018.

____. Projeto de Lei n. 1.713-A, de 2003a. Regulamenta a atuação dos agentes de pressão junto a Administração Pública Direta e Indireta de qualquer dos poderes da União, dos Estados, do Distrito Federal e dos Municípios, e dá outras providências. Disponível em: <http://www.camara.gov.br/proposicoesWeb/prop_mostrarintegra;jsessionid=2963B702C4AE805DB6B51ED807133D44.node1?codteor=162878&filename=Avulso+-PL+1713/2003>. Acesso em: 8 jun. 2018.

BRASIL. Constituição (1937). **Diário Oficial da União**, Rio de Janeiro, 10 nov. 1937. Disponível em: <http://www.planalto.gov.br/ccivil_03/constituicao/constituicao37.htm>. Acesso em: 12 jun. 2018.

____. Constituição (1988). **Diário Oficial da União**, Brasília, DF, 5 out. 1988a. Disponível em: <http://www.planalto.gov.br/ccivil_03/Constituicao/Constituicao.htm>. Acesso em: 7 jun. 2018.

____. Decreto n. 1.331, de 17 de fevereiro de 1854. **Coleção das Leis do Império do Brasil**, 1854. Disponível em: <http://www2.camara.leg.br/atividade-legislativa/legislacao/publicacoes/doimperio>. Acesso em: 25 ago. 2018.

____. Decreto n. 6.755, de 29 de janeiro de 2009. **Diário Oficial da União**, Poder Executivo, Brasília, DF, 30 jan. 2009a. Disponível em: <http://www.planalto.gov.br/ccivil_03/_ato2007-2010/2009/decreto/d6755.htm>. Acesso em: 14 jun. 2018.

BRASIL. Decreto n. 7.529, de 21 de julho de 2011. **Diário Oficial da União**, Poder Executivo, Brasília, DF, 22 jul. 2011a. Disponível em: <http://www.planalto.gov.br/ccivil_03/_ato2011-2014/2011/decreto/d7529.htm>. Acesso em: 6 jun. 2018.

_____. Decreto n. 9.267, de 16 de abril de 1942. **Diário Oficial da União**, Poder Executivo, Rio de Janeiro, 18 abr. 1942. Disponível em: <http://www2.camara.leg.br/legin/fed/decret/1940-1949/decreto-9267-16-abril-1942-464258-publicacaooriginal-1-pe.html>. Acesso em: 25 ago. 2018.

_____. Decreto-Lei n. 3.199, de 14 de abril de 1941. **Diário Oficial da União**, Poder Executivo, Rio de Janeiro, 16 abr. 1941. Disponível em: <http://www.planalto.gov.br/ccivil_03/decreto-lei/1937-1946/Del3199.htm>. Acesso em: 5 jun. 2018.

_____. Decreto-Lei n. 5.452, de 1º de maio de 1943. **Diário Oficial da União**, Poder Executivo, Rio de Janeiro, 9 ago. 1943. Disponível em: <http://www.planalto.gov.br/ccivil_03/decreto-lei/Del5452.htm>. Acesso em: 7 jun. 2018.

_____. Decreto-Lei n. 7.674, de 25 de junho de 1945. **Diário Oficial da União**, Poder Executivo, Rio de Janeiro, 28 jun. 1945. Disponível em: <http://www2.camara.leg.br/legin/fed/declei/1940-1949/decreto-lei-7674-25-junho-1945-449991-publicacaooriginal-1-pe.html>. Acesso em: 25 ago. 2018.

_____. Decreto-Lei n. 9.403, de 25 de junho de 1946. **Diário Oficial da União**, Poder Executivo, Rio de Janeiro, 28 jun. 1946a. Disponível em: <http://www.planalto.gov.br/ccivil_03/decreto-lei/1937-1946/Del9403.htm>. Acesso em: 8 jun. 2018.

_____. Decreto-Lei n. 9.853, de 13 de setembro de1946. **Diário Oficial da União**, Poder Executivo, Rio de Janeiro, 16 set. 1946b. Disponível em: <http://www.planalto.gov.br/ccivil_03/decreto-lei/1937-1946/Del9853.htm>. Acesso em: 8 jun. 2018.

_____. Lei n. 4.024, de 20 de dezembro de 1961. **Diário Oficial da União**, Poder Legislativo, Brasília, DF, 27 dez. 1961. Disponível em: <http://www.planalto.gov.br/CCIVIL_03/leis/L4024.htm>. Acesso em: 11 jun. 2018.

_____. Lei n. 5.540, de 28 de novembro de 1968. **Diário Oficial da União**, Poder Legislativo, Brasília, DF, 23 nov. 1968. Disponível em: <http://www.planalto.gov.br/ccivil_03/LEIS/L5540.htm>. Acesso em: 11 jun. 2018.

BRASIL. Lei n. 5.692, de 11 de agosto de 1971. **Diário Oficial da União**, Poder Legislativo, Brasília, DF, 12 ago. 1971. Disponível em: <http://www.planalto.gov.br/ccivil_03/leis/L5692.htm>. Acesso em: 11 jun. 2018.

_____. Lei n. 6.251, de 8 de outubro de 1975. **Diário Oficial da União**, Poder Legislativo, Brasília, DF, 9 out. 1975a. Disponível em: <http://www.planalto.gov.br/CCIVIL_03/LEIS/1970-1979/L6251.htm>. Acesso em: 12 jun. 2018.

_____. Lei n. 8.069, de 13 de julho de 1990. **Diário Oficial da União**, Poder Legislativo, Brasília, DF, 16 jul. 1990a. Disponível em: <http://www.planalto.gov.br/ccivil_03/leis/l8069.htm>. Acesso em: 14 jun. 2018.

_____. Lei n. 8.080, de 19 de setembro de 1990. **Diário Oficial da União**, Poder Legislativo, Brasília, DF, 20 set. 1990b. Disponível em: <http://www.planalto.gov.br/ccivil_03/leis/L8080.htm>. Acesso em: 14 jun. 2018.

_____. Lei n. 8.672, de 6 de julho de 1993. **Diário Oficial da União**, Poder Legislativo, Brasília, DF, 7 jul. 1993. Disponível em: <https://www.planalto.gov.br/ccivil_03/leis/l8672.htm>. Acesso em: 6 jun. 2018.

_____. Lei n. 9.394, de 20 de dezembro de 1996. **Diário Oficial da União**, Poder Legislativo, Brasília, DF, 23 dez. 1996. Disponível em: <http://www.planalto.gov.br/ccivil_03/LEIS/l9394.htm>. Acesso em: 4 jun. 2018.

_____. Lei n. 9.615, de 24 de março de 1998. **Diário Oficial da União**, Poder Legislativo, Brasília, DF, 25 mar. 1998a. Disponível em: <http://www.planalto.gov.br/ccivil_03/Leis/L9615consol.htm>. Acesso em: 4 jun. 2018.

_____. Lei n. 9.649, de 27 de maio de 1998. **Diário Oficial da União**, Poder Executivo, Brasília, DF, 28 maio 1998b. Disponível em: <http://www.planalto.gov.br/ccivil_03/LEIS/L9649cons.htm>. Acesso em: 4 jun. 2018.

_____. Lei n. 9.696, de 1º de setembro de 1998. **Diário Oficial da União**, Poder Legislativo, Brasília, DF, 2 set. 1998c. Disponível em: <http://www.planalto.gov.br/ccivil_03/leis/l9696.htm>. Acesso em: 4 jun. 2018.

_____. Lei n. 10.264, de 16 de julho de 2001. **Diário Oficial da União**, Poder Legislativo, Brasília, 17 jul. 2001a. Disponível em: <http://www.planalto.gov.br/ccivil_03/Leis/LEIS_2001/L10264.htm>. Acesso em: 15 jun. 2018.

BRASIL. Lei n. 10.671, de 15 de maio de 2003. **Diário Oficial da União**, Poder Legislativo, Brasília, 16 maio 2003b. Disponível em: <http://www.planalto.gov.br/ccivil_03/leis/2003/L10.671.htm>. Acesso em: 15 jun. 2018.

_____. Lei n. 10.793, de 1º de dezembro de 2003. **Diário Oficial da União**, Poder Legislativo, Brasília, DF, 2 dez. 2003c. Disponível em: <http://www.planalto.gov.br/ccivil_03/LEIS/2003/L10.793.htm>. Acesso em: 12 jun. 2018.

_____. Lei n. 11.438, de 29 de dezembro de 2006. **Diário Oficial da União**, Poder Legislativo, Brasília, 29 dez. 2006. Disponível em: <http://www.planalto.gov.br/ccivil_03/_ato2004-2006/2006/lei/l11438.htm>. Acesso em: 12 jun. 2018.

_____. Lei n. 12.395, de 16 de março de 2011. **Diário Oficial da União**, Poder Legislativo, Brasília, 17 mar. 2011b. Disponível em: <http://www.planalto.gov.br/ccivil_03/_ato2011-2014/2011/lei/l12395.htm>. Acesso em: 15 jun. 2018.

_____. Lei n. 13.415, de 16 de fevereiro de 2017. **Diário Oficial da União**, Poder Legislativo, Brasília, 17 fev. 2017a. Disponível em: <http://www.planalto.gov.br/ccivil_03/_ato2015-2018/2017/lei/l13415.htm>. Acesso em: 12 jun. 2018.

_____. Medida Provisória n. 103, de 1º de janeiro de 2003. **Diário Oficial da União**, Poder Executivo, Brasília, DF, 1º jan. 2003d. Disponível em: <http://www.planalto.gov.br/ccivil_03/mpv/antigas_2003/103.htm>. Acesso em: 6 jun. 2018.

_____. Medida Provisória n. 746, de 22 de setembro de 2016. **Diário Oficial da União**, Poder Executivo, Brasília, DF, 23 set. 2016a. Disponível em: <http://www.planalto.gov.br/ccivil_03/_ato2015-2018/2016/Mpv/mpv746.htm>. Acesso em: 4 jun. 2018.

_____. Mensagem Presidencial n. 48, de 25 de junho de 1985. Disponível em: <http://www2.camara.leg.br/atividade-legislativa/legislacao/Constituicoes_Brasileiras/constituicao-cidada/o-processo-constituinte/emenda.pdf>. Acesso em: 6 jun. 2018.

BRASIL. Ministério da Cultura. **Programa Mais Cultura**. nov. 2007. Disponível em: <http://www.cultura.gov.br/documents/10883/38605/programa-mais-cultura-apresentacao.ppt/127b1de2-cff6-40b4-80ff-e38ab05dc81c>. Acesso em: 6 ago. 2018.

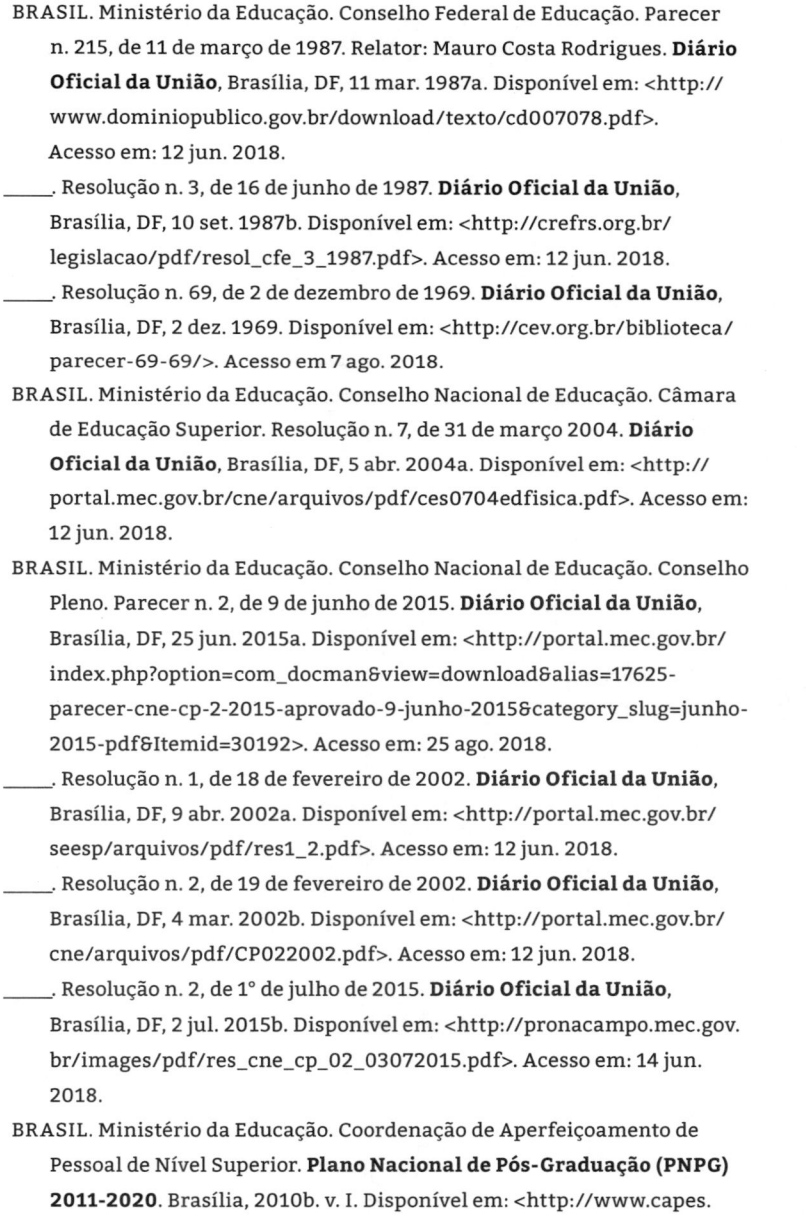

BRASIL. Ministério da Educação. Conselho Federal de Educação. Parecer n. 215, de 11 de março de 1987. Relator: Mauro Costa Rodrigues. **Diário Oficial da União**, Brasília, DF, 11 mar. 1987a. Disponível em: <http://www.dominiopublico.gov.br/download/texto/cd007078.pdf>. Acesso em: 12 jun. 2018.

_____. Resolução n. 3, de 16 de junho de 1987. **Diário Oficial da União**, Brasília, DF, 10 set. 1987b. Disponível em: <http://crefrs.org.br/legislacao/pdf/resol_cfe_3_1987.pdf>. Acesso em: 12 jun. 2018.

_____. Resolução n. 69, de 2 de dezembro de 1969. **Diário Oficial da União**, Brasília, DF, 2 dez. 1969. Disponível em: <http://cev.org.br/biblioteca/parecer-69-69/>. Acesso em 7 ago. 2018.

BRASIL. Ministério da Educação. Conselho Nacional de Educação. Câmara de Educação Superior. Resolução n. 7, de 31 de março 2004. **Diário Oficial da União**, Brasília, DF, 5 abr. 2004a. Disponível em: <http://portal.mec.gov.br/cne/arquivos/pdf/ces0704edfisica.pdf>. Acesso em: 12 jun. 2018.

BRASIL. Ministério da Educação. Conselho Nacional de Educação. Conselho Pleno. Parecer n. 2, de 9 de junho de 2015. **Diário Oficial da União**, Brasília, DF, 25 jun. 2015a. Disponível em: <http://portal.mec.gov.br/index.php?option=com_docman&view=download&alias=17625-parecer-cne-cp-2-2015-aprovado-9-junho-2015&category_slug=junho-2015-pdf&Itemid=30192>. Acesso em: 25 ago. 2018.

_____. Resolução n. 1, de 18 de fevereiro de 2002. **Diário Oficial da União**, Brasília, DF, 9 abr. 2002a. Disponível em: <http://portal.mec.gov.br/seesp/arquivos/pdf/res1_2.pdf>. Acesso em: 12 jun. 2018.

_____. Resolução n. 2, de 19 de fevereiro de 2002. **Diário Oficial da União**, Brasília, DF, 4 mar. 2002b. Disponível em: <http://portal.mec.gov.br/cne/arquivos/pdf/CP022002.pdf>. Acesso em: 12 jun. 2018.

_____. Resolução n. 2, de 1º de julho de 2015. **Diário Oficial da União**, Brasília, DF, 2 jul. 2015b. Disponível em: <http://pronacampo.mec.gov.br/images/pdf/res_cne_cp_02_03072015.pdf>. Acesso em: 14 jun. 2018.

BRASIL. Ministério da Educação. Coordenação de Aperfeiçoamento de Pessoal de Nível Superior. **Plano Nacional de Pós-Graduação (PNPG) 2011-2020**. Brasília, 2010b. v. I. Disponível em: <http://www.capes.gov.br/images/stories/download/Livros-PNPG-Volume-I-Mont.pdf>. Acesso em: 7 ago. 2018.

BRASIL. Ministério da Educação. Coordenação de Aperfeiçoamento de Pessoal de Nível Superior. **Plano Nacional de Pós-Graduação (PNPG) 2011-2020**. Brasília, 2010c. v. II: Documentos Setoriais. Disponível em: <http://www.capes.gov.br/images/stories/download/PNPG_Miolo_V2.pdf>. Acesso em: 7 ago. 2018.

BRASIL. Ministério da Educação. Secretaria de Educação Fundamental. **Parâmetros Curriculares Nacionais**: Educação Física. Brasília, 1997a. Disponível em: <http://portal.mec.gov.br/seb/arquivos/pdf/livro07.pdf>. Acesso em: 12 jun. 2018.

BRASIL. Ministério da Educação. Secretaria de Educação Média e Tecnológica. **Parâmetros Curriculares Nacionais**: Ensino Médio – Parte II – linguagens, códigos e suas tecnologias. Brasília, 1998d. Disponível em: <http://portal.mec.gov.br/seb/arquivos/pdf/14_24.pdf>. Acesso em: 25 ago. 2018.

BRASIL. Ministério da Educação e Cultura. Conselho Nacional de Pós-Graduação. Departamento de Documentação e Divulgação. **I PNPG**: Plano Nacional de pós-Graduação. Brasília, 1975b. Disponível em: <http://www.capes.gov.br/images/stories/download/editais/I_PNPG.pdf>. Acesso em: 13 jun. 2018.

BRASIL. Ministério da Saúde. Portaria n. 2.681, de 7 de novembro de 2013. **Diário Oficial da União**, Brasília, DF, 8 nov. 2013a. Disponível em: <http://bvsms.saude.gov.br/bvs/saudelegis/gm/2013/prt2681_07_11_2013.html>. Acesso em: 14 jun. 2018.

BRASIL. Ministério da Saúde. Secretaria de Atenção à Saúde. Departamento de Atenção Básica. **Saúde na escola**. Brasília, 2009b. (Cadernos de Atenção Básica, n. 24). Disponível em: <http://bvsms.saude.gov.br/bvs/publicacoes/cadernos_atencao_basica_24.pdf>. Acesso em: 15 jun. 2018.

_____. **Diretrizes do NASF**: Núcleo de Apoio à Saúde da Família. Brasília: Ministério da Saúde, 2010d. (Cadernos de Atenção Básica; n. 27). Disponível em: <http://bvsms.saude.gov.br/bvs/publicacoes/diretrizes_do_nasf_nucleo.pdf>. Acesso em: 14 jun. 2018.

BRASIL. Ministério da Saúde. Secretaria de Vigilância em Saúde. Departamento de Análise de Situação em Saúde. **Avaliação de efetividade de programas de atividade física no Brasil**. Brasília, 2013b. Disponível em: <http://bvsms.saude.gov.br/bvs/publicacoes/avaliacao_efetividade_programas_atividade_fisica.pdf>. Acesso em: 7 ago. 2018.

BRASIL. Ministério da Saúde. Secretaria de Vigilância em Saúde. Secretaria de Atenção à Saúde. **Política Nacional de Promoção da Saúde**. 3. ed. Brasília, 2010e. (Série Pactos pela Saúde 2006; v. 7). Disponível em: <http://bvsms.saude.gov.br/bvs/publicacoes/politica_nacional_promocao_saude_3ed.pdf>. Acesso em: 4 jun. 2018.

BRASIL. Ministério do Desenvolvimento Social e Combate à Fome. Secretaria Nacional de Assistência Social. **Política Nacional de Assistência Social PNAS/ 2004/Norma Operacional Básica**: NOB/SUAS. Brasília, nov. 2005a. Disponível em: <http://www.mds.gov.br/webarquivos/publicacao/assistencia_social/Normativas/PNAS2004.pdf>. Acesso em: 14 jun. 2018.

BRASIL. Ministério do Esporte. I **Conferência Nacional do Esporte**. Documento final. Brasília, 2004b. Disponível em: <http://www.ipea.gov.br/participacao/images/pdfs/conferencias/Esporte/deliberacoes_1_conferencia_esporte.pdf>. Acesso em: 15 jun. 2018.

____. I **Conferência Nacional do Esporte**. Texto básico: Esporte, lazer e desenvolvimento humano. Brasília, 2004c. Disponível em: <http://www2.esporte.gov.br/conferencianacional/arquivos/teseFinal.pdf>. Acesso em: 15 jun. 2018.

____. III **Conferência Nacional de Esporte**. Plenária Final – 05 e 06 de junho de 2010. Linha 1 – Sistema Nacional de Esporte e Lazer. Brasília, 2010f. Disponível em: <http://www2.esporte.gov.br/conferencianacional/arquivos/plenariaLinha1.pdf>. Acesso em: 15 jun. 2018.

____. **Lei de Incentivo ao Esporte**. Disponível em: <http://www.esporte.gov.br/index.php/institucional/secretaria-executiva/lei-de-incentivo-ao-esporte>. Acesso em: 6 ago. 2018a.

____. **Ministério do Esporte abre chamada pública para PELC**. 7 jan. 2010g. Disponível em: <http://www.esporte.gov.br/index.php/noticias/24-lista-noticias/38780-ministerio-do-esporte-abre-chamada-publica-para-pelc>. Acesso em: 11 jun. 2018.

BRASIL. Ministério do Esporte. Portal da Copa. **Descoberta do Talento Esportivo**. Disponível em: <http://portal.esporte.gov.br/snear/talentoEsportivo/default.jsp>. Acesso em: 6 jun. 2018b.

____. **Organograma**. Disponível em: <http://portal.esporte.gov.br/institucional/organograma/organograma.jsp>. Acesso em: 7 ago. 2018c.

BRASIL. Ministério do Esporte. Programa Vida Saudável. **É tempo de viver diferente!** 2017b. Disponível em <http://www.esporte.gov.br/index.php/institucional/esporte-educacao-lazer-e-inclusao-social/esporte-e-lazer-da-cidade/vida-saudavel-vs>. Acesso em: 14 jun. 2018.

____. **Projeto Pintando a Liberdade**. Disponível em: <http://www2.esporte.gov.br/pintando/>. Acesso em: 6 ago. 2018d.

____. Resolução n. 5, de 14 de junho de 2005. **Diário Oficial da União**, Brasília, DF, 16 ago. 2005b. Disponível em: <http://www.esporte.gov.br/arquivos/conselhoEsporte/resolucoes/resolucaoN5.pdf>. Acesso em: 14 jun. 2018.

____. **Secretaria Executiva**. Disponível em: <http://www.esporte.gov.br/index.php/institucional/secretaria-executiva>. Acesso em: 6 ago. 2018e.

BRASIL. Ministério do Esporte e Turismo. **Relatório de atividades do Poder Executivo** – PPA 2000-2003: exercício 2002. Brasília, 2002c. Disponível em: <http://www2.camara.leg.br/orcamento-da-uniao/leis-orcamentarias/ppa/2000-2003/ppa20002003/ppa_rel_aval/018_esporte_e_turismo.PDF>. Acesso em: 7 ago. 2018.

BRASIL. Ministério do Planejamento. **Programa de Aceleração do Crescimento – PAC**. Disponível em: <http://www.pac.gov.br/sobre-o-pac/>. Acesso em: 6 ago. 2018f.

BRASIL. Ministério do Planejamento, Orçamento e Gestão. **Plano Plurianual 1996-1999**: relatório de acompanhamento – exercício 1997. Brasília, 1997b. Disponível em: <http://aplicativos.planejamento.gov.br/Siappa1997.nsf/temas Educacao?openpage>. Acesso em: 2 jan. 2011.

BRASIL. Ministério do Planejamento, Desenvolvimento e Gestão. Secretaria de Planejamento e Investimentos Estratégicos. **Relatório de avaliação do Plano Plurianual 2004-2007**: exercício 2008 – ano base 2007. Brasília, 2008. (Ministério do Esporte: Caderno 19). Disponível em: <http://www.planejamento.gov.br/assuntos/planeja/plano-plurianual/publicacoes/2008-2011/relatorios-anuais-de-avaliacao#2008>. Acesso em: 11 jun. 2018.

BRASIL. **Pesquisa revela aumento na prática de atividades físicas**. 2 maio 2014. Disponível em: <http://www.brasil.gov.br/saude/2014/05/pesquisa-revela-aumento-na-pratica-de-atividades-fisicas>. Acesso em: 7 jun. 2018.

BRASIL. Rede Nacional do Esporte. **Bolsa Atleta Pódio**. 2016b. Disponível em: <http://www.brasil2016.gov.br/pt-br/incentivo-ao-esporte/bolsa-atleta-podio>. Acesso em: 27 maio 2018.

_____. **Lei de Incentivo**: R$ 870 milhões investidos no esporte brasileiro em todos os níveis. 2016c. Disponível em: <http://www.brasil2016.gov.br/pt-br/incentivo-ao-esporte/lei-de-incentivo-ao-esporte>. Acesso em: 10 mar. 2017.

_____. **Lei Agnelo/Piva**: Recursos perenes para investimento no esporte brasileiro. 2016d. Disponível em: <http://www.brasil2016.gov.br/pt-br/incentivo-ao-esporte/lei-agnelo-piva>. Acesso em: 15 jun. 2018.

BRÊTAS, A. **Nem só de pão vive o homem**: criação e funcionamento do Serviço de Recreação Operária (1943-1945). Rio de Janeiro: Apicuri, 2010.

BUENO, L. **Políticas públicas do esporte no Brasil**: razões para o predomínio do alto rendimento. 200 f. Tese (Doutorado em Administração Pública e Governo) – Fundação Getúlio Vargas, São Paulo, 2008. Disponível em: <https://bibliotecadigital.fgv.br/dspace/bitstream/handle/10438/2493/72040100444.pdf>. Acesso em: 25 ago. 2018.

CARDOSO, T. F. L. A construção da escola pública no Rio de Janeiro imperial. **Revista Brasileira de História da Educação**, v. 3, n. 1, p. 195-211, jan./jun. 2003. Disponível em: <http://ojs.uem.br/ojs/index.php/rbhe/article/view/38716/20245>. Acesso em: 11 jun. 2018.

CARNEIRO, C. B. L.; VEIGA, L. **O conceito de inclusão, dimensões e indicadores**. Belo Horizonte: Secretaria Municipal de Coordenação da Política Social, 2004.

CARNOY, M. **Estado e teoria política**. 3. ed. Campinas: Papirus, 1990.

CARVALHO, J. M. de. **Cidadania no Brasil**: o longo caminho. 19. ed. Rio de Janeiro: Civilização Brasileira, 2015.

CAS aprova dedução no IR de despesas com academias e personal trainer. **Senado Notícias**, 7 out. 2015. Disponível em: <https://www12.senado.leg.br/noticias/materias/2015/10/07/cas-aprova-deducao-no-ir-de-despesas-com-academias-e-personal-trainer>. Acesso em: 7 ago. 2018.

CASTELAN, L. P. **As conferências nacionais do esporte na configuração da política esportiva e de lazer no governo Lula (2003-2010).** 188 f. Dissertação (Mestrado em Educação Física) – Universidade Estadual de Campinas, Campinas, 2011. Disponível em: <http://observatoriodoesporte.org.br/docs/LIA-POLEGATO-CASTELAN.pdf>. Acesso em: 15 jun. 2018.

CASTELLANI FILHO, L. A formação sitiada: diretrizes curriculares de educação física em disputa – jogo jogado? **Pensar a Prática**, Goiânia, v. 19, n. 4, p. 758-773, out./dez. 2016. Disponível em: <https://www.revistas.ufg.br/fef/article/view/42256/pdf>. Acesso em: 13 jun. 2018.

_____. **Educação Física no Brasil**: a história que não se conta. 3. ed. Campinas: Papirus, 1991.

_____. **Educação Física no Brasil**: a história que não se conta. 4. ed. Campinas: Papirus, 1994.

_____. **Política educacional e educação física.** Campinas: Autores Associados, 1998. (Coleção Polêmicas do Nosso Tempo).

_____. (Org.). **Gestão pública e política de lazer**: a formação de agentes sociais. Campinas: Autores Associados, 2007.

CASTELLANI FILHO, L. et al. **Metodologia do ensino da educação física.** 2. ed. São Paulo: Cortez, 2009.

CASTRO, S. B. E. de. **Políticas públicas para o esporte e lazer e o ciclo orçamentário brasileiro (2004-2011)**: prioridades e distribuição de recursos durante os processos de elaboração e execução orçamentária. 382 f. Tese (Doutorado em Educação Física) – Universidade Federal do Paraná, Curitiba, 2016. Disponível em: <https://acervodigital.ufpr.br/bitstream/handle/1884/43215/R%20-%20T%20-%20SUELEN%20BARBOZA%20EIRAS%20DE%20CASTRO.pdf?sequence=3&isAllowed=y>. Acesso em: 25 ago. 2018.

CASTRO, S. B. E. de; SOUZA, D. L. de. Financiamento público e políticas federais de esporte e lazer: um estudo sobre o processo de elaboração da proposta orçamentária para o setor (2004-2007). In: CONGRESSO SULBRASILEIRO DE CIÊNCIAS DO ESPORTE, 7., 2014, Matinhos. **Anais...** Disponível em: <http://cbce.tempsite.ws/congressos/index.php/7csbce/2014/paper/view/5931>. Acesso em: 25 ago. 2018.

CHADE, J. Fifa fatura 16 bilhões com a disputa da Copa do Mundo no Brasil. **Estadão**, São Paulo, 19 mar. 2015. Disponível em: <http://esportes.estadao.com.br/noticias/futebol,fifa-fatura-r-16-bilhoes-com-a-disputa-da-copa-do-mundo-no-brasil,1653669>. Acesso em: 15 jun. 2018.

COELHO, R. C. **Estado, governo e mercado**. 2. ed. Florianópolis: Ed. da UFSC, 2012.

_____. **Estado, governo e mercado**. 3. ed. rev. atual. Florianópolis: UFSC; Brasília: Capes, 2014. Disponível em: <https://educapes.capes.gov.br/handle/capes/401271>. Acesso em: 4 jun. 2018.

CONFEF – Conselho Federal de Educação Física. Resolução n. 46, de 18 de fevereiro de 2002. **Diário Oficial da União**, Brasília, DF, 19 mar. 2002. Disponível em: <http://www.confef.org.br/confef/resolucoes/82>. Acesso em: 12 jun. 2018.

_____. Resolução n. 326, de 10 de outubro de 2016. **Diário Oficial da União**, Brasília, DF, 11 nov. 2016. Disponível em: <http://www.confef.org.br/confef/resolucoes/402>. Acesso em: 4 jun. 2018

CORRALO, G. da S. **Curso de direito municipal**. São Paulo: Atlas, 2011.

CORTELLA, M. S.; RIBEIRO, R. J. **Política**: para não ser idiota. Campinas: Papirus, 2010.

COSTA, L. P. da. (Ed.). **Teoria e prática do esporte comunitário e de massa**. Rio de Janeiro: Palestra, 1981.

COSTA, N. do R. **Políticas públicas, justiça distributiva e inovação**: saúde e saneamento na agenda social. São Paulo: Hucitec, 1997.

CUNHA JUNIOR, C. F. F da. O processo de escolarização da educação física no Brasil: reflexões a partir do Imperial Collegio de Pedro Segundo (1841-1881). **Revista HISTEDBR On-line**, Campinas, n. 30, p. 59-83, jun. 2008. Disponível em: <http://www.histedbr.fe.unicamp.br/revista/edicoes/30/art05_30.pdf>. Acesso em: 8 ago. 2018.

CURITIBA. Secretaria Municipal do Esporte, Lazer e Juventude. **Academia ao ar livre**. Disponível em: <http://www.curitiba.pr.gov.br/conteudo/academia-ao-ar-livre-smelj/144>. Acesso em: 4 jun. 2018.

CUSTÓDIO, M. A.; HILSDORF, M. L. O colégio dos jesuítas de São Paulo (que não era colégio nem se chamava São Paulo). **Revista do Instituto de Estudos Brasileiros**, São Paulo, n. 39, p. 169-180, 1995. Disponível em: <http://www.revistas.usp.br/rieb/article/view/72080/75319>. Acesso em: 11 jun. 2018.

DARIDO, S. C.; RANGEL, I. C. A. (Coord.). **Educação física na escola**: implicações para a prática pedagógica. Rio de Janeiro: Guanabara Koogan, 2005. (Coleção Educação Física no Ensino Superior).

DE DECCA, E. S. Apresentação. In: LUCENA, R. de F. **O esporte na cidade**: aspectos do esforço civilizador brasileiro. Campinas: Autores Associados, 2001.

ESTEVES, J. V. D. C. et. al. O uso de academias da terceira idade por idosos modifica parâmetros morfofuncionais? **Acta Scientiarum**, Maringá, v. 34, n. 1, p. 31-38, jan./jun. 2012. Disponível em: <http://eduem.uem.br/ojs/index.php/ActaSciHealthSci/article/viewFile/8354/pdf>. Acesso em: 14 jun. 2018.

FARIA JÚNIOR, A. G. Perspectivas na formação profissional em educação física. In: MOREIRA, W. W. (Org.). **Educação física & esportes**: perspectivas para o século XXI. Campinas: Papirus, 1992. p. 227-238. (Coleção Corpo & Motricidade).

_____. Professor de educação física, licenciado generalista. In: OLIVEIRA, V. M. de (Org.). **Fundamentos pedagógicos da educação física**. Rio de Janeiro: Ao Livro Técnico, 1987. p. 11-33. v. 2.

FIGUEIREDO, P. O. F. de N. **Política e formação**: o Programa Esporte e Lazer da Cidade no Distrito Federal e entorno. 206 f. Dissertação (Mestrado em Educação Física) – Universidade de Brasília, Brasília, 2009. Disponível em: <http://repositorio.unb.br/bitstream/10482/4237/1/2009_PedroOsmarFdeNFigueiredo.pdf>. Acesso em: 8 ago. 2018.

FILGUEIRA, J. C. M.; PERIM, G. L.; OLIVEIRA, A. A. B. de. Apresentação. In: OLIVEIRA, A. A. B. de; PERIM, G. L. (Org.). **Fundamentos pedagógicos do Programa Segundo Tempo**: da reflexão à prática. Maringá: Eduem, 2009. p. 7-16.

FREITAS, M. S. N. de. Uma releitura do orçamento público sob uma perspectiva histórica. **Bahia Análise & Dados**, Salvador, v. 12, n. 4, p. 9-24, mar. 2003.

FREY, K. Políticas públicas: um debate conceitual e reflexões referentes à prática da análise de políticas públicas no Brasil. **Planejamento e Políticas Públicas**, Brasília, n. 21, p. 211-259, jun. 2000. Disponível em: <http://www.ipea.gov.br/ppp/index.php/PPP/article/view/89/158>. Acesso em: 25 ago. 2018.

GOHN, M. da G. Os conselhos municipais e a gestão urbana. In: SANTOS JUNIOR, O. A. dos; RIBEIRO, L. C. de Q.; AZEVEDO, S. de (Org.). **Governança democrática e poder local**: a experiência dos conselhos municipais no Brasil. Rio de Janeiro: Revan Fase, 2004.

GOMES, C. L. **Significados de recreação e lazer no Brasil**: reflexões a partir da análise de experiências institucionais (1926-1964). 322 f. Tese (Doutorado em Educação) – Universidade Federal de Minas Gerais, Belo Horizonte, 2003. Disponível em: <http://www.bibliotecadigital.ufmg.br/dspace/handle/1843/HJPB-5NVJWV>. Acesso em: 8 jun. 2018.

GUIMARÃES, M. do C. L. O debate sobre a descentralização de políticas públicas: um balanço bibliográfico. **Organizações & Sociedade**, Salvador, v. 9, n. 23, p. 1-17, jan./abr. 2002. Disponível em: <http://www.scielo.br/pdf/osoc/v9n23/03.pdf>. Acesso em: 15 jun. 2018.

HALL, P. A.; TAYLOR, R. C. R. As três versões do neo-institucionalismo. **Lua Nova**, São Paulo, n. 58, p. 193-223, 2003. Disponível em: <http://www.scielo.br/scielo.php?script=sci_arttext&pid=S0102-64452003000100010&lng=en&nrm=iso>. Acesso em: 7 ago. 2018.

INEP – Instituto Nacional de Estudos e Pesquisas Educacionais Anísio Teixeira. **Censo da educação básica 2011**: resumo técnico. Brasília, 2012. Disponível em: <http://download.inep.gov.br/educacao_basica/censo_escolar/resumos_tecnicos/resumo_tecnico_censo_educacao_basica_2011.pdf>. Acesso em: 25 ago. 2018.

ISAYAMA, H. F. Atuação do profissional de educação física no âmbito do lazer: a perspectiva da animação cultural. **Motriz**, Rio Claro, v. 15, n. 2, p. 407-413, abr./jun. 2009. Disponível em: <https://www.clubedosrecreadores.com/clubeintelectual/22.pdf>. Acesso em: 11 jun. 2018.

JOAQUIM, B. A.; BATISTA, P. M.; CARVALHO, M. J. Revisão sistemática sobre o perfil de competências do gestor desportivo. **Movimento**, Porto Alegre, v. 17, n. 1, p. 255-279, jan./mar. 2011. Disponível em: <http://www.seer.ufrgs.br/index.php/Movimento/article/view/15104/12957>. Acesso em: 7 jun. 2018.

KRAVCHYCHYN, C. **Projetos e programas sociais esportivos no Brasil**: histórico, estado da arte e contribuições do Programa Segundo Tempo. 177 f. Tese (Doutorado em Educação Física) – Universidade Estadual de Maringá, Maringá, 2014.

KUENZER, A. Z.; MORAES, M. C. M. de. Temas e tramas na pós-graduação em educação. **Educação e Sociedade**, Campinas, v. 26, n. 93, p. 1341-1362, set./dez. 2005. Disponível em: <http://www.scielo.br/pdf/es/v26n93/27284.pdf>. Acesso em: 13 jun. 2018.

KUNZ, E. Educação física escolar: seu desenvolvimento, problemas e propostas. In: SEMINÁRIO BRASILEIRO EM PEDAGOGIA DO ESPORTE, 1998, Santa Maria. **Anais...** Santa Maria: CEFD-UFSM, 1998. p. 114-119.

LAPO, F. R.; BUENO, B. O. Professores, desencanto com a profissão e abandono do magistério. **Cadernos de Pesquisa**, São Paulo, n. 118, p. 65-88, mar. 2003. Disponível em: <http://www.scielo.br/pdf/cp/n118/16830.pdf>. Acesso em: 14 jun. 2018.

LIBÂNEO, J. C. **Adeus professor, adeus professora?** Novas exigências educacionais e profissão docente. São Paulo: Cortez, 1998.

LINHALES, M. A. **A trajetória política do esporte no Brasil**: interesses envolvidos, setores excluídos. 242 f. Dissertação (Mestrado em Ciência Política) – Faculdade de Filosofia e Ciências Humanas, Universidade Federal de Minas Gerais. Belo Horizonte, 1996. Disponível em: <http://cev.org.br/arquivo/biblioteca/4019029.pdf>. Acesso em: 25 ago. 2018.

_____. São as políticas públicas para a educação física/esportes e lazer, efetivamente políticas sociais? **Motrivivência**, Florianópolis, Ano X, n. 11, p. 71-81, jul. 1998. Disponível em: <https://periodicos.ufsc.br/index.php/motrivivencia/article/view/4987/20401>. Acesso em: 1º jun. 2018.

LOPES, T. B.; SANTOS, D. de C. S. dos; ISAYAMA, H. F. Reflexões sobre a política social e a política de lazer no Brasil. **Licere**, Belo Horizonte, v. 19, n. 3, set. 2016. Disponível em: <https://seer.ufmg.br/index.php/licere/article/view/2949/2153>. Acesso em: 7 jun. 2016.

LUZ, M. T. Educação física e saúde coletiva: papel estratégico da área e possibilidades quanto ao ensino na graduação e integração na rede de serviços públicos de saúde. In: FRAGA, A. B.; WAHS, F. (Org.). **Educação física e saúde coletiva**: políticas de formação e perspectivas de intervenção. Porto Alegre: Ed. da UFRGS, 2007. (Série Esporte, Lazer e Saúde). p. 9-16.

MALTA, D. C. et al. A Política Nacional de Promoção da Saúde e a agenda da atividade física no contexto do SUS. **Epidemiologia e Serviços de Saúde**, Brasília, v. 18, n. 1, p. 79-86, jan./mar. 2009. Disponível em: <http://scielo.iec.gov.br/pdf/ess/v18n1/v18n1a08.pdf>. Acesso em: 14 jun. 2018.

MANHÃES, E. D. **Política de esportes no Brasil**. 2. ed. Rio de Janeiro: Graal, 2002.

MARCELLINO, N. C. (Org.). **Lazer e esporte**: políticas públicas. 2. ed. Campinas: Autores Associados, 2001.

MARCELLINO, N. C. et. al. **Políticas públicas de lazer**: formação e desenvolvimento de pessoal: os casos de Campinas e Piracicaba-SP. Curitiba: Opus, 2007.

MARINHO, I. P. **Contribuição para a história da educação física no Brasil**: Brasil Colônia, Brasil Império, Brasil República. Rio de Janeiro: Imprensa Nacional, 1943.

MARQUES, E. C. Notas críticas à literatura sobre Estado, políticas estatais e atores políticos. **Boletim Informativo e Bibliográfico de Ciências Sociais**, Rio de Janeiro, n. 43, p. 67-102, 1997. Disponível em: <http://anpocs.org/index.php/edicoes-anteriores-es/bib-43/474-notas-criticas-a-literatura-sobre-estado-politicas-estatais-e-atores-politicos/file>. Acesso em: 8 jun. 2018.

MARSHALL, T. H. **Cidadania, classe social e "status"**. Tradução de Meton Porto Gadelha. Rio de Janeiro: Zahar, 1967. (Biblioteca de Ciências Sociais).

MASCARENHAS, F. **Entre o ócio e o negócio**: teses acerca da anatomia do lazer. 320 f. Tese (Doutorado em Educação Física) – Universidade Estadual de Campinas, Campinas, 2005a. Disponível em: <http://www.repositorio.unicamp.br/handle/REPOSIP/274935>. Acesso em: 25 ago. 2018.

_____. Lazer e utopia: limites e possibilidades de ação política. **Revista Movimento**, Porto Alegre, v. 11, n. 3, p. 155-182, set./dez. 2005b. Disponível em: <http://www.seer.ufrgs.br/index.php/Movimento/article/view/2876/1490>. Acesso em: 7 jun. 2018

MEDINA, J. P. S. **A Educação Física cuida do corpo... e "mente"**: bases para a renovação e transformação da educação física. Campinas: Papirus, 1983.

MELO, V. A. de. **Escola Nacional de Educação Física em Desportos**: uma possível história. 221 f. Dissertação (Mestrado em Educação Física) – Universidade Estadual de Campinas, Campinas, 1996. Disponível em: <http://cev.org.br/arquivo/biblioteca/4015916.pdf>. Acesso em: 12 jun. 2018.

MENICUCCI, T. Políticas públicas de lazer: questões analíticas e desafios políticos. In: ISAYAMA, H. F.; LINHALES, M. A. (Org.). **Sobre lazer e política**: maneiras de ver, maneiras de fazer. Belo Horizonte: Ed. da UFMG, 2006. p. 136-164.

MEZZADRI, F. M. **A estrutura esportiva no Estado do Paraná**: da formação dos clubes esportivos às atuais políticas governamentais. Tese (Doutorado em Educação Física) – Universidade Estadual de Campinas, Campinas, 2000. Disponível em: <http://repositorio.unicamp.br/bitstream/REPOSIP/275394/1/Mezzadri_FernandoMarinho_D.pdf>. Acesso em: 25 ago. 2018.

MEZZADRI, F. M. et al. Políticas públicas para o esporte e lazer nas cidades do Estado do Paraná. In: CONGRESO DE LA ASOCIACIÓN LATINOAMERICANA DE SOCIOLOGÍA, 26., 2007, Guadalajara. Disponível em: <http://cdsa.aacademica.org/000-066/1919.pdf>. Acesso em: 15 jun. 2018.

MONTESQUIEU, C. L. de S. **Do espírito das leis**. São Paulo: M. Claret, 2007. (Coleção A Obra-prima de cada Autor).

MORAES, M. C. M. de. Iluminismo às avessas como contexto da pós-graduação no Brasil. **Educação Unisinos**, São Leopoldo, v. 5, n. 9, p. 79-101, jul./dez. 2004. Disponível em: <http://revistas.unisinos.br/index.php/educacao/article/view/6493>. Acesso em: 8 ago. 2018.

MORAES, S. P. G. de M. Retrospectiva histórica da disciplina de Prática de Ensino no curso de Pedagogia: focalizando a década de 1980. In: SEMINÁRIO DE PRÁTICA DE ENSINO, 4., 2003, Cascavel. **Anais...** Cascavel: Edunioeste, 2003.

MOREIRA, E. C.; PEREIRA, R. S.; LOPES. T. C. Considerações, reflexões e proposições para a educação física na educação infantil e séries iniciais do ensino fundamental. In: MOREIRA, E. C.; NISTA-PICCOLO, V. L. (Org.). **O quê e como ensinar educação física na escola**. Jundiaí: Fontoura, 2009. p. 109-149.

MORIN, E. **O método 1**: a natureza da natureza. Porto Alegre: Sulina, 2002.

MORMUL, N. M.; MACHADO, M. C. G. Rui Barbosa e a educação brasileira: métodos e programas. **Série-Estudos – Periódico do Programa de Pós-Graduação em Educação do UCDB**, Campo Grande, n. 32, p. 261-277, jul./dez. 2011. Disponível em: <http://www.serie-estudos.ucdb.br/index.php/serie-estudos/article/view/97/238>. Acesso em: 11 jun. 2018.

NAHAS, M. V.; GARCIA, L. M. T. Um pouco de história, desenvolvimentos recentes e perspectivas para a pesquisa em atividade física e saúde no Brasil. **Revista Brasileira de Educação Física e Esporte**, São Paulo, v. 24, n. 1, p. 135-148, jan./mar. 2010. Disponível em: <http://www.scielo.br/pdf/rbefe/v24n1/v24n1a12.pdf>. Acesso em: 14 jun. 2018.

NAHRA, C. M. L. **A representação do executivo municipal nos conselhos gestores de políticas públicas**. 2007. Mimeografado.

NOGUEIRA, M. A. **Um estado para a sociedade civil**: temas éticos e políticos da gestão democrática. 2. ed. São Paulo: Cortez, 2005.

NÓVOA, A. (Org.). **Profissão professor**. 2. ed. Lisboa: Porto, 1995.

NOZAKI, H. T. Globalização, crise do capital e aspectos da formação humana: a educação física e o mundo do trabalho. In: ENCONTRO FLUMINENSE DE EDUCAÇÃO FÍSICA ESCOLAR, 5., Rio de Janeiro, 2001. Disponível em: <http://cev.org.br/biblioteca/globalizacao-crise-capital-aspectos-formacao-humana-educacao-fisica-o-mundo-trabalho/>. Acesso em: 14 jun. 2018.

NUNES, M. P.; VOTRE, S. J.; SANTOS, W. dos. O profissional em educação física no Brasil: desafios e perspectivas no mundo do trabalho. **Motriz**, Rio Claro, v. 18, n. 2, p. 280-290, abr./jun. 2012. Disponível em: <http://www.scielo.br/pdf/motriz/v18n2/v18n2a08.pdf>. Acesso em: 13 jun. 2018.

OLIVEIRA, D. A. Trabalho docente. In: OLIVEIRA, D. A.; DUARTE, A. M. C.; VIEIRA, L. M. F. (Org.). **Dicionário**: trabalho, profissão e condição docente. Belo Horizonte: Ed. da UFMG, 2010.

OLIVEIRA, M. V. de. **O que é educação física**. São Paulo: Brasiliense, 1989.

OMS – Organização Mundial da Saúde. **Relatório mundial da saúde**: saúde mental – nova concepção, nova esperança. Genebra, 2009.

ORTIZ, R. **Cultura brasileira e identidade nacional**. 5. ed. São Paulo: Brasiliense, 1994.

PAIVA F. S. L. de; PAIVA, P. R. L. de. Sobre o ensino da gymnastica. In: ENCONTRO FLUMINENSE DE EDUCAÇÃO FÍSICA ESCOLAR, 5., 2001, Niterói. Disponível em: <http://cev.org.br/biblioteca/sobre-o-ensino-gymnastica>. Acesso em: 8 ago. 2018.

PALÁCIOS, A. R. O. P.; NARDI, A. C. F. Academia da terceira idade: promoção da saúde e atividade física em Maringá. **Saúde para Debate**, Rio de Janeiro, n. 40, p. 71-76, jun. 2007. Disponível em: <http://www2.maringa.pr.gov.br/sistema/arquivos/bc22009ce8cd.pdf>. Acesso em: 14 jun. 2018.

PATRIARCA, A. C. **A decadência ideológica contemporânea e a educação física**: as incidências sobre a pós-graduação. 156 f. Dissertação (Mestrado em Educação Física) – Universidade de Brasília, Brasília, 2012. Disponível em: <http://repositorio.unb.br/bitstream/10482/11971/1/2012_AmandaCorreaPatriarca.pdf>. Acesso em: 13 jun. 2018.

PEREIRA, M. G. R. **A motivação de adolescentes para a prática da Educação Física**: uma análise comparativa de instituição pública e privada. 113 f. Dissertação (Mestrado em Educação Física) – Universidade São Judas Tadeu, São Paulo, 2006. Disponível em: <http://www.educadores.diaadia.pr.gov.br/arquivos/File/2010/artigos_teses/EDUCACAO_FISICA/dissertacao/A-motivacao-de-adolescentes-para-a-pratica-da-Educacao-Fisica.pdf>. Acesso em: 7 ago. 2018.

PINA, L. W. Multiplicidade de profissionais e de funções. In: MARCELLINO, N. C. (Org.). **Lazer**: formação e atuação profissional. Campinas: Papirus, 1995. p. 117-130.

PORTAL 2014. **Arena da Amazônia**. Disponível em: <http://www.portal2014.org.br/andamento-obras/12/Arena+da+Amazonia.html>. Acesso em: 10 fev. 2016.

PRONI, M. W. **Esporte-espetáculo e futebol-empresa**. 275 f. Tese (Doutorado em Educação Física) – Faculdade de Educação Física, Universidade Estadual de Campinas, Campinas, 1998. Disponível em: <https://www.ludopedio.com.br/v2/content/uploads/162632_Proni%20(D)%20-%20Esporte-Espetaculo%20e%20Futebol-Empresa.pdf>. Acesso em: 25 ago. 2018.

RAMOS, M. N. **A pedagogia das competências**: autonomia ou adaptação? São Paulo: Cortez, 2001.

REIS, L. J. de A.; STAREPRAVO, F. A. Políticas públicas para o lazer: pontos de vista de alguns teóricos do lazer no Brasil. **Licere**, Belo Horizonte, v. 11, n. 2, ago. 2008. Disponível em: <https://seer.ufmg.br/index.php/licere/article/view/639/522>. Acesso em: 7 jun. 2018.

REPPOLD, C. T. et al. Prevenção de problemas de comportamento e desenvolvimento de competências psicossociais em crianças e adolescentes: uma análise das práticas educativas e dos estilos parentais. In: HUTZ, C. S. (Org.). **Situações de risco e vulnerabilidade na infância e na adolescência**: aspectos teóricos e estratégias de intervenção. São Paulo: Casa do Psicólogo. 2002. p. 7-52.

ROCHA, E. A Constituição Cidadã e a institucionalização dos espaços de participação social: avanços e desafios. In: VAZ, F. T.; MUSSE, J. S.; SANTOS, R. F. dos. (Coord.). **20 anos da constituição cidadã**: avaliação e desafios da seguridade social. Brasília: Anfip, 2008. p. 131-148.

RUA, M. das G. **Análise de políticas públicas**: conceitos básicos. 1997. Disponível em: <http://www2.ufba.br/~paulopen/AnalisedePoliticasPublicas.doc>. Acesso em: 1º jun. 2018.

RUMMERT, S. M.; RIBEIRO, A. A. C. Trabalho e lazer regidos pela mesma lógica de conformação: o caso dos comerciários no SESC entre as décadas de 1940 e 1970. **Revista História & Perspectivas**, Uberlândia, v. 29, n. 55, p. 101-129, jul./dez. 2016. Disponível em: <http://www.seer.ufu.br/index.php/historiaperspectivas/article/view/35781/18911>. Acesso em: 8 jun. 2018.

SACRISTÁN, J. G. **Poderes instáveis em educação**. Tradução de Beatriz Affonso Neves. Porto Alegre: Artmed, 1999.

SALDANHA, A. C. Estado federal e descentralização: uma visão crítica do federalismo brasileiro. **Revista Sequência**, v. 30, n. 59, p. 327-360, dez. 2009. Disponível em: <https://periodicos.ufsc.br/index.php/sequencia/article/view/2177-7055.2009v30n59p327/13600>. Acesso em: 4 jun. 2018.

SANTINI, J.; MOLINA NETO, V. A síndrome do esgotamento profissional em professores de educação física: um estudo na rede municipal de ensino de Porto Alegre. **Revista Brasileira de Educação Física e Esporte**, São Paulo, v. 19, n. 3, p. 209-222, jul./set. 2005. Disponível em: <http://www.revistas.usp.br/rbefe/article/view/16596/18309>. Acesso em: 14 jun. 2018.

SANTOS, F. da C. **Procurando o lazer na Constituinte**: sua inclusão como direito social na Constituição de 1988. Dissertação (Mestrado em Educação Física) – Universidade Estadual de Campinas, Campinas, 2011. Disponível em: <http://repositorio.unicamp.br/jspui/bitstream/REPOSIP/274713/1/Santos_FlaviadaCruz_M.pdf>. Acesso em: 8 jun. 2018.

_____. Procurando o lazer na constituinte: sua inclusão como direito social na Constituição de 1988. **Movimento**, Porto Alegre, v. 20, n. 4, p. 1305-1327, out./dez. 2014. Disponível em: <http://www.seer.ufrgs.br/Movimento/article/viewFile/43785/32481>. Acesso em: 8 jun. 2018.

SANTOS, W. G. dos. **Décadas de espanto e uma apologia democrática**. Rio de Janeiro: Rocco, 1998.

SCABAR, T. G.; PELICIONI, A. F.; PELICIONI, M. C. F. Atuação do profissional de Educação Física no Sistema Único de Saúde: uma análise a partir da Política Nacional de Promoção da Saúde e das Diretrizes do Núcleo de Apoio à Saúde da Família – NASF. **Journal of Health Sciences Institute**, São Paulo, v. 30, n. 4, p. 411-418, 2012. Disponível em: <http://www.ceap.br/material/MAT15112013155223.pdf>. Acesso em: 14 jun. 2018.

SCHELBAUER, A. R. **Ideias que não se realizam**: o debate sobre a educação do povo no Brasil de 1870 a 1914. Maringá: Ed. da UEM, 1998.

SCHMITT, P. M. Regime jurídico e princípios do direito desportivo. **Revista brasileira de direito desportivo**, São Paulo, n. 5, p. 154-177, jan./jun., 2004. Disponível em: <http://www.esporte.pr.gov.br/arquivos/File/regime_juridico.pdf>. Acesso em: 8 ago. 2018.

SCHÖN, D. A. **Educando o profissional reflexivo**: um novo design para o ensino e a aprendizagem. Porto Alegre: Artmed, 2000.

SGUISSARDI, V. A avaliação defensiva no "modelo CAPES de avaliação": é possível conciliar avaliação educativa com processos de regulação e controle do Estado? **Perspectiva**, Florianópolis, v. 24, n. 1, p. 49-88, jan./jun. 2006. Disponível em: <https://periodicos.ufsc.br/index.php/perspectiva/article/viewFile/10141/9382>. Acesso em: 13 jun. 2018.

SILVA, A. M. **Corpo, ciência e mercado**: reflexões acerca da gestação de um novo arquétipo da felicidade. Campinas: Autores Associados/UFSC, 2001.

SILVA, A. M. et al. A Formação profissional em educação física e o processo político social. **Pensar a Prática**, v. 12, n. 2, p. 1-16, 2009. Disponível em: <https://www.revistas.ufg.br/fef/article/view/6588/4960>. Acesso em: 7 ago. 2018.

SILVA, E. V. M.; VENÂNCIO, L. Aspectos legais da educação física e integração à proposta pedagógica da escola. In: DARIDO, S. C.; RANGEL, I. C. A. (Coord.). **Educação física na escola**: implicações para a prática pedagógica. Rio de Janeiro: Guanabara Koogan, 2005. p. 50-63. (Coleção Educação Física no Ensino Superior).

SILVA JÚNIOR, A. P. da et al. Os legados no campo social e educacional após realização dos megaeventos esportivos no Brasil. **Caderno de Educação Física e Esporte**, Marechal Cândido Rondon, v.15, n. 2, p. 15-24, jul./dez. 2017. Disponível em: <http://e-revista.unioeste.br/index.php/cadernoedfisica/article/view/15604/pdf>. Acesso em: 7 ago. 2018.

SILVA, R. H. dos R.; SACARDO, M. S.; SOUZA, W. L. de. Dilemas da política científica da Educação Física brasileira em tempos de produtivismo acadêmico. **Movimento**, Porto Alegre, v. 20, n. 4, p. 1565-1587, out./ dez. 2014. Disponível em: <http://www.seer.ufrgs.br/index.php/ Movimento/article/view/43145/32492>. Acesso em: 13 jun. 2018.

SILVA, T. T. da. **Teorias do currículo**: uma introdução crítica. Porto: Porto, 2000. (Coleção Currículo, Políticas e Práticas, v. 2).

SILVEIRA, A. L. A. **Associações esportivas e o Poder Público de Maringá/PR**: uma relação de dependência tutelar? 207 f. Dissertação (Mestrado em Educação Física) – Universidade Estadual de Maringá, Maringá, 2016.

SOARES, C. L. **Educação física**: raízes europeias e Brasil. 3. ed. Campinas: Autores Associados, 2004.

SOUZA, C. Políticas públicas: uma revisão de literatura. **Sociologias**, Porto Alegre, ano 8. n. 16, p. 20-45, jul./dez. 2006. Disponível em: <http://www.scielo.br/pdf/soc/n16/a03n16>. Acesso em: 11 jun. 2018.

SOUSA, E. S. de; VAGO, T. M. (Org.). **Trilhas e partilhas**: educação física na cultura escolar e nas práticas sociais. Belo Horizonte: Cultura, 1997.

SOUZA, R. F. de. Inovação educacional no século XIX: a construção do currículo da escola primária no Brasil. **Cadernos Cedes**, Campinas, v. 20, n. 51, p. 9-28, nov. 2000. Disponível em: <http://www.scielo.br/ pdf/ccedes/v20n51/a02v2051.pdf>. Acesso em: 11 jun. 2018.

SOUZA JÚNIOR, O. M. de. O saber e o fazer pedagógicos da educação física na cultura escolar: o que é um componente curricular? In: CAPARRÓZ, F. E.; ANDRADE FILHO, N. F. de (Org.). **Educação física escolar**: política, investigação e intervenção. Vitória: Proteoria, 2001.

STAREPRAVO, F. A. **Políticas públicas de esporte e lazer no Brasil**: aproximações, intersecções, rupturas, e distanciamentos entre os subcampos político/burocrático e cientifico/acadêmico. 422 f. Tese (Doutorado em Educação Física) – Universidade Federal do Paraná, Curitiba, 2011. Disponível em: <https://acervodigital.ufpr.br/ bitstream/handle/1884/26132/POLITICAS+PUBLICAS+DE+ESPORTE+ E+LAZER+NO+BRASIL.pdf;jsessionid=99ADA6B5433495A724D601197 3B7FB44?sequence=1>. Acesso em: 6 jun. 2018

STAREPRAVO, F. A. Políticas públicas para o esporte e lazer: conselhos municipais de esporte e lazer e outras formas de participação direta. In: CONGRESSO INTERNACIONAL DE CIÊNCIAS DO ESPORTE, 2., 2007, Recife. **Anais...** 2007. Disponível em: <http://www.cbce.org.br/docs/cd/resumos/283.pdf>. Acesso em: 15 jun. 2018.

STAREPRAVO, F. A.; MARCHI JÚNIOR, W. Aspectos técnicos, conceituais e políticos do surgimento e desenvolvimento do Programa Esporte e Lazer da Cidade. **Pensar a Prática**, Goiânia, v. 16, n. 3, p. 923-941, jul./set. 2013. Disponível em: <https://www.revistas.ufg.br/fef/article/view/19395/15255>. Acesso em: 8 jun. 2018.

_____. (Re)pensando as políticas públicas de esporte e lazer: a sociogênese do subcampo político/burocrático do esporte e lazer no Brasil. **Revista Brasileira de Ciências do Esporte**, v. 38, n. 1, p. 42-49, 2016. Disponível em: <http://www.scielo.br/pdf/rbce/v38n1/0101-3289-rbce-38-01-0042.pdf>. Acesso em: 7 ago. 2018.

STAREPRAVO, F. A.; MEZZADRI, F. M.; MARCHI JÚNIOR, W. Criação e mudanças na estrutura do Ministério do Esporte do Brasil: tensões nas definições de espaços. **Revista Brasileira de Educação Física e Esporte**, São Paulo, v. 29, n. 2, p. 217-228, abr./jun. 2015. Disponível em: <http://www.scielo.br/pdf/rbefe/v29n2/1807-5509-rbefe-29-02-00217.pdf>. Acesso em: 7 ago. 2018.

STAREPRAVO, F. A.; SOUZA, J. de; MARCHI JÚNIOR, W. Políticas públicas de esporte e lazer no Brasil: uma proposta teórico-metodológica de análise. **Movimento**, Porto Alegre, v. 17, n. 3, p. 233-251, jul./set. 2011. Disponível em: <http://www.seer.ufrgs.br/Movimento/article/view/18420/14381>. Acesso em: 25 ago. 2018.

SUASSUNA, D. M. F. de A. et. al. O Ministério do Esporte e a definição de políticas para o esporte e lazer. In: SUASSUNA, D. M. F. de A.; AZEVEDO, A. A. de (Org.). **Política e lazer**: interfaces e perspectivas. Brasília: Thesaurus, 2007. p. 13-42.

TANI, G. Avaliação das condições do ensino de graduação em Educação Física: garantia de uma formação de qualidade. **Revista Mackenzie de Educação Física e Esporte**, São Paulo, v. 6, n. 2, p. 55-70, 2007. Disponível em: <http://www.mackenzie.com.br/fileadmin/Graduacao/CCBS/Cursos/Educacao_Fisica/REMEFE-6-2-2007/art04_edfis6n2.pdf>. Acesso em: 12 jun. 2018.

TAVARES, A. L. **As competências dos gestores públicos de esporte**. 91 f. Dissertação (Mestrado em Administração) – Fundação Cultural Dr. Pedro Leopoldo, Pedro Leopoldo, 2010. Disponível em: <http://www.fpl.edu.br/2018/media/pdfs/mestrado/dissertacoes_2010/dissertacao_anderson_lopes_tavares_2010.pdf>. Acesso em: 25 ago. 2018.

TEIXEIRA, S. O Esporte para Todos: "popularização" do lazer e da recreação. **Recorde: Revista de História do Esporte**, Rio de Janeiro, v. 2, n. 2, dez. 2009. Disponível em: <https://revistas.ufrj.br/index.php/Recorde/article/viewFile/756/697>. Acesso em: 8 jun. 2018.

TOJAL, J. B. A. G. Formação de profissionais de educação física e esportes na América Latina. **Movimento & Percepção**, Espírito Santo de Pinhal, v. 5, n. 7, jul./dez. 2005. Disponível em: <http://ferramentas.unipinhal.edu.br/movimentoepercepcao/viewissue.php?id=6>. Acesso em: 12 jun. 2018.

TONET, I. **Educação contra o capital**. 2. ed. rev. São Paulo: Instituto Lukács, 2012.

TUBINO, M. J. G. **Dimensões sociais do esporte**. São Paulo: Cortez/Autores Associados, 1992.

_____. **Estudos brasileiros sobre o esporte**: ênfase no esporte-educação. Maringá: EdUEM, 2010.

_____. **O esporte no Brasil**: do período colonial aos nossos dias. São Paulo: Ibrasa, 1996.

VENTURA, P. R. V. **A educação física e sua constituição histórica**: desvelando ocultamentos. 208 f. Tese (Doutorado em Educação) – Pontifícia Universidade Católica de Goiás, Goiânia, 2010. Disponível em: <http://tede2.pucgoias.edu.br:8080/bitstream/tede/675/1/PAULO%20ROBERTO%20VELOSO%20VENTURA.pdf>. Acesso em: 12 jun. 2018.

VERENGUER, R. de C. G. **Mercado de trabalho em Educação Física**: significado da intervenção profissional à luz das relações de trabalho e da construção da carreira. 156 f. Tese (Doutorado em Educação Física) – Universidade Estadual de Campinas, Campinas, 2003. Disponível em: <http://repositorio.unicamp.br/jspui/bitstream/REPOSIP/275452/1/Verenguer_RitadeCassiaGarcia_D.pdf>. Acesso em: 25 ago. 2018.

VERONEZ, L. F. C. **Quando o Estado joga a favor do privado**: as políticas de esporte após a Constituição Federal de 1988. 370 f. Tese (Doutorado em Educação Física) – Universidade Estadual de Campinas, Campinas, 2005. Disponível em: <http://repositorio.unicamp.br/bitstream/REPOSIP/275418/1/Veronez_LuizFernandoCamargo_D.pdf>. Acesso em: 12 jun. 2018.

VIEIRA, E. **Democracia e política social**. São Paulo: Cortez, 1992. (Coleção Polêmicas do Nosso Tempo, v. 49).

WERNECK, C. L. G. Lazer e formação profissional na sociedade atual: Repensando os limites, os horizontes e os desafios para a área. **Licere**, Belo Horizonte, v. 1, n. 1. p. 47-65, 1998. Disponível em: <https://seer.ufmg.br/index.php/licere/article/view/4230/3111>. Acesso em: 7 ago. 2018.

WHO – World Health Organization. **WHO Expert Committee on Drug Dependence**: Thirtieth Report. Genebra, 1998. (WHO Technical Report Series, 873).

XAVIER, E. M.; ALMEIDA, M. A. B. de. O lazer, a atividade física e a educação física nos serviços sociais: uma análise do Período Nacional Desenvolvimentista. **EFDeportes.com**, Buenos Aires, ano 17, n. 170, jul. 2012. Disponível em: <http://www.efdeportes.com/efd170/uma-analise-do-periodo-nacional-desenvolvimentista.htm>. Acesso em: 8 jun. 2018.

YUNES, M. A. M.; SZYMANSKI, H. Resiliência: noção, conceitos afins e considerações críticas. In: TAVARES, J. (Org.). **Resiliência e educação**. 2. ed. São Paulo: Cortez, 2001. p. 13-42.

ZALUAR, A. **Cidadãos não vão ao paraíso**. São Paulo: Escuta; Campinas: Ed. da Unicamp, 1994.

ZIMMERMANN, A. **Teoria geral do federalismo democrático**. 2. ed. Rio de Janeiro: Lúmen Juris, 2005.

Bibliografia comentada

ALMEIDA, B. S. de. **Altius, citius, fortius... ditius?** Lógicas e estratégias do Comitê Olímpico Internacional, comitê de candidatura e governo brasileiro na candidatura e escolha dos Jogos Olímpicos e Paralímpicos Rio 2016. 324 f. Tese (Doutorado em Educação Física) – Universidade Federal do Paraná, Curitiba, 2015. Disponível em <https://acervodigital.ufpr.br/bitstream/handle/1884/37620/R%20-%20T%20-%20BARBARA%20SCHAUSTECK%20DE%20%20ALMEIDA.pdf?sequence=1&isAllowed=y>. Acesso em: 25 ago. 2018.

Essa tese analisa o processo de eleição do Rio de Janeiro como sede dos Jogos Olímpicos e Paralímpicos de 2016. Busca discutir os posicionamentos do Comitê Olímpico Internacional (COI), do comitê de candidatura e do governo brasileiro para a estratégia de candidatura e eleição do Rio de Janeiro como a cidade-sede dos Jogos. A autora discute minuciosamente a escolha de uma cidade periférica, violenta e com vários outros problemas sociais em detrimento de cidades mais consolidadas no contexto mundial, como Chicago, Madri e Tóquio.

AUAD, D. et al. Mecanismos de participação popular no Brasil: plebiscito, referendo e iniciativa popular. **Revista Brasileira de Direito Constitucional**, n. 3, p. 291-323, jan./jun. 2004. Disponível em: <http://www.esdc.com.br/seer/index.php/rbdc/article/view/73/73>. Acesso em: 25 ago. 2018.

Esse livro trata dos tipos de democracia, fazendo uma relação entre o regime democrático, as legislações e os mecanismos de participação popular. Apresenta os mecanismos de participação direta, como o plebiscito, o referendo e a iniciativa popular. Além disso, faz uma reflexão crítica sobre a legislação infraconstitucional ser lacunosa e não solucionar questões cruciais que permitiriam a viabilidade prática da participação popular.

CASTRO, S. B. E. de. **Políticas públicas para o esporte e lazer e o ciclo orçamentário brasileiro (2004-2011)**: prioridades e distribuição de recursos durante os processos de elaboração e execução orçamentária. 382 f. Tese (Doutorado em Educação Física) – Universidade Federal do Paraná, Curitiba, 2016. Disponível em: <https://acervodigital.ufpr.br/bitstream/handle/1884/43215/R%20-%20T%20-%20SUELEN%20BARBOZA%20EIRAS%20DE%20CASTRO.pdf?sequence=3&isAllowed=y>. Acesso em: 25 ago. 2018.

Nessa tese, a autora apresenta a distribuição de recursos e as prioridades orçamentárias das políticas federais do Ministério do Esporte (ME) para o esporte e lazer no decorrer dos processos de planejamento e execução orçamentária de 2004 a 2011. Ela caracteriza o financiamento das políticas públicas do ME no decorrer do ciclo orçamentário brasileiro, bem como o financiamento dos principais programas desse Ministério para o esporte de rendimento, de participação e educacional; faz uma análise detalhada, explicando o passo a passo do processo burocrático orçamentário do nosso país; e, por fim, apresenta uma discussão sobre as discrepâncias entre os processos de planejamento e execução orçamentária, as inconsistências na designação dos implementadores das ações e as lacunas na distribuição geográfica de recursos orçamentários.

CHRISPINO, A. **Introdução ao estudo das políticas públicas**: uma visão interdisciplinar e contextualizada. Rio de Janeiro: Ed. da FGV, 2016.

O livro apresenta a relação entre as políticas públicas e a sociedade contemporânea, destacando o fato de que essa ligação pode ocorrer de duas formas distintas: ser mais esclarecida e participante, solicitando melhores resultados da gestão pública na solução de seus problemas; ou assistir estarrecida aos fatos que envolvem os desvios em torno da gestão pública. Esse livro nos propõe olhar os acontecimentos recentes da perspectiva do conhecimento de políticas públicas.

FONSECA, A. C. L. da. **Direitos da criança e do adolescente**. 3. ed. São Paulo: Atlas, 2015.

A obra tem caráter interdisciplinar, apontando a legislação como instrumento para a garantia da dignidade da pessoa humana. Ao longo do texto, o autor analisa alguns dos principais institutos do direito da criança e do adolescente, coletando e discutindo a moderna doutrina sobre o tema, bem como abordando temas como *bullying*, alienação parental, Lei Maria da Penha, violência na adolescência e ato infracional. É um livro de consulta para juízes, advogados, membros do Ministério Público ou da Defensoria Pública, bem como para servidores públicos, profissionais e estudiosos em geral das áreas relacionadas à infância e à juventude

FRAGA, A. B.; WACHS, F. (Org.). **Educação física e saúde coletiva**: políticas de formação e perspectivas de intervenção. Porto Alegre: Ed. da UFRGS, 2007 (Série Esporte, Lazer e Saúde).

O livro é uma coletânea de textos acerca da formação profissional em educação física em uma perspectiva crítica para atuação na saúde coletiva. Discute as possibilidades e incertezas da profissão e apresenta instrumentos para intervenção utilizados pelo profissional de educação física no posto de saúde.

GOUVEIA, A. B.; SOUZA, A. R. de; TAVARES, T. M. (Org.). **Políticas educacionais**: conceitos e debates. 3. ed. Curitiba: Appris, 2016.

O livro apresenta os principais temas desse amplo campo de pesquisa e estudos das políticas educacionais considerando as diversas faces das disputas pelo poder presentes nele.

KRAVCHYCHYN, C. **Projetos e programas sociais esportivos no Brasil**: histórico, estado da arte e contribuições do Programa Segundo Tempo. 177 f. Tese (Doutorado em Educação Física) – Universidade Estadual de Maringá, Maringá, 2014.

Essa é uma análise da concepção do esporte educacional, de sua materialização nos projetos e programas sociais esportivos e das contribuições do Programa Segundo Tempo nesse contexto. O autor identifica fatores de origem, expansão e consolidação dos projetos e programas sociais esportivos no campo esportivo brasileiro. Como fatores de origem, destaca o reconhecimento do potencial educacional do esporte e a prioridade de governo às políticas sociais para a infância, a adolescência e a juventude. Por fim, analisa o Programa Segundo Tempo como um modelo de desenvolvimento pedagógico do esporte educacional.

MATOS, F.; DIAS, R. **Políticas públicas**: princípios, propósitos e processos. São Paulo: Atlas, 2013.

Este livro tem como objetivo central estudar as políticas públicas em seus diversos aspectos: sua conceituação, o papel na redefinição das funções do Estado, os principais atores, o processo de formulação, os principais modelos, a formação da agenda, o significado das parcerias, o papel do planejamento, as questões orçamentárias, a participação social, os temas emergentes e a responsabilidade social.

SILVEIRA, A. L. A. **Associações esportivas e o Poder Público de Maringá/PR**: uma relação de dependência tutelar? 207 f. Dissertação (Mestrado em Educação Física) – Universidade Estadual de Maringá, Maringá, 2016.

A autora faz um resgate histórico da relação entre o Estado e o campo esportivo, a partir do Estado Novo, implantado por Getúlio Vargas, até o momento da promulgação da Constituição Federal de 1988, que resgatou a garantia de autonomia das instituições esportivas. Apresenta ainda as relações estabelecidas entre o Poder Público Municipal de Maringá (PR) e as associações esportivas (terceiro setor) como um estudo de caso para analisar a relação de dependência tutelar entre associações esportivas e o Poder Público.

Respostas

Capítulo 1

Atividades de autoavaliação

1. a
2. b
3. b
4. c
5. a

Atividades de aprendizagem

Questões para reflexão

1. Pessoal.
2. Pessoal.

Capítulo 2

Atividades de autoavaliação

1. a
2. b
3. c
4. b
5. c

Atividades de aprendizagem

Questões para reflexão

1. Sim. É garantido legalmente, é patrimônio cultural da humanidade e relevante socialmente.
2. Pessoal.

Capítulo 3

Atividades de autoavaliação

1. a
2. c
3. c
4. a
5. c

Atividades de aprendizagem

Questões para reflexão

1. É necessário abordar que não houve demanda social pelo lazer como direito social, e isso impacta em falta de regulamentação e de ações estatais para o lazer.
2. Não, o lazer deve ser trabalhado por equipes multidisciplinares, considerando suas múltiplas manifestações. As principais competências para trabalhar com o lazer são: formação ampla e crítica sobre as possibilidades do lazer também como direito e espaço de formação do ser humano.

Capítulo 4

Atividades de autoavaliação

1. d
2. c
3. a
4. b
5. a

Atividades de aprendizagem

Questão para reflexão

1. Utilização do termo *componente curricular*, inscrevendo no campo da educação física a necessidade de ampliar a discussão acerca da formação profissional e de políticas para o desenvolvimento da área.
2. O tratamento dado à educação física na legislação pode impactar a formação. Um exemplo é a obrigatoriedade ou não da disciplina na Educação Básica. Quando a educação física escolar é uma possibilidade de campo de atuação, é certo que os programas e cursos de formação da área vão abranger as especificidades desse campo. Quando, porém, a legislação exclui, a tendência é que a formação seja ainda mais deficitária nesse campo relegado a segundo plano.

Capítulo 5

Atividades de autoavaliação

1. a
2. d
3. b
4. c
5. a

Atividades de aprendizagem

Questão para reflexão

1. O profissional deve qualificar-se por meio da formação continuada e de cursos de capacitação na área.
2. A formação continuada pode contribuir para que o profissional se mantenha atualizado sobre sua prática e possa ampliar seus conhecimentos, adquirindo conhecimentos especializados de outras áreas de atuação.

Capítulo 6

Atividades de autoavaliação

1. d
2. a
3. b
4. c
5. b

Atividades de aprendizagem

Questões para reflexão

1. É necessário refletir sobre os investimentos em infraestrutura, como a construção de estádios e vilas olímpicas, em contraste com a realidade das escolas públicas. Além disso, fazer uma avaliação das políticas de esporte educacional, recreativo e de rendimento com base nos programas do governo e os investimentos que foram realizados nesses programas e na realização dos Jogos.
2. Pessoal.

Sobre os autores

Fernando Augusto Starepravo é graduado (2003), mestre (2005) e doutor (2011) em Educação Física pela Universidade Federal do Paraná (UFPR). Estuda especialmente políticas públicas de esporte e lazer e atua principalmente nos seguintes temas: Estado, esporte, sociologia, políticas públicas, esporte universitário e lazer. Atualmente, é professor adjunto do Departamento de Educação Física da Universidade Estadual de Maringá (UEM) e do Programa de Pós-Graduação Associado em Educação Física, mantido em parceria com a Universidade Estadual de Londrina (UEL), orientando alunos de mestrado e doutorado. Atua como tutor do Grupo PET Educação Física da UEM, coordena o Grupo de Estudos e Pesquisa em Políticas Públicas de Esporte e Lazer (GEPPOL/CNPq) e é diretor da Asociación Latinoamericana de Estudios Socioculturales del Deporte (Alesde).

Vânia de Fátima Matias de Souza é graduada em Pedagogia (2000) pela Faculdade Estadual de Educação, Ciências e Letras de Paranavaí (Fafipa) e em Educação Física (2000) pela Universidade Estadual de Londrina (UEL). É mestre em Educação Física (2009) pela UEL e doutora em Educação (2014) pela Universidade Estadual de Maringá (UEM). É professora adjunta do Departamento de Educação Física e professora do Programa de Pós-Graduação em Educação e do Mestrado Profissional em Rede em Educação Física da UEM. É líder do Grupo de Estudos e Pesquisas em Educação

Física Escolar (GEEFE/CNPq). Tem experiência na área de educação, com ênfase em Educação Física Escolar, e atua principalmente nos seguintes temas: infância, trabalho docente, formação profissional e políticas públicas.

Fernanda Gimenez Milani é graduada em Educação Física (2003) pela Universidade Estadual de Maringá (UEM) e mestranda em Educação Física no Programa de Pós-Graduação Associado em Educação Física UEM/UEL. Tem experiência na área de ginástica laboral, ginástica para idosos e natação. Atuou em projetos de pesquisa na área de fisiologia com treinamento resistido e aeróbio e na área bioquímica com ênfase em diabetes. Atualmente, trabalha com políticas públicas de esporte e lazer, dedicando-se especialmente à análise do financiamento público para o esporte e dos agentes públicos de esporte e lazer.

FSC
www.fsc.org
MISTO
Papel produzido
a partir de
fontes responsáveis
FSC® C051266

Impressão: Gráfica Exklusiva
Junho/2022